Aspectos Contemporâneos das Ações de Família

Aspectos Contemporâneos das Ações de Família

2024

Arlete Inês Aurelli
Rita de Cássia Curvo Leite
Coordenadoras

ALMEDINA

ASPECTOS CONTEMPORÂNEOS DAS AÇÕES DE FAMÍLIA

COORDENADORAS: Arlete Inês Aurelli e Rita de Cássia Curvo Leite

DIRETOR ALMEDINA BRASIL: Rodrigo Mentz
EDITORA-CHEFE: Manuella Santos de Castro
EDITOR PLENO: Aurélio Cesar Nogueira
PRODUTORA EDITORIAL: Erika Alonso
ASSISTENTES EDITORIAIS: Laura Roberti, Tacila da Silva Souza e Patrícia Romero

DIAGRAMAÇÃO: Almedina
DESIGN DE CAPA: Roberta Bassanetto

ISBN: 9788584937332
Junho, 2024

Dados Internacionais de Catalogação na Publicação (CIP)
(Câmara Brasileira do Livro, SP, Brasil)

Aspectos contemporâneos das ações de família /
coordenação Arlete Inês Aurelli, Rita de
Cássia Curvo Leite. -- São Paulo :

Vários autores
ISBN 978-85-8493-733-2

1. Arbitragem (Direito) 2. Conflitos - Resolução
(Direito) 3. Constelações familiares 4. Direito de
família I. Aurelli, Arlete Inês. II. Leite, Rita de
Cássia Curvo.

24-206991 CDU-347.6(81)

Índices para catálogo sistemático:
1. Brasil: Direito de família: Direito civil 347.6(81)
Eliane de Freitas Leite – Bibliotecária – CRB 8/8415

Este livro segue as regras do novo Acordo Ortográfico da Língua Portuguesa (1990).

EDITORA: Almedina Brasil
Rua José Maria Lisboa, 860, Conj.131 e 132, Jardim Paulista | 01423-001 São Paulo | Brasil
www.almedina.com.br

SOBRE AS COORDENADORAS

Arlete Inês Aurelli
Mestre e Doutora em Direito Processual Civil pela PUC/SP, Professora de Direito Processual Civil nos cursos de graduação e pós-graduação stricto sensu da PUC/SP. Membro do IBDP E CEAPRO. Advogada em São Paulo.

Rita de Cássia Curvo Leite
Mestre em Direito Civil Comparado e Doutora em Direitos Difusos pela PUC/SP. Professora na cadeira de Direito Civil no curso de graduação da PUC/SP e nos cursos de extensão e especialização da PUC-COGEAE. Advogada em São Paulo.

SOBRE OS AUTORES

Ana Flávia Evangelista Violante
Doutoranda em Direito Processual Civil pela PUC/SP. Mestre em Direito pela PUC Campinas. Pós-Graduada em Direito Processual Civil pela USP Ribeirão Preto. Graduada pela Universidade de Araraquara UNIARA. Membro e diretora adjunta do Centro de Estudos Avançados de Processo CEAPRO. Advogada.

Anselmo Prieto Alvarez
Doutor e mestre em Direito pela Pontifícia Universidade Católica de São Paulo. Pós-doutorado pela Faculdade de Direito da Universidade de Coimbra-Portugal. É professor de Direito Processual Civil dos cursos de graduação e pós-graduação da Faculdade de Direito da PUC/SP. É Procurador do Estado de São Paulo.

Arlete Inês Aurelli
Mestre e Doutora em Direito Processual Civil pela PUC/SP, Professora de Direito Processual Civil nos cursos de graduação e pós-graduação stricto sensu da PUC/SP. Membro do IBDP E CEAPRO. Advogada em São Paulo.

Cristiane Druve Tavares Fagundes
Pós-doutorada pela Faculdade de Direito da Universidade de Coimbra-Portugal. Doutora, Mestra e Pós-graduada em Direito Processual Civil pela Pontifícia Universidade Católica de São Paulo (PUC-SP) e Pós-graduada em Direito Público. Professora da pós-graduação da PUC-SP (COGEAE); da Universidade Presbiteriana Mackenzie; da Escola Paulista de Direito

(EPD); da Escola Superior de Advocacia (ESA) e de outras instituições de ensino. Membro do IBDP (Instituto Brasileiro de Direito Processual) e do CEAPRO (Centro de Estudos Avançados de Processo). Autora dos livros "Modelo brasileiro de precedentes: a relevância da fundamentação no contexto precedentalista" e "Responsabilidade objetiva por dano processual". Advogada em São Paulo.

Déborah Regina Lambach Ferreira da Costa
Doutora em Direito Civil Comparado pela Pontifícia Universidade Católica de São Paulo. Professora de Direito Civil da Graduação, Pós-graduação e Cogeae da Pontifícia Universidade Católica de São Paulo. Pós-graduada em Direito Animal pela Universidade de Lisboa – Portugal.

Fernanda Tartuce
Doutora e Mestra em Direito Processual pela USP. Professora no Programa de Mestrado e coordenadora em cursos de especialização na Escola Paulista de Direito. Presidenta da Comissão de Soluções Consensuais de Conflitos da OAB/SP (gestão 2022-2024), da Comissão de Processo Civil do Instituto Brasileiro de Direito de Família (IBDFAM) e da comissão de Mediação Contratual do Instituto Brasileiro de Direito Contratual (IBDCont). Vice-presidente da Comissão de Mediação do Instituto Brasileiro de Direito Processual (IBDP). Diretora do Centro de Estudos Avançados de Processo (CEAPRO). Membra do Instituto dos Advogados de São Paulo (IASP) e da ABEP (Associação Brasileira Elas no Processo). Advogada, mediadora, árbitra e autora de publicações jurídicas.

Flávia Alessandra Naves da Silva
Mestre em Direito Civil pela Pontifícia Universidade Católica de São Paulo (PUC/SP). Professora em cursos de graduação e pós-graduação. Advogada. Sócia da Melo Naves Sociedade de Advogados. Membro efetivo da Comissão Especial da Advocacia de Família e Sucessões da Ordem dos Advogados do Brasil – Seção de São Paulo.

Giovana Bellini Ribeiro
Advogada especialista em Direito de Família pela PUC/SP. Bacharel em Comunicação Social pela USP.

Izabel Cristina Cardoso Pinheiro Pantaleão Ferreira
Mestre em Direito Processual Civil pela PUC/SP. Pós-graduada em Direito das Telecomunicações. Professora de cursos de especialização da Universidade Presbiteriana Mackenzie. Membro da ABDTIC – Associação Brasileira de Direito da Tecnologia da Informação e das Comunicações e do CEAPRO – Centro de Estudos Avançados de Processo. Advogada em São Paulo.

Maria Helena Marques Braceiro Daneluzzi
Procuradora do Estado de São Paulo, aposentada. Professora de Direito Civil nos Cursos de Graduação e Pós-Graduação na Faculdade de Direito da Pontifícia Universidade Católica –SP e Coordenadora Acadêmica do Curso de Especialização em Direito de Família e Sucessões do COGEAE/ PUCSP – Mestre e Doutora em Direito Civil pela Pontifícia Universidade Católica/SP. Advogada.

Maria Ligia Coelho Mathias
Professora Titular de Direito Civil da Fundação Armando Álvares Penteado. Mestre e Doutora em Direito Civil pela Pontifícia Universidade Católica/SP. Vice Coordenadora Acadêmica do Curso de Especialização em Direito de Família e Sucessões do COGEAE/ PUCSP. Advogada.

Mônica Cecilio Rodrigues
Advogada. Doutora em Direito Processual Civil pela PUC-SP. Professora da UNIPAC-MG.

Olavo de Oliveira Neto
Livre-docente, Doutor e Mestre pela PUC/SP. Pós-doutorado pela *Università degli Studi di Milano*. Professor de Direito Processual Civil nos cursos de graduação, mestrado e doutorado da PUCSP, do COGEAE, da Escola Paulista da Magistratura e de inúmeros cursos de especialização. Professor Efetivo da Universidade Federal do Mato Grosso do Sul. Ex-professor do programa de doutorado, mestrado, especialização e graduação da ITE--Bauru. Membro do IBDP e do CEAPRO. Vencedor do Prêmio ***"Professor Nota 10"*** de 1998. Ex-Procurador do Estado e ex-Promotor de Justiça no Estado de São Paulo. Magistrado aposentado do Tribunal de Justiça de São Paulo. Advogado e consultor jurídico.

Priscila Telio Bonilha
Mestranda em Direito Processual Civil pela Pontifícia Universidade Católica de São Paulo (PUC-SP). Pós-graduada em Direito Processual Civil pelo Centro de Extensão Universitária (CEU) Especializada em Estratégias Processuais no Direito Empresarial pela Fundação Getúlio Vargas de São Paulo (FGV-SP). Graduada em Direito pela Universidade São Judas Tadeu (São Judas).

Priscilla Curti Georges Pilavdjian
Advogada, Especialista em Direito Civil e Processo Civil pela Escola Superior de Advocacia (ESA/SP), Professora Assistente nos cursos de graduação em Direito Civil e Processo Civil na PUC/SP, Presidente da Comissão de Direito Civil, Vice-Presidente das Comissões de Direito do Consumidor e Meio Ambiente e Proteção Animal, todas da OAB/SP Subseção Butantã e Associada da AASP e IBDFAM.

Ricardo Amin Abrahão Nacle
Mestre em processo civil pela PUC/SP, advogado, professor assistente na graduação da PUC/SP, professor dos cursos de pós-graduação PUC/SP e Mackenzie

Rita de Cássia Curvo Leite
Mestre em Direito Civil Comparado e Doutora em Direitos Difusos pela PUC/SP. Professora na cadeira de Direito Civil no curso de graduação da PUC/SP e nos cursos de extensão e especialização da PUC-COGEAE. Advogada em São Paulo.

Roberta Dias Tarpinian de Castro
Mestre em Processo Civil pela PUC/SP, Professora dos cursos de pós-graduação PUC/SP e Mackenzie.

Rogerio Licastro Torres de Mello
Doutor e Mestre em Direito Processual Civil pela PUC/SP, Advogado, Professor da Fundação Armando Álvares Penteado (FAAP) e professor assistente do Mestrado da PUC/SP.

NOTA DA COORDENAÇÃO

A idealização dessa obra coletiva foi germinada a partir da conjugação de nossas trajetórias profissional e acadêmica, na área de família, que, em verdadeira simbiose intelectiva, nos aproximou e inspirou a organizá-la.

Na qualidade de advogadas e professoras na área familiarista, trocamos, constantemente, nossas experiências e as compartilhamos com profissionais e estudantes de Direito, nos cursos de graduação, extensão e pós-graduação ministrados por nós na PUC/SP, na PUC-COGEAE, na ESA, vinculada a OAB/SP, e na AASP.

Nesses ambientes, também, soubemos reconhecer nossos pares, que, assim como nós, entusiasmados pelo assunto, aceitaram, generosamente, o convite de participar dessa obra coletiva e aos quais somos imensamente gratas.

Desde o princípio, nossa proposta consistiu em aproximar o Direito Civil e o Processual Civil, reunindo estudos sobre as diversas formas de tutela que têm por objeto o Direito de Família (ou Direito das Famílias), estimuladas pelas constantes mutações na organização familiar, almejando, assim, tratar dos aspectos mais polêmicos e contemporâneos, discutindo temas que vão desde o moderno conceito de família, passando pelo procedimento previsto pelo CPC/15, com destaque aos aspectos controvertidos do procedimento, como a mediação, a citação, as tutelas provisórias, a execução de alimentos até a capacidade processual dos animais domésticos.

Conosco, abraçando esse desiderato, reunimos professores de Direito Civil e de Processo Civil da PUC/SP, que atuam na área de família, sem olvidar de incluir nesse grupo seleto, profissionais e professores com atuação em outras renomadas faculdades de Direito do país.

Sobrevivendo a pandemia e vivenciando um momento em que tantas novidades acoimam a sociedade brasileira, estamos convencidas de que chega em boa hora uma obra que tem por escopo discutir assuntos palpitantes e essenciais para toda a comunidade jurídica, em especial operadores e acadêmicos do Direito atuantes na área do Direito de Família (ou das Famílias), contribuindo, assim, ao contínuo avanço desse ramo do Direito que é, genuinamente, sensível e apaixonante.

São Paulo, primavera de 2023

SUMÁRIO

1
FAMÍLIA EM TRANSFORMAÇÃO. DA ANTIGUIDADE AO METAVERSO

Rita de Cássia Curvo Leite
Giovana Bellini Ribeiro

Mesmo no tempo mais sombrio temos o direito
de esperar alguma iluminação, e tal iluminação
pode bem provir, menos das teorias e dos conceitos,
e mais da luz incerta, bruxuleante e frequentemente fraca
que alguns homens e mulheres nas suas vidas e obras,
farão brilhar em quase todas as circunstâncias
e irradiarão pelo tempo que lhes foi dado na Terra
(Hannah Arendt)

Introdução

O tempo é grandeza que possui diversas unidades de medida: segundos, minutos, horas, dias, meses, anos, séculos.

O cair contínuo dos grãos de areia de uma ampulheta, sem precisar as horas, remete à passagem do tempo de forma vagarosa. Em contraposição a essa lenta medição, há um instrumento de precisão, o cronômetro, que divide o tempo em frações tão pequenas que faz até parecer que o tempo voa.

Sua passagem é notada pelo nascer do sol e pelo anoitecer, perceptível na mudança das marés, pelo surgimento e amadurecimento dos frutos e das flores, nas diferentes estações, pelo nascimento e pela morte, em um movimento rítmico e contínuo.

A vida é, assim, companheira do tempo.

A família, por seu turno, também oscila em ciclos e é, igualmente, influenciada pelo passar do tempo.

Pretende-se, no presente ensaio, efetuar um recorte no tempo para o fim de destacar os principais efeitos de sua passagem sobre o espectro familiar na sociedade brasileira. Destarte, estudar a evolução da família é tema fulcral para imergir nos princípios e institutos associados ao Direito de Família pátrio.

Para a realização deste intento, primeiro buscou-se retornar ao momento histórico no qual o tempo parecia fluir sem pressa e os laços familiares tinham origem na religião e no culto aos ancestrais.

Ao apresentar esse panorama, o presente artigo expõe como o arranjo familiar inerente à Grécia e à Roma antigas fincou raízes na organização da estrutura familiar nacional.

Não se olvidou dar destaque, outrossim, ao Cristianismo e à Revolução Industrial, autênticos marcos históricos selecionados por este trabalho como determinantes para a evolução da noção de família no Brasil.

Deveras, sendo a família base estruturante do Direito de Família, certo é que os modelos familiares presentes nos referidos períodos serviram à organização tanto do Direito de Família colonial, como assim, também, mui especialmente, ao Direito de Família republicano das primeiras décadas do século XX.

A família autóctone, presente no território brasileiro em sua gênese, a maciça imigração afrodescendente, motivada, em grande parte, pelo tráfego negreiro e alimentada pela escravidão, durante o período monárquico, associadas às muitas massas de imigração europeia e asiática, do início do século XX, deram impulso às famílias inter-raciais que seguiam, porém, os padrões culturais e sociais influenciados pela inexorável jornada temporal.

Tanto assim que a legislação brasileira se estruturou na família de modelo europeu, patriarcal, fulcrada em dogmas religiosos, constituindo um verdadeiro alicerce à procriação e à perpetuação da propriedade privada.

Dita família inspirou à promulgação da Lei nº 3.071, de 01 de janeiro de 1916 (Código Civil), com formação assentada exclusivamente no casamento, na qual o homem desempenhava a função de chefe da sociedade conjugal e cabeça de casal e a quem incumbia fixar o domicílio da família, decidir acerca da educação dos filhos, em um legítimo exercício do pátrio poder.

Ancorada nessa mesma estrutura familial, legitimada pelo matrimônio, a Constituição Federal de 1934 foi a primeira a dedicar apenas um capítulo à família (artigos 144 a 147), sendo a de 1946, a primeira a prever um Título especial (Título VI) para a proteção à família, educação e cultura. No artigo 163, prescrevia que a família era constituída pelo casamento de vínculo indissolúvel e teria direito à proteção especial do Estado, principalmente aquelas de prole numerosa.

A ascensão do feminismo, o combate à desigualdade de classes, o respeito à diversidade de gênero, a priorização à condição humana e a dignificação à pessoa, bandeiras içadas, em diferentes partes do globo, a partir da metade do século XX, funcionaram, inegavelmente, como molas propulsoras à reprogramação da família brasileira.

A Constituição Federal de 1988 constitui, pois, autêntico marco temporal responsável por democratizar e projetar a família como base da nossa sociedade, valorizando o afeto e permitindo o reconhecimento de tantas configurações familiares que sempre estiverem presentes na história, mas absolutamente esquecidas pelos órgãos legiferantes e judicantes.

Lembre-se das famílias socioafetiva, homoafetiva, poliafetiva; das famílias mosaico, biologizada e desbiologizada; das famílias monoparental e anaparental; da família multiespécie; das famílias nacional e transnacional; das famílias refugiadas e da família digital.

Entre essas múltiplas formas familiais decorrentes das transformações sociais ocorridas ao longo do tempo, objetiva-se, ora, projetar holofotes às famílias inter-raciais, que, como se disse, existem em nossa sociedade, desde o seu nascedouro, mas para as quais não se atribuiu a importância merecida, sem deixar de voltar os olhos, ainda, às famílias no metaverso, impulsionadas pela frenética revolução tecnológica, acelerada pela propagação da inteligência artificial e disseminada a partir da pandemia gerada pela Covid-19, quando os laços afetivos só podiam ser estreitados de forma virtual.

Ao analisar a família digital, a família no metaverso ou os reflexos da inteligência artificial nas relações familiares, tem-se a sensação de que a passagem do tempo não é linear, pois o fluxo de informação e a rede de conexão virtual fazem o tempo parecer mais veloz de modo que as relações familiares se alteram em milésimos de segundos.

Realmente, as relações familiares passam a ser travadas em diferentes espaços geográficos, concomitantemente; já é possível relacionar-se por meio de um computador ou, o que é ainda mais assustador, com o próprio computador dotado de inteligência artificial; estamos, afinal, submersos em uma genuína ficção científica.

Apesar de a percepção do tempo ser relativa, a sua medição não o é: o tempo, na ampulheta e no cronômetro, na Roma antiga ou no metaverso, é exatamente o mesmo.

A família, por sua vez, abduzida pelo tempo, está em frenética e constante ressignificação.

Ousemos enfrentar o tempo e descortinar essa família pós-moderna.

1. A evolução da família: perfunctória perspectiva histórica

A Constituição Federal brasileira de 1988 estabelece, em seu artigo 226, *caput*, que a família, como base da sociedade, deve ter a proteção do Estado.

Célula social por excelência, a família constitui um organismo social e um organismo jurídico. É um organismo social, uma vez que, a partir do embrião familiar, as diversas sociedades interagem; por outro lado, é um organismo jurídico porque dela emanam consequências econômicas e patrimoniais, implicações fiscais e previdenciárias e até mesmo questões de identificação pessoal e de personalidade.

Mas, se a família é uma célula social por excelência, certo é que dita célula está ininterruptamente sendo reprogramada.

Como traduz a historiadora francesa Michelle Perrot (1993), "a história da família é longa, não linear, feita de rupturas sucessivas". Destarte, a volubilidade dos fatos históricos e sociais que orbitaram as mudanças na conceituação da instituição familiar desafiam o seu enquadramento em uma denominação única, completa, abrangente e específica.

Destarte, se por um lado é impossível fechar os olhos para as abruptas alterações nas estruturas familiares, pelo outro, imperioso, embora nem sempre fácil, fazê-las reconhecer pelo Direito de Família.

Maria Berenice Dias estabelece um paralelo entre a família natural, produto da união espontânea de pessoas no meio social, e a família juridicamente constituída, estruturada pelo direito, que busca regular o fato social. No entanto, como a realidade está continuamente sujeita a mudanças e transformações, a lei, que é sempre posterior ao fato, em geral não consegue acompanhar essa evolução. Nas palavras de Berenice Dias (2016, p. 47), "a família juridicamente regulada nunca consegue corresponder à família natural, que preexiste ao Estado e está acima do direito".

Com efeito, de se notar que nem sempre os costumes, os princípios e as recombinações familiares são, no seu tempo, e, ao mesmo tempo, absorvidas pelo Direito de Família legislado.

Aliás, tão significativas foram as alterações na família, especialmente nos séculos XIX, XX e XXI, que não se pode mais reconhecê-la no singular.

No pós-modernismo, inclusive, mais apropriado falar em Direito das Famílias, no plural, como destaca Rodrigo da Cunha Pereira (2021, p. 15).

Assim, também, Maria Berenice Dias (2016, p. 49) considera mais adequada a expressão Direito das Famílias, pois o seu âmbito de proteção deve estender-se a todas as formações familiares, sem qualquer discriminação.

Não raras vezes, com o caminhar das décadas, escutam-se comentários do tipo "não se fazem mais famílias como antigamente" ou "em tempos passados, as famílias eram outras" (!...).

Isso não significa dizer que a família atual é melhor ou pior que a família do passado, mas, certamente, é preciso reconhecê-las muito diferentes, estando a hodierna afastada dos modelos familiais antecedentes, das estruturas de poder e de afeto que habitaram, construíram e modelaram os arquétipos anteriores (HIRONAKA, 2022, p. 3).

Realmente, as famílias cambiaram de estrutura, sem deixar para trás, porém, alguns de seus alicerces.

Justamente por isso, antes de se apresentar a visão moderna (ou pós-moderna) de família, pretende-se abordar, ainda que sucintamente, a evolução da família desde a antiguidade clássica greco-romana até o presente.

1.1. A família na Grécia e Roma antigas

O princípio constitutivo da família na Roma antiga (assim como na Grécia) não se encontrava apenas na geração, uma vez que o filho emancipado pelo pai, entre esses povos, deixava de fazer parte da família, assim como a filha ao se casar; não estava tampouco na afeição natural, sentimento não considerado pelo direito grego e pelo direito romano; nem sequer no poder paterno ou marital, na sua superioridade física: o fundamento da família antiga vinculava-se à religião do fogo doméstico e do culto aos ancestrais (COULANGES, 2009, pp. 45-6).

Cada família tinha seus deuses e a eles dedicavam seus cultos domésticos[1]. Havia entre os romanos antigos a crença de que o homem, após a

[1] Como explica Rolf Madaleno (2018, pp. 633-4), toda casa romana possuía um altar (*ara*) onde, dia e noite, o dono da morada deveria conservar o fogo, que só poderia ser extinto quando

sua morte, era considerado um ser bem-aventurado e divino, desde que os seus descendentes vivos lhes oferecessem oferendas perenemente. Para isso, era importante que sua descendência não se extinguisse. Foi nessa crença que se originaram as regras do direito romano em relação à família. A lei romana cuidava para que a prática do culto doméstico não se apagasse.

Todos que participavam das oferendas aos antepassados eram considerados membros da família: o pai – a quem cabia presidir o culto –, a mãe, filhos e escravos. O fato de os escravos domésticos participarem do conjunto familiar explica-se pela própria etimologia do termo família: do latim *familĭa*, proveniente de *famel* (palavra osca) correspondente a *famŭlus* (lat.), em português fâmulo, escravo (Saraiva, 1993, p. 473).

Friederich Engels explica que, a princípio, entre os romanos a palavra família não se aplicava aos dois cônjuges e a seus filhos, mas tão somente ao escravo doméstico (*famŭlus*), sendo *família* o conjunto de escravos pertencentes a um mesmo homem (Engels, 1980, p. 61).

Em Roma, a família era organizada sobre o princípio da autoridade absoluta do *pater familias* que adquiria bens e administrava o patrimônio familiar, exercia o poder sobre a pessoa dos filhos, sobre a mulher e sobre os escravos.

Na família romana, ao *pater* convergiam todos os poderes e dele irradiavam determinações sobre a estrutura geral do grupo familiar. O termo *pater*, idêntico no latim, no grego e no sânscrito – o que denota a sua origem antiga, proveniente de um tronco linguístico comum, o indo-europeu –, aplicava-se, na língua jurídica, a todo homem com poder e autoridade sobre uma família e sobre um domínio (*pater famílias*), podendo referir-se inclusive a um homem sem filhos. A ideia de paternidade não estava nela contida e era expressa por estes povos por outro termo, *progenitor* (Coulanges, 2009, pp. 75-6).

O *pater famílias*, como chefe supremo da religião doméstica, tinha o direito de reconhecer ou rejeitar o filho ao nascer; de repudiar a mulher estéril; de casar a filha outorgando a outro homem o poder sobre ela; de casar o filho para perpetuar a família; de emancipar o filho, excluindo-o do culto – e, por consequência, da família e da herança –, deixando assim de ser agnado do pai; inversamente, tinha o direito de adotar um filho,

toda a família tivesse morrido. Este culto ao fogo doméstico só era exercido pelos homens e entre eles transmitido o direito de fazer os sacrifícios ao lar (Madaleno, 2018, pp. 633-4).

tornando-o seu agnado e de toda a sua família, sendo ele introduzido ao fogo doméstico e podendo herdar bens da família (Coulanges, 2009, pp. 76-77).

O parentesco se estabelecia pela consanguinidade por linhagem masculina a que os romanos davam o nome de *agnatio* (agnação). Rolf Madaleno (2018, p. 634) observa que o parentesco por agnação surge no direito romano pela Lei das XII Tábuas[2]. Pela agnação, consideram-se parentes todas as pessoas colocadas sob a autoridade do *pater familias*.

Com o passar do tempo, todavia, essa crença relativa ao culto dos antepassados por meio da religião doméstica foi-se esvaindo e o direito romano passou a reconhecer o parentesco pelo nascimento (consanguinidade materna) a que eles davam o nome de *cognatio* (cognação).

Observa Jérome Carcopino que o poder ilimitado do *pater familias* foi aos poucos enfraquecendo-se e, já no final da República romana (31 a.C.), a mãe passou a ter o mesmo direito formal que o pai em relação aos filhos, uma vez que a autoridade absoluta do pai sobre os filhos e do marido sobre a mulher colocada em suas mãos (*in manu*) foi perdendo a força, tendo, no século II de nossa era, praticamente desaparecido (Carcopino, s.d., pp. 99-100).

Segundo o mesmo autor, a partir do final do período republicano houve também uma alteração substancial no conceito de emancipação de um filho, que perdeu o sentido antigo de castigo – quando o filho emancipado era excluído da família e, consequentemente, também da herança familiar –, passando a ter, já no início do período imperial, com a jurisprudência pretoriana da *bonorum possessio* (a posse de bens), um sentido totalmente positivo, benéfico ao filho. Este, ao ser emancipado, poderia adquirir e gerir bens, sem perder o direito à sucessão paterna (Carcopino, s.d., p. 101).

Da mesma forma, mudou-se a natureza do casamento da Roma antiga para a imperial. Na antiguidade romana, o casamento era uma instituição essencialmente religiosa em que a filha, nascida e criada em torno da religião doméstica de sua família, com seus deuses e seus cultos, ao se casar, passaria a cultuar outros deuses e praticar outros ritos religiosos (os de seu marido), ou seja, teria que abandonar o deus de sua infância colocando-se sob a autoridade de um deus até então desconhecido.

[2] A Lei das XII Tábuas (*Lex Duodecim Tabularum*) é considerada o mais antigo texto latino, de imenso valor jurídico, escrita por volta de 450 a.C.

O casamento constituía-se de uma cerimônia sagrada por excelência que produziria o efeito de unir marido e esposa, não apenas pelo vínculo afetivo e sexual, mas sobretudo pelo vínculo religioso do mesmo culto e mesmas crenças. A dissolução desse casamento religioso, embora rara e difícil, era possível, mas somente por meio de outra cerimônia religiosa diante do fogo doméstico comum (Coulanges, 2009, pp. 40-45). Outro efeito do casamento é que a filha deixava de viver sob a tutela e autoridade paterna para viver sob a autoridade do marido, ou seja, a mulher era colocada sob a *manus* do marido, o que se denominava casamento *cum manu*[3].

Jérome Carcopino (s.d., p. 108) afirma que, no período imperial romano (iniciado em 27 a.C.), já predominavam os casamentos sine manu em que a matrona romana era livre para escolher o seu marido, vivendo não mais sob a sua autoridade, mas em condições de igualdade com ele.

Segundo Paul Veyne, os cidadãos romanos que viveram entre o século I a.C. e o século I d.C. podiam recorrer à instituição civil do casamento, que, nessa época, era um ato essencialmente privado, informal, o qual não dependia de uma cerimônia diante de um prefeito ou vigário, algo semelhante ao noivado entre nós. Não havia um documento escrito, a não ser um contrato de dote, caso a noiva apresentasse algum. A comprovação do casamento, em caso de necessidade, dava-se por indícios, como um dote (caso houvesse), ou o fato de o marido sempre referir-se à sua companheira como esposa, ou mesmo por meio de testemunhas que tivessem participado de uma cerimônia com caráter nupcial. Os filhos nascidos dessa união eram considerados legítimos, adotavam o nome do pai e, com a morte deste, tornavam-se proprietários do patrimônio paterno. Eram casamentos essencialmente monogâmicos (VEYNE, 2008, pp. 189-92).

É preciso reconhecer, pois, a herança da família patriarcal monogâmica antiga nos alicerces familiais pátrios, sobretudo e principalmente na família brasileira dos séculos XVIII, XIX e em boa parte daquelas viventes ao menos até a metade do século XX.

[3] Coulanges explica que os romanos possuíam uma expressão muito antiga para marcar o poder do marido sobre a mulher, a qual foi conservada por seus jurisconsultos: *manus*. Esse termo, porém, não resultava da força física do homem, mas tinha relação com as crenças religiosas que colocavam o homem acima da mulher. Era o casamento que gerava a subordinação e ao mesmo tempo a dignidade da mulher (Coulanges, 2009, p. 74). Numa época posterior, provavelmente já no final do período republicano, caiu em desuso o casamento romano *cum manu* que marcava a sujeição da mulher ao marido, dando lugar ao costume do casamento *sine manu*, em que este se dava sem a subordinação da mulher à família do marido.

É dizer, como faz Ana Carla Harmatiuk Matos (2022, p. 257) "que a família transita em todos os tempos e contextos sociais, em cada qual veste a concepção adequada para atender a interesses relevantes e, conforme o tempo desgaste a vestimenta, tornando-a inadequada, outros abrigos vão surgindo".

1.2. Família e cristianismo

A partir do século IV, quando o Imperador Constantino abandona o culto aos deuses pagãos e passa a adotar o cristianismo como religião oficial do império romano, houve uma evolução gradual da família a partir de elementos oriundos do Direito Canônico.

Instalou-se, no Direito Romano, a concepção cristã de família, na qual predominavam as preocupações de ordem moral, sob a inspiração do espírito de caridade.

O cristianismo eleva o casamento entre o homem e a mulher à categoria de sacramento, isto é, uma cerimônia formal, sagrada, contraída perante Deus, com a finalidade da procriação, unindo o casal de forma indissolúvel, com base na própria bíblia sagrada: "... o que Deus uniu não o separe o homem" (Mateus, 19,6).

Os valores cristãos em muito impregnaram as famílias brasileiras e deram azo a estruturação principiológica relativamente a matéria, como se verá, tanto assim que se destacam o princípio da dignidade da pessoa humana; da solidariedade familiar; da proteção e bem-estar dos membros familiares; da assistência material, moral e patrimonial entre seus entes e da *affectio maritalis*.

E como as normas jurídicas estão sempre impregnadas por valores, inafastável deixar de reconhecer o componente axiológico na formação da família nacional (Carvalho, 2014, pp. 27-28).

Conforme observa Rolf Madaleno, esses vínculos sagrados do matrimônio eclesiástico foram também solenizados pelo Estado que, durante muito tempo, somente reconheceu como entidade familiar a formada por meio do casamento, "marginalizando outros vínculos informais" (Madaleno, 2018, p. 47). Acrescenta Madaleno (2028, p. 516) que essa concepção de indissolubilidade do matrimônio é uma peculiaridade da religião cristã, que lutou muito contra o divórcio – admitido pelas leis romanas e pelos costumes germânicos – até sua completa supressão.

Vale ressaltar que o cristianismo se insurgiu também contra as uniões sexuais fora do casamento, considerando legítimos somente os filhos nascidos da união originária do matrimônio, discriminando os nascidos fora dessa relação, considerando-os ilegítimos, espúrios, naturais e incestuosos.

O direito matrimonial brasileiro aparece inicialmente vinculado ao casamento cristão para mais tarde dar lugar ao casamento civil, o qual passa a reger o matrimônio com normas próprias, entre as quais a possibilidade de dissolução do casamento civil.

Esta só foi possível com a Emenda Constitucional nº 9, de 28 de junho de 1977, a qual deu nova redação ao § 1º do artigo 175 da Constituição Federal brasileira de 1967, prevendo a possibilidade de dissolução do casamento nos casos expressos em lei, condicionada à prévia separação judicial por mais de três anos. Trata-se da Lei nº 6.515, de 26 de dezembro de 1977 que regula os casos de dissolução da sociedade conjugal e do casamento e que também instituiu o divórcio (artigos 24-33), ficando assim mais conhecida como a lei do divórcio.

1.3. Nova estruturação familiar a partir da Revolução Industrial

Antes do advento da chamada Revolução Industrial, que se deu a partir da segunda metade do século XVIII, a entidade familiar apresentava uma formação *extensiva*, integrada por todas as pessoas ligadas pelo vínculo de sangue, ou seja, todos os parentes em linha reta e colateral, os quais se ocupavam do trabalho no campo, formando, nos dizeres de Maria Berenice Dias, uma "unidade de produção, com amplo incentivo à procriação": os seus membros representavam a força do trabalho (Dias, 2016, p. 48). Tratava-se de uma entidade patrimonializada, cujo núcleo familiar apresentava um perfil *hierarquizado* e *patriarcal*.

Com a Revolução Industrial e a consequente migração da força de trabalho do campo para a cidade, em geral grandes centros industriais, a família passa a conviver em espaços reduzidos, havendo uma diminuição significativa do tamanho da família, cuja estrutura tornou-se *nuclear*, mais individualista, agora composta basicamente pelo pai, a mãe e filhos.

Nessa nova constituição familiar, reduzida a poucos membros, a mulher inicialmente dedicava-se às tarefas do lar, sendo também responsável pelo cuidado dos filhos pequenos, enquanto ao marido competia o sustento de todos e a provisão do lar.

Com a industrialização crescente, houve uma maior necessidade de mão de obra e a mulher foi aos poucos sendo requisitada para o mercado de trabalho, passando também a cooperar, financeiramente, com o sustento dos filhos e com as diversas despesas familiares, antes sob a responsabilidade exclusiva do homem, considerado o chefe da família.

As mulheres passam, gradativamente, a adotar uma postura mais atuante, saindo de uma posição coadjuvante, atrás do patriarca para, ao seu lado, organizar e administrar a estrutura familiar (Hironaka, 2022, p. 4).

Segundo Maria Berenice Dias (2016, p. 48), esse enxugamento familiar e a convivência em espaços menores propiciou uma maior união dos membros da família, criando um vínculo afetivo entre estes, deixando de ser uma entidade patrimonializada, alicerçada no matrimônio e voltada à procriação, para tornar-se uma entidade formada a partir dos sentimentos de carinho e amor.

Estruturados nessa nova concepção, surgem novos modelos de família, alguns dos quais já previstos na Constituição Federal brasileira de 1988, como a união estável e a família monoparental.

Rolf Madaleno sintetiza bem essa transformação ocorrida na concepção familiar, ao afirmar que, com a Constituição de 1988, a família, até então eminentemente matrimonializada, abre-se para novos padrões de agrupamento familiar:

> a família matrimonializada, patriarcal, hierarquizada, heteroparental, biológica, institucional vista como unidade de produção e de reprodução cedeu lugar para uma família *pluralizada, democrática, igualitária, hetero ou homoparental, biológica ou socioafetiva, construída com base na afetividade e de caráter instrumental* (Madaleno, 2018, p. 82).

Observe-se, pois, a família moderna (e pós-moderna) a partir de uma leitura civil-constitucional.

2. Presente e futuro: a reestruturação da família na contemporaneidade

2.1. A família constitucionalizada, movida pela "heurística do afeto"

Desde o Código Civil de 1916 até a promulgação da Constituição Brasileira de 1988, as normas que regiam a entidade familiar no Brasil previam apenas a família tradicional, matrimonializada, ou seja, a formação da família só era possível por meio do casamento – conforme estabeleciam o artigo 229 do Código Civil de 1916 e o artigo 175, *caput*, da Constituição Federal brasileira de 1967 –, considerando *concubinato* a união estável de um homem e uma mulher não unidos pelo matrimônio, que, portanto, permaneciam marginalizados da sociedade, assim como outras figuras de união afetiva.

Por outro lado, esse modelo familiar único considerava expressamente o marido como chefe da sociedade conjugal, competindo a ele a representação legal da família, a administração dos bens do casal e a provisão do lar (CF/1967, artigo 233 e incisos), sendo também o principal responsável pelo poder familiar.

Com a Constituição de 1988, a família, considerada base da sociedade, continua a ter a proteção do Estado (CF/1988, artigo 226, *caput*), trazendo, porém, uma reformulação substancial no seu conceito, que, distanciando-se do tradicionalismo, alarga-se para prever a possibilidade de outros arranjos familiares não atrelados ao casamento civil entre um homem e uma mulher. A Carta Magna de 1988 passa a considerar também, de forma expressa, como entidade familiar, a *união estável* entre o homem e a mulher (artigo 226, § 3º) bem como a família formada por um dos pais e seus descendentes (artigo 226, § 4º), ou seja, a família chamada *monoparental*.

Observa Maria Berenice Dias (2016, pp. 229-30) que esses dois tipos de entidade familiar expressos no texto constitucional são meramente exemplificativos, por serem também os mais comuns, devendo-se incluir nesse rol outros arranjos familiares socialmente admitidos e estruturados em vínculos afetivos, alguns dos quais já reconhecidos pela jurisprudência, como é o caso da união estável entre pessoas do mesmo sexo (casais homoafetivos), reconhecida em 2011 pelo STF como entidade familiar com as mesmas regras e consequências da união estável heteroafetiva (STF, ADI 4.277, Rel. Min. Ayres Brito, j. 05/05/2011), assegurando-lhes todos os direitos, inclusive o acesso ao casamento, conforme dispõe a resolução nº 175/2013 do CNJ.

Assim, a família pode ter sua gênese na conjugalidade, oriunda do matrimônio ou da união estável, podendo também ser constituída sob o ponto de vista parental, biologizado, desbiologizado, por força do apadrinhamento ou da adoção. A origem dos vínculos de parentesco não se limita, porém, à forma natural ou civil, visto que os novos arranjos familiares, observados ao longo do tempo, alçaram o afeto a ponto fulcral para o reconhecimento dos elos familiais. Em outras palavras, o aspecto social e as vivências cotidianas assumiram similar relevância se confrontados ao aspecto genético para dar origem aos laços familiares.

Nesse sentido, ousa-se reconhecer, a essa altura, que as uniões familiais contemporâneas foram e estão sendo cada vez mais impulsionadas pela "heurística do afeto".

A heurística se reporta aos atalhos mentais que as pessoas realizam para tomar uma decisão. Trata-se de uma forma de reduzir o esforço mental, tornando o processo cognitivo mais eficiente e permitindo superar as limitações naturais do cérebro humano considerando, ainda, a quantidade de tempo que têm para fazer uma escolha, bem como a quantidade de informações colocadas[4].

Dentre os vários modelos de heurística (de disponibilidade e de representatividade, por exemplo), parece que a "heurística do afeto" pode ser uma das razões que justificam as reprogramações das estruturas familiais.

De fato, a "heurística do afeto" envolve fazer escolhas que são influenciadas pelas emoções que um indivíduo está experimentando no momento da tomada de decisão. Assim, por exemplo, quando de bom humor, as pessoas têm maior probabilidade de ver benefícios e riscos diminuídos nas decisões que tomam. As emoções negativas, por outro lado, conduzem as pessoas a se concentrarem nas possíveis desvantagens de uma decisão e não nos eventuais benefícios.

Nesse diapasão, toma-se a "heurística do afeto" não a partir de uma conotação negativa, imediatista e experimentalista, senão como um mecanismo de inclusão e de seleção a partir de escolhas familiais capazes de unir as pessoas com os mesmos propósitos e os mesmos projetos de vida, menos sujeitos a regras e dogmas e mais ao desejo e à busca pela felicidade.

Certamente, em um mundo cada vez mais ágil, com informações que fluem rapidamente em segundos, não há dúvida de que as relações humanas também passam a ser influenciadas pela "heurística do afeto".

Aliás, importante reconhecer, na afetividade, não só o gérmen familiar como também o princípio fundante.

2.2. Principiologia familial

O termo princípio padece do vício da polissemia podendo ser empregado em distintas situações, com variados significados (CARVALHO, 2009, pp. 253-254). No entanto, pode-se afirmar que o princípio é o ponto de partida e, nesse sentido, é o primeiro passo para uma interpretação mais segura[5].

[4] https://institutoconectomus.com.br/o-que-e-heuristica/. Acesso em 17/05/2023.

[5] Do latim *principium* significa origem, começo. É o ponto de partida ou fundamento ou causa de um processo (ABBAGNANO, Nicola, "Dicionário de filosofia". Trad. Alfredo Bosi e Ivone Castilho Benedetti. São Paulo: Martins Fontes, 2007, p. 928, no verbete *princípio*).

No Direito, ele nada mais é do que uma linguagem que traduz para o mundo jurídico-prescritivo, não o real, mas um ponto de vista sobre o real, caracterizado segundo os padrões de valores daquele que o interpreta. É lícito asseverar a existência de "princípios jurídicos" em todos os setores da investigação do Direito, sendo tema obrigatório no estudo de qualquer teoria com pretensões científicas.

É inegável que, com a entrada em vigor da Constituição Federal de 1988, intensificaram-se os estudos e as pesquisas referentemente aos princípios do direito, especialmente em razão de haver referida Carta elencado uma série deles[6].

Os princípios norteadores dessa nova concepção familiar são a dignidade da pessoa humana, a *affectio maritalis,* ou seja, a disposição de constituir família, a cooperação e a solidariedade, o respeito à individualidade de cada um de seus membros, a convivência familiar harmoniosa, a paternidade responsável.

O próprio texto constitucional refere-se, de maneira expressa, aos princípios da dignidade da pessoa humana e da paternidade responsável (CF, artigo 226, § 7º), os quais justificam o estabelecimento da liberdade de o casal decidir sobre o planejamento familiar, vedando-se qualquer forma de coação por parte de instituições oficiais ou privadas.

Neste cenário, a Constituição Federal de 1988 foi determinante para a identificação do elemento afetivo como fundador dos laços familiares e proteção jurídica dos novos arranjos familiares. Entre os valores constitucionais preconizados pelos artigos 226 e 227, destacam-se os parágrafos 3º e 4º do artigo 226 e o parágrafo 6º do artigo 227 que concretizam a igualdade e a proteção entre as diversas formas de constituição de família, em observância ao princípio da pluralidade das famílias.

Maria Cecília Bodin de Moraes (2005/2006, p. 6) utiliza o termo *família democrática* para referir-se ao modelo de família atual, "em que a dignidade de seus membros, das pessoas que a compõe, é respeitada, incentivada e tutelada" e, por outro lado, a família construída sob o princípio da dignidade humana é, necessariamente, uma família democrática.

O princípio da cooperação e da solidariedade entre os membros da família encontra-se igualmente previsto no próprio texto constitucional,

[6] Lembre-se, a título de exemplo, dos princípios da inviolabilidade e resguardo da intimidade e da privacidade, da função social dos contratos e da propriedade, da boa-fé objetiva, do devido processo legal, da ampla defesa, do contraditório, da anterioridade, da proporcionalidade, etc.

o qual estabelece que cabem igualmente ao homem e à mulher os direitos e deveres referentes à sociedade conjugal (CF, artigo 226, § 5º). Por outro lado, o artigo 229 estabelece não apenas o dever de os pais assistirem, criarem e educarem os filhos menores, como também, e reciprocamente, o dever de os filhos maiores ajudarem e ampararem os pais na velhice, carência ou enfermidade.

O princípio da cooperação e solidariedade aparece ainda no Código Civil de 2002, no capítulo que trata da eficácia do casamento, ao estabelecer que, numa relação conjugal, o homem e a mulher devem assumir mutuamente a posição de consortes, companheiros e responsáveis pelos encargos do grupo familiar (CC, artigo 1.565), cabendo a ambos a direção da sociedade conjugal, no interesse do casal e dos filhos (CC, artigo 1.567).

O respeito à individualidade dos membros familiares também constitui um dos princípios da nova formação familiar, não mais ancorada exclusivamente no casamento, tendo por finalidade a procriação e centrada na autoridade paterna, mas caracterizando-se como uma família-instrumento, em que o objetivo é propiciar um ambiente capaz de levar ao desenvolvimento da personalidade de cada um dos membros do grupo familiar (Moraes, 2005/2006, p. 8). O próprio texto constitucional prevê a assistência à família, tutelando individualmente cada um de seus membros (CF, artigo 226, § 8º).

Por fim, a união conjugal pressupõe a disposição ou intenção do casal de constituir uma família (*affectio maritalis*). Rolf Madaleno observa que a união estável, como imagem do casamento, "só é adotada pelo direito por seu caráter publicista, por sua estabilidade e permanência e pela vontade dos conviventes de externarem aos olhos da sociedade uma típica entidade familiar" (Madaleno, 2018, p. 56).

Diferentemente da família patriarcal, hierarquizada, identificada com o casamento e com funções procriativas e econômicas, a família moderna constitui-se como um grupo social, base da sociedade (CF/1988, artigo 226, *caput*), formado a partir de laços afetivos e caracterizado pelo compartilhamento de responsabilidades com as tarefas domésticas, com os compromissos econômicos e financeiros, com a criação e educação dos filhos.

Esse novo modelo de família tem abrigado vários outros arranjos familiares, cada vez mais presentes em nossa sociedade e todos eles merecedores da proteção estatal. É o caso, por exemplo, da família reconstituída, ou seja, aquela formada após a separação, também chamada de família mosaica ou pluriparental; da família anaparental, ou seja, sem ascendentes, quando há, por exemplo, a convivência apenas entre irmãos; a família homoafetiva e as uniões poliafetivas; a família extensa ou ampliada (ECA, artigo 25, parágrafo único); a família substituta (ECA, art. 28), entre outros.

Pretende-se nesse ensaio, dar musculatura às reflexões em torno da família inter-racial e da família virtual ou no metaverso.

3. Família inter-racial

A família inter-racial não é inovação na sociedade brasileira, ao contrário, a miscigenação é fenômeno que teve início desde a colonização do Brasil. Mesmo assim, a família inter-racial ainda é assunto pouco explorado no mundo jurídico, embora, como se verá adiante, seja uma forma de estrutura familiar presente de forma expressiva na nossa sociedade.

Para compreensão da problemática, recorre-se ao resultado da amostra do tema "nupcialidade, fecundidade e migração", apresentado pelo Censo Demográfico de 2010. A nupcialidade é componente de destaque na pesquisa do censo, por estar atrelado aos padrões de organização da família, apresentando-se, assim, como um indicador importante dos arranjos familiares no Brasil ao longo do tempo.

Entre os fatores atrelados à nupcialidade, a pesquisa IBGE apresenta resultados relativos ao percentual das pessoas que contraíram matrimônio, idade dos nubentes e seletividade marital, a qual a pesquisa define como a escolha do cônjuge com base em normas sociais, econômicas e culturais.

Extrai-se da pesquisa que, no ano de 2010, 69,3% das pessoas estavam unidas por laços conjugais a pessoas do mesmo grupo de cor ou raça. A partir dessa informação, depreende-se que, de forma inversa, no Brasil, à época da realização do censo, aproximadamente 31% das uniões eram entre pessoas que se auto classificaram como não pertencentes à mesma raça.

As famílias cujos integrantes não pertencem ao mesmo grupo de cor ou raça denominam-se família inter-racial. Evidente que as famílias inter-raciais não são originadas apenas pela união conjugal, mas também por meio da união estável, do apadrinhamento, da adoção e de outros arranjos familiares reconhecidos juridicamente.

Para a compreensão da dinâmica familiar e dos impactos jurídicos da família inter-racial, não basta, porém, considerar as uniões inter-raciais, mas deve-se também observar os dados referentes à endogamia – casamento entre pessoas do mesmo grupo social –, especialmente em relação ao mesmo grupo étnico.

Em relação à questão racial, ainda conforme o Censo de 2010, "a endogamia foi mais forte nos grupos de brancos (74,5%), pardos (68,5%) e indígenas (65,0%)" e "homens pretos tenderam a escolher mulheres pretas em menor percentual (39,9%) do que mulheres pretas em relação a homens do mesmo grupo (50,3%)" (PESQUISA IBGE, 2010).

Essa escolha matrimonial, conforme esclarece Petruccelli (2000, p. 2), é a "expressão de regras sociais determinadas", as quais facilitam alguns tipos de uniões e dificultam outros, "construindo um sistema que estrutura os intercâmbios entre os indivíduos".

As questões raciais inerentes às famílias inter-raciais não são apenas percebidas pela seletividade matrimonial, mas, sobretudo, trazem reflexo à estrutura interna da família, acarretando, por exemplo, situações de hierarquia racial[7] e até mesmo de discriminação dentro do núcleo familiar por questões raciais.

Lia Vainer Schucman (AÇÕES EM DEBATE, 2018, 7'36" – 31'42") relata algumas situações típicas de racismo que ocorrem dentro do núcleo familiar inter-racial: um dos membros da família negar que outro seja negro; os filhos terem tratamento distinto a depender da cor da pele; os filhos de pais de cor de pele distinta não saberem se identificar como pessoa negra ou branca; filhos negros sofrerem práticas racistas dos próprios pais ou cuidadores, devido ao seu tom de pele.

Embora todas essas situações sejam permeadas por violência, enfatiza-se um dos relatos apresentados por Schucman e Gonçalves (2017, p.7), no qual uma mulher, filha de mãe loura dos olhos verdes, empregada doméstica, e de pai negro retinto, pedreiro, narra que a mãe hierarquizava o grau de afeição pelos filhos proporcionalmente à pigmentação da pele de cada um, de forma que a negritude dentro daquele âmbito familiar era considerada como uma forma de inferioridade racial. A mulher ainda relata que a mãe constantemente a chamava de "macaca" quando ela fazia algo ruim e dizia que o cabelo da menina era "ruim [igual ao] do seu pai"; ambos, pai e filha, eram constantemente humilhados, pelo seu tom de pele, pela matriarca.

Esse é apenas um dos casos que ilustram a violência que crianças, adolescentes e até mesmo adultos negros podem sofrer dentro do seio familiar, que deveria ser local de acolhimento e proteção.

[7] Hierarquia racial corresponde ao ato de privilegiar "aqueles com estética mais aproximada aos padrões da branquitude, em detrimento daqueles interpretados com características fenotípicas marcadamente da negritude" (SCHUCMAN; GONÇALVES, 2017, p.3).

A relação entre afeto e cor de pele foi objeto de pesquisa[8] realizada pela estadunidense Elizabeth Hordge Freeman, que investigou como o fenótipo de cada membro de uma família negra está relacionado à distribuição desse sentimento dentro do núcleo familiar. A autora, entre as suas conclusões, apontou:

> Qualquer esforço no sentido da igualdade racial no Brasil deve considerar envolver as famílias, pois dinâmicas racializadas internas ao grupo podem comprometer o bem-estar subjetivo de maneiras que podem ser mais devastadoras do que a desigualdade estrutural.
>
> Então, o que o amor tem a ver com tudo isso? Nas famílias, o amor está presente, mas como um recurso emocional, o que o amor se parece pode depender de como você parece. (Hordge-Freeman *apud* Schucman; Gonçalces, 2017, p.4).

Evidencia-se, neste contexto, que, embora a estrutura familiar inter-racial seja objeto de estudo de outras áreas, como a sociologia, antropologia e psicologia, as particularidades dessa forma de expressão de família também devem ser consideradas, com especial atenção, pelo mundo jurídico – inclusive pelo Direito de Família ou das Famílias –, buscando sempre estratégias de pertencimento racial e socialização, garantindo o direito à convivência familiar e comunitária, livre da prática de racismo e em observância à proteção integral à criança e ao adolescente.

A construção sócio-histórica racista também se reflete na adoção, em que famílias buscam um "perfil idealizado, que demonstre uma filiação com traços de consanguinidade" (Gomes et al., 2020, p. 09), o que faz com que muitas crianças negras, indígenas e asiáticas sejam excluídas do perfil pretendido pela adoção. Deste modo, a questão racial e a adoção também estão, por este e por outros fatores, intimamente ligadas, a revelar o latente racismo estrutural arraigado à sociedade brasileira.

Em relação à adoção, vale salientar que a Lei Nacional de Adoção (Lei nº 12.010/2010, com as alterações da Lei nº 13.509/2017), preocupou-se em dar atenção às adoções inter-raciais, ao estabelecer, em seu artigo 28,

[8] A pesquisa foi realizada em Salvador-BA e o seu resultado está compilado no livro *The Color of Love: Racial Features, Stigma, and Socialization in Black Brazilian Families*, ainda não publicado no Brasil.

parágrafo 6º, incisos I a III[9], alguns critérios específicos no tratamento da adoção de crianças e adolescentes indígenas, bem como daqueles provenientes de comunidade remanescente de quilombos.

Ao dar prioridade para a colocação dessas crianças e adolescentes em lares substitutos pertencentes à mesma comunidade ou junto a membros da mesma etnia, o legislador, reconhecendo as especificidades desses grupos infantojuvenis, buscou resguardar-lhes direitos, garantindo-lhes respeito aos processos de construção das identidades étnicas.

Como ponderam Karine Alves Gonçalves Mota e Luziê Medici da Costa Coronel (2016, p. 7),

> observa-se que a colocação de criança indígena em família não indígena é a última medida a ser adotada, sendo contraditória a inclusão de seu nome no Cadastro Nacional de Adoção, por não garantir a continuidade afirmativa de sua identidade cultural e a colocação em famílias ou membros do seu povo ou etnia. A colocação de criança indígena em meio social diferente do seu natural contraria o que dispõe a lei e também impossibilita a criança de viver onde ela seria culturalmente mais valorizada.

Para garantir que os interesses e direitos das crianças indígenas sejam resguardados, nas ações de adoção de crianças ou adolescentes indígenas, é obrigatória a intervenção da Fundação Nacional do Índio (FUNAI), pois, com a participação do órgão indigenista, o juiz "tomará conhecimento dos diferentes conceitos de família, identidade cultural e costumes da etnia ou povo a qual a criança pertence" (idem, 2016, p. 8).

[9] "Art. 28. A colocação em família substituta far-se-á mediante guarda, tutela ou adoção, independentemente da situação jurídica da criança ou adolescente, nos termos desta Lei.
(...)
§ 6º. Em se tratando de criança ou adolescente indígena ou proveniente de comunidade remanescente de quilombo, é ainda obrigatório:
I – que sejam consideradas e respeitadas sua identidade social e cultural, os seus costumes e tradições, bem como suas instituições, desde que não sejam incompatíveis com os direitos fundamentais reconhecidos por esta Lei e pela Constituição Federal;
II – que a colocação familiar ocorra prioritariamente no seio de sua comunidade ou junto a membros da mesma etnia;
III – a intervenção e oitiva de representantes do órgão federal responsável pela política indigenista, no caso de crianças e adolescentes indígenas, e de antropólogos, perante a equipe interprofissional ou multidisciplinar que irá acompanhar o caso".

O tratamento distinto que a lei confere às crianças indígenas, além de preservar o multiculturalismo e garantir o cumprimento do artigo 231[10] da Constituição Federal, é uma ferramenta jurídica para assegurar o pertencimento racial e a proteção integral à criança e ao adolescente.

4. Laços virtuais: a família no metaverso

Entre todas essas possibilidades de modelos familiares, o presente artigo pretende também trazer luz a uma forma de arranjo familiar que, por motivos diversos, ainda não possui contorno definido no mundo jurídico: a família no metaverso.

Talvez não se trate, propriamente, de uma nova modalidade de família, senão um novo arquétipo de convivência entre os pares, na qual o contato não seja físico, mas virtual, quiçá um espelho do que o sociólogo Zygmund Bauman já anunciava décadas atrás quando defendeu viver-se em uma "sociedade líquida"[11].

Metaverso é vocábulo utilizado para caracterizar o mundo virtual que, por meio da tecnologia, tenta reproduzir o mundo físico. No metaverso, é possível criar um avatar e visitar lugares, conhecer pessoas, comprar, vender, anunciar.

É, portanto, uma realidade criada, que, apesar de ser fictícia, apresenta implicações jurídicas na proteção de dados, no direito de imagem, assim como no direito das obrigações, contratos e até mesmo no âmbito do Direito de Família.

Apenas como forma de exemplificação, destaca-se relato de que, no videogame *The Sandbox*, uma pessoa gastou cerca de 2,5 milhões de reais na compra de um terreno no metaverso, evidenciando que assuntos como

[10] "Art. 231. São reconhecidos aos índios sua organização social, costumes, línguas, crenças e tradições, e os direitos originários sobre as terras que tradicionalmente ocupam, competindo à União demarcá-las, proteger e fazer respeitar todos os seus bens."

[11] O conceito de modernidade líquida foi desenvolvido pelo sociólogo polonês Zygmunt Bauman e diz respeito a uma nova época em que as relações sociais, econômicas e de produção são frágeis, fugazes e maleáveis, como os líquidos. O conceito opõe-se, na obra de Bauman, ao conceito de modernidade sólida, quando as relações eram solidamente estabelecidas, tendendo a serem mais fortes e duradouras. De acordo com Bauman a vida líquida está relacionada a uma sociedade fundamentada no individualismo. Ou seja, uma sociedade que se converteu em algo temporal e instável que carece de aspectos sólidos. Em outras palavras, as relações interpessoais se tornaram cada vez mais efêmeras e voláteis. *In https://mundoeducacao.uol.com.br/sociologia/modernidade-liquida.htm*. Acesso em 19-05-2023.

a compra e venda de um bem imaterial e a noção de propriedade alcançam essa nova realidade (EXAME. FUTURE OF MONEY, 7 dez. 2021).

Outro fato que ilustra a relevância do metaverso para o mundo jurídico é a audiência já feita no metaverso pela Justiça Federal na Paraíba, a qual, por meio de um universo hiper-realista, realizou sessão de conciliação em que as partes firmaram um acordo por meio de seus avatares personalizados (SEÇÃO DE Comunicação Social da JFPB, 13 set. 2022).

No âmbito do Direito de Família, também já se tem notícia de um casamento celebrado por dois brasileiros no metaverso no jogo *Decentraland*. A cerimônia aconteceu em uma igreja virtual criada com inspiração na Catedral da Sé, foi guiada por Leandro Karnal e contou com diversos convidados, todos representados por avatares devidamente trajados, que puderam dançar na festa e receber lembrancinhas ao final do evento.

Apesar de este casamento parecer apenas um jogo, uma ficção desconectada da realidade, o casamento teve implicações fáticas, visto que, conforme noticiado pelo UOL (Martinho, 23 mar. 2022), no casamento, houve a assinatura de um contrato digital pelos noivos por meio de tecnologia similar à *blockhain*[12].

Este caso é bastante interessante pois, ainda que o casamento seja ato solene que exige rito a ser seguido para ter validade, a assinatura do contrato digital e a celebração da união do casal no mundo virtual são fatores a ser considerados para eventual reconhecimento de vínculo familiar.

Neste cenário, evidente que a realização do evento, ainda que na modalidade virtual, repercute na esfera jurídica. Por outro lado, para haver reconhecimento jurídico a uma família constituída no metaverso, ainda é necessário estabelecer critérios reais e virtuais com a finalidade de garantir segurança jurídica, tais como a verificação da capacidade dos envolvidos, a não existência de vícios nas manifestações de vontade, a publicidade do ato, entre outros requisitos que devem ser observados no metaverso.

Em 2023, o prestigiado prêmio do Óscar de melhor filme foi para *Everything, Everywhere, All At Once* (traduzido para o vernáculo "Tudo em

[12] Segundo a empresa IBM, *blockchain* se caracteriza como "um livro-razão imutável e compartilhado que facilita o processo de registro de transações e de controle de ativos em uma rede de negócios" (https://www.ibm.com/br-pt/topics/what-is-blockchain#:~:text=Defini%C3%A7%C3%A3o%3A%20blockchain%20%C3%A9%20um%20livro,%2C%20direitos%20autorais%2C%20branding).

todo o lugar ao mesmo tempo")[13], lançado em 2022, escrito e dirigido por Daniel Kwan e Daniel Scheinert, que o produziram com Anthony e Joe Russo.

A trama gira em torno de Evelyn (Michelle Yeoh), uma imigrante sino-americana que, ao ser auditada pela receita federal, descobre que deve se conectar com versões do universo paralelo de si mesma para evitar que um ser poderoso destrua o multiverso.

O longa foi recebido com aclamação popular e crítica quase universal, com destaque para o roteiro, direção, originalidade, efeitos visuais, cinematografia, edição e valores de produção em geral. Entretanto, também foi aplaudido por retratar conceitos filosóficos, como existencialismo, niilismo e absurdo, bem assim por sua abordagem de temas como TDAH (transtorno do déficit de atenção com hiperatividade), neurodivergência, depressão, conflito intergeracional, identidade asiático-americana.

Isso sem contar, ainda, que a estória – que perpassa, concomitantemente, no ambiente físico, mas, igualmente, no metaverso, tudo ao mesmo tempo – é potencializada dentro de um núcleo familiar fragilizado pelo iminente divórcio, fragmentado em 3 (três) gerações, no qual a personagem mais jovem, Joy (Stephanie Hsu), de ascendência asiática, mantém uma relação homoafetiva inter-racial com uma jovem americana, enfrentando a negação e o preconceito da família, com sérios conflitos materno-filiais.

Interessante perceber que, mesmo no metaverso, a estória retrata e replica as mesmas dores e angústias experienciadas pela família no mundo físico, a confirmar que onde quer que se estabeleçam as relações familiares, nelas sempre se destacará o inafastável sentimento humano dos afetos.

Existem, entretanto, além da constituição de família no metaverso, outros atos praticados por meio do mundo digital que ecoam no direito. Na atualidade, sobretudo após o período de isolamento social em virtude da Covid 19, a dinâmica familiar ganhou contornos expressivos na realidade virtual, demonstrando que a distância física não impede a afetividade e que os laços familiares podem ser cultivados por meio da realidade virtual. As pessoas se visitam virtualmente, regulamentam a convivência por meio de videochamadas, fazem aniversário *online*, entre tantos outros exemplos que atestam que as relações familiares também podem ser vivenciadas no metaverso.

[13] Disponível em https://pt.wikipedia.org/wiki/Everything_Everywhere_All_at_Once. Acesso em 19-05-2023

O assunto, que para muitos ainda parece utopia, estabelece conexões entre a realidade fática e a realidade criada por meio da tecnologia, em que mundo físico e virtual criam obrigações e direitos simultaneamente. Em decorrência disso, em contraponto ao modelo de família tradicional patriarcal, as diversas formas de constituição de família, pautadas não só nos vínculos sanguíneos, mas, sobretudo, nas relações de solidariedade e afetividade, estão ganhando contornos virtuais. Em outras palavras, o envolvimento afetivo e os vínculos construídos por meio de relações de cuidado, carinho e atenção no metaverso não podem ser ignorados pelo direito para a caracterização e expressão de uma família.

Conclusões

Nesse rápido sobrevoo em torno dos variados conceitos de família, de se notar ter ela se comportado como verdadeira esponja com a passagem do tempo: absorveu transformações sociais, econômicas, políticas, geográficas e até tecnológicas.

Na antiguidade clássica greco-romana, a sua definição girava em torno da religião doméstica que, com base na crença de que o homem se tornava um ser divino após a sua morte, preconizava o culto aos antepassados. Dessa forma, todos que participavam desse culto faziam parte da família, nela incluindo não apenas o pai – que presidia os cultos –, a mãe e os filhos, como também os escravos domésticos.

Na república romana e com maior intensidade no período imperial, essa crença vai aos poucos desaparecendo e o termo família perde esse vínculo com a religião. Dessa forma, o direito romano substitui a noção de *parentesco por agnação*, ou seja, pela consanguinidade por linhagem masculina – presente na *Lei das XII Tábuas* –, em que se consideravam membros da família todas as pessoas submetidas ao mesmo culto doméstico e à autoridade do *pater famílias*, pelo *parentesco por cognação*, o qual se dava pelo nascimento, ou melhor, pela consanguinidade materna.

Já no final do império romano e com a ascensão do cristianismo, uma nova concepção de família se forma, calcada nos princípios cristãos de ordem moral. Nessa concepção cristã, a constituição familiar se dá, única e exclusivamente, pelo casamento religioso, um ato sagrado e indissolúvel, contraído perante Deus. Esse vínculo sagrado do matrimônio, instituído pela igreja católica romana, foi também assumida pelo Estado, o qual, durante muito tempo, só reconheceu como entidade familiar a formada por meio do casamento, marginalizando as uniões fora do matrimônio.

Com o advento da revolução industrial – que provocou a migração da força de trabalho do campo para a cidade –, a família, vivendo em espaços mais reduzidos nas grandes cidades, deixa de ter uma estrutura *extensiva*, incluindo entre seus membros os parentes em linha reta e colateral, passando a uma estrutura *nuclear*, composta basicamente pelo pai, mãe e filhos. Na cidade, a convivência em espaços menores possibilitou a criação de um maior vínculo afetivo entre os seus membros, deixando de ser essencialmente matrimonializada, patriarcal e voltada à procriação, para tornar-se mais democrática, igualitária, alicerçada no carinho e no amor.

Essa "heurística do afeto", porém, só vai ganhar impulso com a Constituição Brasileira de 1988 que procurou democratizar a família e projetá-la como base de nossa sociedade, reconhecendo expressamente outras configurações familiares, não atreladas ao casamento civil, como a *união estável* entre o homem e a mulher e a chamada família monoparental. Com isto, a Carta Magna de 1988 possibilitou a admissão de novos arranjos familiares, admitidos socialmente e estruturados em vínculos afetivos, como a união estável entre casais homoafetivos, reconhecida pelo STF em 2011, com os mesmos direitos dos casais heteroafetivos.

Considerou-se, por fim, uma nova forma de arranjo familiar, cujos contornos não foram ainda definidos no mundo jurídico, mas que tem ganhado impulso com a revolução tecnológica, com a propagação da inteligência artificial e com a Covid-19 que provocou o distanciamento social e alterou o *modus operandi* das relações afetivas, transportando-as ao ambiente virtual. Trata-se da família no metaverso, no qual o contato não é físico, mas virtual.

Ousa-se, a seguir, visualizar esquematicamente os mais importantes aspectos influenciadores para uma definição de família.

Num contexto de estruturas disruptivas associadas ao avanço tecnológico e em meio à necessária democratização das famílias a partir do enfrentamento ao racismo estrutural e ao empoderamento feminino, destacam-se questões que o Direito não pode deixar *a latere*.

FAMÍLIA EM TRANSFORMAÇÃO
DA ANTIGUIDADE AO METAVERSO
Antiguidade
Em Roma, a família era organizada sobre o princípio da autoridade absoluta do *pater famílias* e o parentesco se estabelecia pela consanguinidade por linhagem masculina a que os romanos davam o nome de agnatio.
Cristianismo
A partir do séc. IV, instalou-se, no Direito Romano, a concepção cristã de família, elevando o casamento entre o homem e a mulher à categoria de sacramento (cerimônia formal, sagrada, contraída perante Deus, com a finalidade da procriação, unindo o casal de forma indissolúvel).
Revolução Industrial
Com a Revolução industrial, ocorre diminuição significativa do tamanho da família, cuja estrutura tornou-se nuclear, agora composta basicamente pelo pai, a mãe e filhos.
Família Constitucionalizada
A Constituição Federal constitui marco temporal responsável por democratizar e projetar a família como base da nossa sociedade. Formada a partir de laços afetivos. Esse novo modelo de família tem abrigado vários outros arranjos familiares: família reconstituída, monoparental, inter-racial, homoafetiva, substituta, etc.
Família no metaverso
A revolução tecnológica revelou uma nova forma de expressão de família: o mundo virtual. No metaverso, a noção de tempo e espaço é de outra natureza, mas os vínculos de afeto não deixam de estar presentes.
Apesar de a percepção do tempo ser relativa, a sua medição não o é: o tempo, na ampulheta e no cronômetro, na Roma Antiga ou no Metaverso, é exatamente o mesmo. A família, por sua vez, é conceito em constante ressignificação.

Os novos e os antigos arranjos familiares não obrigatoriamente se contrapõem; ao contrário, por vezes se complementam e se aperfeiçoam, como se vê, acima. A história da família (ou das famílias) se entrecruza em pontos e linhas de um lado a outro num imaginário desenho cujo conceito é conhecido, mas cuja definição é (re)construída dia a dia.

Os laços de afeto, porém, essenciais para a constituição de uma família estão sempre presentes, e, por vezes, existem simultaneamente a práticas racistas e de exclusão.

A família, como tantos outros institutos, é um fenômeno cultural que tem relevância social, psicológica e jurídica e, justamente por isso, oscilante no tempo.

A pandemia da Covid-19 e a revolução tecnológica revelaram uma nova forma de expressão desse instituto: a família no metaverso, na qual a noção de tempo e espaço são de outra natureza, mas os vínculos de afeto não deixam de estar presentes.

Seja a família inter-racial ou virtual, não se pode recusar dar a qualquer delas proteção em um Estado Democrático de Direito.

Referências

ABBAGNANO, Nicola, *Dicionário de Filosofia*. Trad. Alfredo Bosi e Ivone Castilho Benedetti. São Paulo:Martins Fontes, 2007.

AÇÃO EM DEBATE: famílias inter-raciais – tensões entre cor e amor (em parceria com o Instituto Amma Psique e Negritude. Lançamento do livro Famílias inter-raciais – tensões entre cor e amor, de Lia Vainer Schucman). 22 nov. 2018. 1 vídeo (1h. 49min. 05seg.). Publicado pelo canal YouTube. Disponível em: https://www.youtube.com/watch?v=WSi9Wxnuj4Y. Acesso em: 17 mar. 2023.

BRASIL. Ministério do Planejamento, Orçamento e Gestão. Instituto Brasileiro de Geografia e Estatística – IBGE. *Censo Demográfico 2010*: nupcialidade, fecundidade e migração. Resultados da Amostra. Rio de Janeiro, 2010, 349p.

CARCOPINO, Jérôme. *Roma no apogeu do Império*. Prefácio de Raymond Bloch. São Paulo: Companhia das Letras, s.d.

CARVALHO, Aurora Tomazini de. *Curso de Teoria Geral do Direito – O Constructivismo Lógico-Semântico*, 3ª edição, São Paulo: Editora Noeses, 2013.

CARVALHO, Paulo de Barros. *A família como valor*. *In* MARTINS, Ives Gandra da Silva e CARVALHO, Paulo de Barros, O Direito e a Família, São Paulo: Editora Noeses, 2014.

— *Direito Tributário Linguagem e Método*, 3ª edição. São Paulo: Editora Noeses, 2009.

COULANGES, Fustel de. *A cidade antiga*: *estudos sobre o culto, o direito e as instituições da Grécia e de Roma*. Trad. Edson Bini. 4.ed. São Paulo/Bauru: Edipro, 2009.

DIAS, Maria Berenice. *Manual de direito das famílias*. 4.ed. em e-book, baseada na 11.ed. impressa rev., atual. e ampl. São Paulo: Revista dos Tribunais, 2016.

ENGELS, Friedrich. *A Origem da Família, da Propriedade Privada e do Estado*. Trad. Leandro Konder. 6.ed. Rio de janeiro: Civilização Brasileira, 1980.

FACHIN, Luiz Edson. *Estabelecimento da filiação e paternidade presumida*. Porto Alegre: Fabris Editora, 1992.

GOMES, G. R. et al. *Adoção inter-racial e adoção tardia: avanços e desafios na garantia do direito à convivência familiar e comunitária*. Humanidades em Perspectivas. v.2, n.4, p. 116-130, Edição Especial "30 anos do ECA", 2020. Disponível em: https://www.revistasuninter.com/revista-humanidades/index.php/revista-humanidades/article/view/115. Acesso em: 14 março 2023.

HART, Herbert L. A. *O Conceito de Direito*, Tradução de A. Ribeiro Mendes. Lisboa: Fundação Calouste Gulbenkian, 1991.

HIRONAKA, Giselda Maria Fernandes Novaes. *A incessante travessia dos tempos e a renovação dos paradigmas: a família, seu status e seu enquadramento na pós-modernidade, in* MENEZES, Joyceane Bezerra e MATOS, Ana Carla Harmatiuk, Direito das Famílias por Juristas Brasileiras, 2ª edição, São Paulo: Editora Foco, 2022.

MADALENO, Rolf. *Direito de família*. 8.ed. rev., atual. e ampl. Rio de Janeiro: Forense, 2018.

MARTINHO, Anahi. *Avatares 'penetras' e Karnal disputado: o 1º casamento do país no metaverso*. Tilt UOL, 23 mar. 2022. Disponível em: https://www.uol.com.br/tilt/noticias/redacao/2022/03/23/como-foi-o-primeiro-casamento-brasileiro-realizado-no-metaverso.htm. Acesso em: 17 março 2023.

MATOS, Ana Carla Harmatiuk. *Multiparentalidade: Da origem biológica aos laços de afeto, in* MENEZES, Joyceane Bezerra e MATOS, Ana Carla Harmatiuk, Direito das Famílias por Juristas Brasileiras, 2ª edição, São Paulo: Editora Foco, 2022.

MORAES, Maria Cecília Bodin de. *A família Democrática*. Revista da Faculdade de Direito da UERJ. Curitiba, vv. 13/14, 346 p., anos 2005/2006, p. 47-70. IBDFAM, versão em PDF, p.1-25.

MOTA, Karine Alves Gonçalves e CORONEL, Luziê Medici da Costa. *A adoção de crianças indígenas*. RT vol. 972 (outubro 2016) doutrina Direito Civil, São Paulo: Revista dos Tribunais, 2016.

PEREIRA, Rodrigo da Cunha. *Direito das Famílias*, 3ª edição, Rio de Janeiro: Editora Gen/Forense, 2021.

PERROT, Michelle. O nó e o ninho. Veja 25: reflexões para o futuro. São Paulo: Abril, 1993. Disponível em https://www.sedep.com.br/artigos/interpretacao-critica-ao-enfoque-historico-familiar-do-texto-o-no-e-o-ninho-de-michelle-perrot/. Acesso em: 17 maio 2023.

— *Minha história das mulheres*. São Paulo:Editora Contexto, tradução Angela M. S. Corrêa, 2019.

PETRUCCELLI, J. L. Seletividade conjugal por cor: a reprodução da diferença. In: ENCONTRO NACIONAL DE ESTUDOS POPULACIONAIS DA ABEP, 12., 2000, Caxambu. Anais... Belo Horizonte: Associação Brasileira de Estudos Populacionais – ABEP, 2000. v. 1. Disponível em: <http://www.abep.org.br/publicacoes/index.php/anais/article/view/1050>. Acesso em: mar. 2023.

SARAIVA, F. R. dos Santos. *Novíssimo Dicionário Latino-Português*. Redigido segundo o plano de L. QUICHERAT. 10.ed. Rio de Janeiro/Belo Horizonte: Livraria Garnier, 1993.

SCHUCMAN, Lia Vainer; GONÇALVES, Monica Mendes, *Racismo na família e a construção da negritude: embates e limites entre a degradação e a positivação na constituição do sujeito. Odeere*: Revista do Programa de Pós-Graduação em Relações Étnicas e Contemporaneidade – UESB. Dez 2017. Disponível em: https://research.amanote.com/publication/QZML2HMBKQvf0BhiSjPG/-racismo-na-famlia-e-a-construo-da-negritude-embates--e-limites-entre-a-degradao-e-a. Acesso em: 17 mar. 2023.

SEÇÃO DE Comunicação Social da JFPB. Justiça Federal na paraíba realiza primeira audiência do Brasil no metaverso. *TRF5*: seção de Comunicação Social, 13 set. 2022. Disponível em: https://www.trf5.jus.br/index.php/noticias/leitura-de-noticias?/id=324393. Acesso em: 17 mar. 2023.

USUÁRIO paga R$ 2,5 milhões para ser vizinho de Snoop Dogg no metaverso. *Exame. FUTURE OF MONEY*, 7 dez. 2021. Disponível em: https://exame.com/future-of--money/usuario-paga-r25-milhoes-para-ser-vizinho-de-snoop-dogg-no-metaverso/. Acesso em mar. 2023.

VEYNE, Paul, *Sexo e poder em Roma*. Prefácio de Lucien Gerphagnon; Trad. Marcos de Castro. Rio de Janeiro: Civilização Brasileira, 2008.

2
O ANIMAL DE COMPANHIA COMO MEMBRO DA FAMÍLIA: REFLEXÕES NECESSÁRIAS SOBRE A FAMÍLIA MULTIESPÉCIE

DÉBORAH REGINA LAMBACH FERREIRA DA COSTA

[ ] *cada homem que se entende com um animal firma com ele um pacto de mútua comiseração – e uma aliança.* (Carlos Drummond de Andrade)

Nota de agradecimento
Muito emocionada, aceitei o convite para participar desta importante obra coletiva que partiu de duas grandes juristas e amigas de longa data. Há neste convite um caráter científico e outro afetivo, o que muito me honra.
Nos limites reservados à temática escolhida no âmbito do Direito de Família, tratarei da família multiespécie, um fenômeno sociocultural presente na sociedade contemporânea cujo estudo, entretanto, ainda é novo, procurando levantar alguns pontos interessantes sem, claro, fazer afirmações categóricas, instigando a reflexão. Nas relações entre animais de companhia e os demais membros da comunidade humana em que há troca de afetos, persiste a disciplina jurídica da coisificação dos animais, como propriedade do homem, sobretudo pelo Código Civil, ao categorizá-los como bens (artigo 82, CC) de modo que há uma verdadeira incongruência entre os valores da família moderna, alicerçada na afetividade e solidariedade e o tratamento que se dá aos animais não humanos, ao que Gary Francione chamou de esquizofrenia moral: dizemos que nos importamos com o bem-estar animal, mas agimos de modo a explorá-los para alimentação, vestuário, pesquisas e experimentos científicos, esportes, entretenimento

etc. Seria diferente com os animais de companhia? O que proponho, portanto, é ampliar os estreitos limites das disciplinas jurídicas tradicionais para argumentar a necessidade de uma interpretação constitucional condizente com os valores morais pós-humanistas e o paradigma ecocêntrico que se descortina, numa perspectiva interdisciplinar e integrativa do Direito Civil, Direito Processual Civil e Direito Animal como ramo autônomo do Direito, para então desvelar o conceito e a proteção jurídica que é dada ao animal de companhia. Muito obrigada, Profas. Arlete Inês Aurelli e Rita de Cássia Curvo Leite pelo privilégio e oportunidade de expor minhas ideias ao lado de grandes pensadores do Direito.

Introdução

Negar o fenômeno sociológico da presença cada vez maior dos animais de companhia nas famílias pós-modernas é negar uma realidade inafastável em um mundo globalizado. Os animais de companhia viajam nas férias com seus tutores que compram passagens aéreas, vão a restaurantes, hospedam-se em hotéis, frequentam "creches", moram em condomínios edilícios com regras próprias para disciplinar o uso do espaço comum, passam por consultas e tratamentos veterinários, têm plano de saúde, têm gastos com alimentação e vestuário, têm nome (e muitas vezes, o sobrenome) registrado, inclusive passaporte e contam com uma rede de serviços e produtos dirigidos especialmente para eles, "consumidores" do chamado mercado *pet*. Há ainda tutores que destinam parte de sua herança para que os animais de companhia, após a sua morte, continuem a ser cuidados pelo herdeiro ou legatário com o mesmo afeto e atenção material que recebiam em vida.[1]

Esse fato sociocultural ganhou relevo na mídia, sendo objeto de projetos de lei e de incontáveis decisões judiciais nas mais altas Cortes do país que, reconhecendo a existência jurídica da família multiespécie, têm protagonizado a proteção e a disciplina das relações desses animais não humanos com os demais membros da comunidade familiar, avançando para

[1] As cachorrinhas Suzy, pinscher de 13 anos e Pilara, chihuahua de 3 anos, estão no testamento de Nélida Piñon, que faleceu em Lisboa em 2022. Nélida teria instituído legado com encargo proibindo a venda dos imóveis da herança enquanto as cachorras estiverem vivas (valor.globo.com 20/12/2022). A jurisprudência enfrentou situação semelhante em que o falecido deixou em testamento certa quantia para cuidado do imóvel com a finalidade de abrigar os seus dois cães, Theo e Ícaro (Ag 2031223-49.2014.8.26.0000 TJ SP, Rel. Des. Piva Rodrigues. DOJ 26/6/2014)

uma interpretação não antropocêntrica da Constituição Federal de 1988. Os animais não humanos, em especial os de companhia, como seres sencientes e conscientes que são, têm sido representados em juízo por seus tutores *humanos*, Ministério Público, associações protetoras dos animais, que os reconhecem como sujeitos de direito e, até mesmo, como sujeitos do processo[2], dando-se os primeiros passos na prática jurisdicional do Direito Animal como ramo autônomo (Ataíde Jr, 2022).

As relações materiais que se estabelecem no âmbito da chamada família multiespécie são complexas e implicam uma análise multifacetada para sua compreensão, enveredando para áreas da antropologia, sociologia, filosofia (ética), psicologia, da medicina veterinária e, claro, do direito. De modo que diante desse fato sociocultural, novas formas de pensar se impõem, transpondo os meandros do antropocentrismo para uma visão pós-humanista em que outras subjetividades são reconhecidas como partícipes da comunidade moral. Sabemos, empiricamente e cientificamente, que os animais vertebrados e alguns invertebrados experimentam sofrimento e dor; emoções como compaixão e luto; são altamente inteligentes como os golfinhos; têm formas complexas de organização social e comportamental, mas pouco – ou quase nunca – nos perguntamos como os tratamos. Como é a nossa relação com eles? A forma como o sistema legal é construído não leva em conta essa realidade, apesar da resposta da comunidade jurídica às pesquisas científicas de Cambridge (2012) sobre a consciência animal,[3] como o que ocorreu com a Declaração de Toulon (2019), ao atribuir personalidade jurídica aos animais como uma etapa indispensável à coerência dos sistemas jurídicos.

O direito é idealizado em uma concepção equivocada de que o homem é o centro do Universo: construído para os homens e com teorias por eles criadas. Quando essas teorias são racistas, a lei é racista. Quando as teorias de sexo e gênero excluem as mulheres, assim o faz a lei. E quando as teorias são especistas, em que os animais não humanos são coisificados,

[2] Os cães Spike e Rambo, vítimas de maus-tratos e abandono por seus tutores, são autores de ação judicial de reparação de danos, tendo sido reconhecida aos animais de companhia a capacidade para figurar como parte no processo pelo Tribunal do Estado do Paraná (Ag. 0059 204-56.2020.8.16.000 TJPR, Rel. Des. Marcel Guimarães Rotoli de Macedo. DOJ 23/09/2021)

[3] Pesquisa científica liderada por Philip Low, com a participação de Stephen Hawkins, concluiu que os seres humanos não são os únicos a possuir uma estrutura neurológica de consciência sendo esta compartilhada com os seres vivos.

funcionalizados para atender aos interesses do homem? E quando essa relação de discriminação e vulnerabilidade ocorre no âmbito da família? Não importa o quanto os tutores amem seus animais de estimação, estes enfrentam uma relação assimétrica na sociedade, não estando completamente adaptados ao ambiente humano. Os cães, por exemplo, domesticados há milênios, apresentam comportamentos "selvagens" que lembram os de seus ancestrais, os lobos, e vivem em um ambiente que impossibilita que aliviem seu próprio *stress* e ansiedade (BEKOFF; PIERCE, 2019). Os animais silvestres, como araras, periquitos e papagaios são ainda hoje mantidos em cativeiro, muitas vezes comercializados na clandestinidade.[4]

Assim, o presente texto faz uma construção integrativa da Teoria Geral do Direito Civil, do Direito de Família e do Direito Animal no estudo da família *pluri* ou *multiespécie* para, ao conceituá-la, delimitar seus elementos e pressupostos. A seguir, cuida do animal de companhia como sujeito de direitos, com fundamento nos valores pós-humanistas que podem ser alcançados com a interpretação teleológica do artigo 225, parágrafo 1º, VII da Constituição Federal de 1988, que veda o tratamento não digno ao animal, o que é reforçado na Lei 9.605/98, com a alteração dada pela chamada Lei Sansão (Lei 14.064/2020). Nessa toada, procurar-se-á reconhecer quem são esses animais de companhia, chamando atenção para a equivocada domesticação dos animais silvestres como de estimação. Nas considerações finais e sem fazer conclusões categóricas, arremata-se o texto com a proposta da construção de normas próprias disciplinadoras da família multiespécie, reconhecendo os animais de companhia como sujeitos de direito que são, com a finalidade de assegurar o bem-estar animal, livre de quaisquer formas de violência, maus tratos e crueldade, em uma interpretação condizente com o mandamento constitucional, sem analogias infundadas e desarrazoadas com o Direito de Família.

1. Família multiespécie: conceito, pressupostos e proteção legal

A relação entre o animal e aquele que o traz para convivência do grupo familiar, por ser permeada pelo afeto e pelo dever de cuidado responsável,

[4] Como exemplo, tem-se o caso de uma arara Canindé, espécime silvestre em risco de extinção e incluída no Livro Vermelho da Fauna Ameaçada no Estado do Paraná, que estava sendo comercializada em uma loja de 1,99 em Cascavel, Paraná. (https://catve.com/noticia/6/357568/ em 19/02/2022)

acaba por desbordar em um vínculo que não pode mais ser taxado de propriedade. Essa mudança de paradigma, trazida pelos pensamentos filosóficos ensaiados pelo ecocentrismo e pelo biocentrismo, reflete a necessidade de se repensar a proteção dos animais de companhia na atualidade como seres sencientes e conscientes, não mais como coisas, bens, objetos, mas sujeitos de direito (Costa, 2021).

Numerosos estudos demonstram que os animais de companhia influem de maneira positiva na saúde e bem-estar das pessoas em diversas áreas: terapêuticas (pacientes com Alzheimer; Parkinson etc. e terapia física para pacientes com paralisia cerebral, esclerose múltipla, sendo a mais conhecida a equoterapia); fisiológicos (previnem os danos de pacientes cardiovasculares, diminuindo os riscos de pressão arterial, ansiedade e estresse); sociológicas (reduzindo a sensação de solidão, de depressão, aumentando a autoestima) e psicossociais (como um antídoto ao anonimato, estimulando a interação com pessoas desconhecidas e participam ativamente de eventos comunitários). As Terapias Assistidas com Animais e crianças com a trissomia do cromossomo 21 (síndrome de Down), por exemplo, trazem evidências de ganhos motores e de sensibilidade e melhor interação social (Costa, 2022, p. 142).

As pessoas que estão em tratamento hospitalar podem, em alguns Estados da Federação, receber a visita de seus animais de companhia para auxiliar no tratamento de saúde e dar suporte emocional durante a internação. (Lei Estadual 16.827/2018 de São Paulo e a Lei Estadual 17.968/2020 de Santa Catarina) (Costa, 2022, p. 143)

Durante o isolamento social, como o global ocasionado pela pandemia da COVID 19, proibido o contato entre as pessoas e o toque físico, cientistas da *University of South Australia* desenvolveram estudos de que o toque, entre as pessoas em confinamento e animais não humanos pode impactar de forma positiva na vida dessas pessoas: o toque, como noção de reciprocidade, é benéfico para o bem-estar das pessoas, sendo que sua importância ganha corpo quando mais de 50% da população mundial tem animais (Young *et al*, 2020) (Costa, 2022, p. 143).

Por essas razões é que, arrisca-se dizer, há uma verdadeira incongruência no Direito de Família, ao reconhecer os princípios da afetividade e da solidariedade como balizadores das relações interpessoais de seus membros e a disciplina da Teoria Geral do Direito Civil (art. 82, do CC) com os novos modelos sociais (Costa, 2021).

A Constituição Federal de 1988, ao coibir os maus-tratos contra a fauna e afirmar a dignidade animal (art. 225, parágrafo 1º, VII), autoriza interpretar e aplicar as normas de Direito Processual Civil e de Direito Civil, em especial de Direito de Família, diante dessa realidade social não mais *humanocentrada* (Lourenço, 2019), permitindo o reconhecimento de outras subjetividades, em uma interpretação integrativa com o Direito Animal.

Talvez o tema mais controvertido da Teoria Geral do Direito ainda seja o da subjetividade jurídica: quais entes titularizam os atributos e capacidades para serem tutelados como sujeitos de direito? (Lourenço, Vieira, 2020). A pedra de toque, como sinaliza Rafael Speck de Souza (2019), está na necessidade de integração dos estatutos jurídicos, em uma interpretação condizente com a Constituição Federal de 1988, sem dualismos e incongruências. Encarar essa tarefa é, sem dúvida, responsabilidade coletiva para com os animais (Nussbaum, 2022).

O processo de evolução civilizatório, como ocorrido em alguns países como Áustria (1988), Alemanha (1990), Suíça (2002), República Tcheca (2004), França (2015), Colômbia (2016), Portugal (2017), Espanha (2021), que alteraram os diplomas legais com o propósito de *adaptar* algumas normas do ordenamento jurídico à nova mentalidade social em respeito aos animais, reconhecendo sua condição de seres vivos dotados de sensibilidade, infelizmente não teve adesão legislativa no Brasil, apesar dos avanços sinalizados pelos projetos de lei, como, por exemplo, os PL 1365/2015, PL 3835/2015, PL 6799/2018, PLC 27/2020, PL 145/2021e PL 4375/2021.

Com a justificativa do aumento do número de animais nos lares brasileiros e o impacto causado na dinâmica familiar, o PL 179/2023, que tramita na Câmara dos Deputados, propõe regulamentar o que denomina de "Direito das Famílias Multiespécies", conceituando família multiespécie como como a comunidade formada por seres humanos e seus animais de estimação como entidade familiar (art. 1o, par. 1o.) e considerando os animais de estimação aqueles animais domésticos selecionados para convívio com o ser humano por razões de afeto, assistência ou companhia (art. 1o, par. 2o), com direito à vida, à alimentação, ao abrigo, à saúde, à limitação de jornada de trabalho, à destinação digna de seus restos mortais, ao meio ambiente ecologicamente equilibrado e o acesso à justiça (art. 2o). A proposta legislativa cuida da constituição da família multiespécie, do poder familiar sobre os animais de estimação, considerando-os como "filhos por afetividade e sujeitos ao poder familiar", instituindo deveres aos "pais humanos de cães e gatos de estimação" com sanções que podem levar à suspensão ou perda do poder familiar (art. 11 e 12) e, em caso de separação, divórcio ou dissolução da união estável deverá ser acordado ou decidido nos juízos de família (art. 13, par. 3o) sobre a guarda, direito de visitas e de pensão alimentícia específica (art. 13). O PL 179/2023 objetiva ainda disciplinar a questão patrimonial própria dos animais de estimação, prevendo a destinação dos bens em caso de morte (art. 14 e parágrafos).

Vale ressaltar que a construção da *categoria* de animal de companhia é resultado de um complexo processo de aculturação e interação com o ser humano (Lourenço; Vieira, 2020, p. 66), em que os animais de companhia passam a uma condição semi-humana, de proximidade afetiva e sentimental, havendo um amor genuíno entre tutor e seu companheiro.

Ao trazer um animal de companhia para o âmbito da família, ele passa a ser reconhecido como verdadeiro membro daquela comunidade e não mero repositório de afeto. Tereza Rodrigues Vieira explica que "com a convivência diária, os animais de estimação desenvolvem habilidades cognitivas e processam muitas informações advindas dos humanos, pois são capazes de perceber diversas emoções. O afeto e a igual consideração moral demonstram o reconhecimento familiar" (2020. p. 5).

Ao vislumbrar "uma identidade individual dos animais de estimação", na condição de seres sencientes, Jones Figuerêdo Alves conceitua a família multiespécie "como aquela formada pelo núcleo familiar humano em convivência compartilhada com os seus animais de estimação", merecendo a necessária proteção (2021).

Rafael Calmon provoca a reflexão sobre a necessidade de não mais tratarmos os animais como coisas, mas de enxergarmos e reconheceremos os animais de companhia como membros da família e de terem seus direitos tutelados, "não em função do homem ou de qualquer outro fator que não a sua própria essência de ser vivo provido de senciência" (Calmon, 2021, e-book).

Deveríamos revisitar a teoria da coisificação dos animais de estimação, ainda mais diante dos conflitos na partilha e guarda desses animais judicializados quando do divórcio ou dissolução da união estável (Silva, 2016), pois são seres que possuem uma natureza especial, ligados aos seus donos por laços de afetividade e, ainda, porque seu bem-estar deve ser respeitado. Nessa toada, estabelecer o regime da "guarda" é mais importante do que simples regime de convivência, ressalta Regina Beatriz Tavares da

Silva, para quem "a guarda confere a possibilidade de atuar efetivamente em todos os cuidados de que os animais necessitam, além de ensejar a responsabilidade de influir na escolha do veterinário, da alimentação, da forma de realizar a higiene etc." (Silva, 2016).

Os tribunais têm enfrentado ainda pedidos de sustento de animais de companhia após o divórcio ou dissolução da união estável, com viés de custeio e até mesmo de pensão alimentícia. Embora o STJ tenha firmado o entendimento de que os animais de estimação são bens semoventes em nosso ordenamento jurídico, todavia com proteção especial, o Ministro Ricardo Villas Bôas Cueva destacou no seu arrazoado, ao julgar ação de cobrança e pedido de custeio de animais de estimação, a existência de lacuna legislativa quanto à custódia desses animais que não podem ser tidos como meros objetos. Ao balizar seu voto, o Ministro entendeu que os animais de estimação são parte das famílias que os acolhem, não devendo se enquadrar nem como coisas, nem como sujeitos de direito, mas, sim, numa terceira categoria (STJ, 2022).

Em sendo um fenômeno sociocultural que impõe uma disciplina jurídica atual e efetivamente protetiva, é evidente que a visão antropocêntrica sofre um reverso, impondo ao intérprete e aplicador do Direito que estude, conheça e reconheça esses sujeitos de direito partícipes desses arranjos familiares, respondendo à pergunta: quem são os animais de companhia?; quais seus interesses jurídicos como seres sencientes e conscientes que são?; como tratá-los como indivíduos na sua dignidade própria e não como propriedade funcionalizada a serviço do homem, sobretudo, como repositório de afeto?

2. O animal de companhia: conceito e tratamento jurídico

A crescente sensibilidade social em trono do respeito, da proteção e da defesa de todos os seres vivos em geral, e dos animais mais próximos ao homem em particular, impõe a necessidade de uma legislação mais avançada.

O Ministro Luis Roberto Barroso (2014) enaltece a doutrina atual e deixa claro a visão antiga e especista do Código Civil (art. 82, *caput*) e a necessária mudança de paradigma, com a "entronização de novos valores morais". Ele enfatiza o esforço que o Supremo Tribunal Federal tem feito para fazer valer "a opção ética dos constituintes de proteger os animais contra práticas que os submetam à crueldade, em jurisprudência constante e que merece ser preservada" (Barroso, 2014, p.56).

Tem-se, pois, o reconhecimento cada vez maior de que aos animais deve ser dado um tratamento jurídico diferenciado. A Lei 14.064 de 29 de setembro de 2020 ou Lei Sansão, representando sem dúvida um avanço na disciplina dos animais de companhia, altera o artigo 32 da Lei no 9.605/1998, vedando a prática de abuso aos animais, quando se tratar de cães e gatos, para aumentar as penas cominadas para o crime de maus-tratos com a reclusão, de 2 (dois) a 5 (cinco) anos, multa e proibição da guarda.

De modo que as legislações mais recentes trilham um caminho intermediário, outorgando aos animais uma especial proteção, ou numa visão vanguardista, reconhecendo-lhes valor intrínseco, como ressalta o Ministro Og Fernandes no REsp 1.797.175 / SP (STJ, 2019).

Os dados do IBGE apontam que foram contabilizados no país 54,2 milhões de cães e 23,9 milhões de gatos, colocando o Brasil em segundo lugar entre os países na quantidade de animais de estimação. O Brasil já tem mais cães e gatos do que crianças em seus lares, segundo o IBGE.

Nesse cenário, significativa conquista foi a aprovação do PLC n. 27/2018, estabelecendo um regime jurídico especial para os animais não-humanos, conferindo-lhes a natureza jurídica *sui generis*, sendo sujeitos de direitos despersonificados. O referido projeto se coaduna com os avanços doutrinários, alicerçando-se em um importante tripé: (i) afirmação dos direitos dos animais não humanos e sua proteção; (ii) construção de uma sociedade mais consciente e solidária e (iii) reconhecimento de que os animais não humanos possuem natureza biológica e emocional e são seres sencientes, passíveis de sofrimento.

A ciência tem feito inúmeros progressos ao longo dos últimos 30 anos, afirmando a senciência e consciência animal (Cambridge, 2012) e a garantia de liberdade para os animais não humanos socializarem com os animais de suas próprias espécies. Os animais de companhia têm sido reconhecidos como sujeitos de direito, partícipes de uma comunidade moral não mais *uni*, mas *pluriespecífica* (Ataíde Jr, 2022), com garantia a um catálogo mínimo de direitos que respeitem os princípios da cinco liberdades animais: o direito de acesso à água e alimento; o direito de viver em um ambiente adequado à espécie; direito ao tratamento médico-veterinário e a políticas públicas ligadas à saúde animal; direito à liberdade para expressar o seu comportamento natural e direito à proteção do seu bem-estar físico e psicológico.

Portanto, é chegada a hora do grande despertar para uma justiça que seja genuinamente global, incluindo todos os seres sencientes (Nussbaum, 2022).

O Brasil, embora inaugure grande passo com a Constituição Federal de 1988 (art. 225, par. 1º, VII) e, ainda, na legislação infraconstitucional (Lei 9.605/98, com as alterações da Lei 14.064/2020) em leis estaduais (Lei 12.854/03 e 17.526/2018, do Estado de Santa Catarina; Lei 11.140/18, do Estado da Paraíba; Lei 15.434/2020, do Rio Grande do Sul, Lei 22.231/2016 do Estado de Minas Gerais e Lei 17.447/2021, do Estado de São Paulo, e ainda leis municipais (Lei 4.328, de 23 de dezembro de 2015, do município gaúcho de Eldorado do Sul e Lei 3.917, de 20/12/2021, do Município paranaense de São José dos Pinhais) ainda é tímido na proteção do animal de estimação, demandando a alteração incontinente do Código Civil e do Código de Processo Civil, até mesmo por coerência do ordenamento jurídico, como proposto nos PL 4375/2021, PCL 27/2020, PL 145/2021 e PL 179/2023.

A mudança legislativa contribuiria sobremaneira para legitimar o paradigma pós-humanista não só no Direito de Família, mas globalmente e trazer coerência para o sistema jurídico, impactando positivamente nas relações familiares.

O Superior Tribunal de Justiça, no voto do Ministro Luis Felipe Salomão, no RESP 1.713.167 – SP, admite que "a ordem jurídica não pode, simplesmente, desprezar o relevo da relação do homem com seu animal de estimação, sobretudo nos tempos atuais". (STJ, 2018) E, reconhecendo o fato, cultural e da pós-modernidade, de que na entidade familiar em que prepondera o afeto de ambos os cônjuges pelo animal, a solução deve perpassar pela preservação e garantia dos direitos à pessoa humana, mais precisamente, o âmago de sua dignidade, considerando também o bem-estar dos animais de companhia, justamente porque "são seres que, inevitavelmente, possuem natureza especial e, como ser senciente – dotados de sensibilidade, sentindo as mesmas dores e necessidades biopsicológicas dos animais racionais" (STJ, 2018). O Ministro Luis Felipe Salomão ressalta que "os animais de companhia possuem valor subjetivo único e peculiar, aflorando sentimentos bastante íntimos em seus donos, totalmente diversos de qualquer outro tipo de propriedade privada" (STJ, 2018). Ao redigir seu voto, Salomão acentua que na dissolução da entidade familiar em que haja algum conflito em relação ao animal de estimação, independentemente da qualificação jurídica a ser adotada, a resolução deverá buscar atender, sempre a depender do caso em concreto, aos fins sociais, atentando para a própria evolução da sociedade, com a proteção do ser humano e do seu vínculo afetivo com o animal.

Uma estratégia integradora, para que não continuemos operando uma "incongruência normativa impeditiva da proteção animal", seria uma forma de se unificar, aproximar as categorias jurídicas conferidas aos animais, precedida de um amplo debate na sociedade, como assegura Rafael Speck de Souza (2020, p. 146).

Em Espanha, a *Ley* 17/2022 de 15/12/21, altera artigos do Código Civil Espanhol (Real Decreto de 24 de julho de 1889), para reconhecer os animais como seres vivos dotados de sensibilidade, sendo que somente ser-lhes-á aplicado o regime jurídico dos bens e das coisas na medida em que seja compatível com sua natureza e com as disposições destinadas a sua proteção. O proprietário, possuidor ou titular de outro direito sobre o animal deve exercer seus direitos respeitando a sua qualidade de ser senciente, assegurando seu bem-estar conforme as características de cada espécie (art. 333 bis) e, em nenhuma hipótese, os animais de companhia poderão ser objeto de penhor (art. 1864). O acordo em caso de divórcio ou dissolução da união estável deverá conter o destino dos animais tendo em conta o interesse dos membros da família e o bem-estar do animal, a partilha do tempo de convivência e cuidados necessários com o animal de companhia (arts. 90, 91, 92 n.7 e 103).

O *Código de Protección y Bienestar Animal* de 13 de março de 2023 ou *Ley Belarra*, que objetiva recompilar e ordenar a legislação espanhola relativa à proteção e ao bem-estar animal, estabelece condições para a tutela responsável dos animais de companhia para que possam desenvolver adequadamente suas necessidades fisiológicas, etológicas e ecológicas básicas, como não deixar cães por mais de 24 horas sozinhos e gatos por mais de 72 horas e limitar o número de animais por família, sob pena de multa.

A sociedade se mostra cada vez mais sensível à importância dos animais de companhia por sua contribuição à qualidade de vida dos seres humanos que com eles convivem, independente do seu *status*. Todavia, alguns pontos ainda precisam ser melhor definidos como o conceito de animal de companhia, o que a *Ley Belarra* resolveu considerando animais domésticos aqueles incluídos na "lista positiva" dos animais que se pode ter em casa (cães, gatos, furões, coelhos e roedores), em que a posse de animais silvestres ou selvagens e exóticos é ilegal.

3. O animal silvestre como animal de companhia

O mais antigo animal doméstico conhecido parece ser o cão, um companheiro da humanidade já em 15.000 a.C. Animais como cabras, ovelhas, porcos e vacas foram domesticados depois dos cães, para auxiliar o homem nas tarefas do lar. Os cavalos, por sua vez, só foram domesticados em 4.000 a.C. Já a domesticação dos peixes começou muito mais tarde, na China, na Dinastia Tang por volta de 620 d.C, ganhando popularidade no Ocidente quando da abertura do primeiro aquário público em Londres em 1853.

Contudo, o fascínio do homem por alguns animais como os papagaios, periquitos e araras leva à domesticação dessas aves como animais de estimação. Entretanto, nenhum animal silvestre deve ser criado confinado, por ter necessidades comportamentais que não são satisfeitas em cativeiro. Esses animais não estão adaptados para viver em ambiente humanizado (Davino, 2022), além da necessidade da proteção pelo perigo de extinção.

A bióloga Silvana Davino (2022) rechaça cientificamente o argumento de que animais silvestres, como as aves, por serem tratados como membros das famílias, receberem afeto e cuidado, estariam livres de maus-tratos e crueldade, uma vez que o cativeiro em si seria por si só cruel para esses seres tolhidos da liberdade de florescer:

> É claro que as pessoas tendem a pautar a visão do mundo por suas próprias medidas e, neste descortino, tendem a supor que dar carinho e alimento a um animal silvestre é um tratamento digno, mas com toda a certeza, se pudessem expressar opiniões racionais, os animais discordariam veementemente, não sendo necessário um esforço de empatia demasiadamente refinado para se chegar a esta conclusão. [ ] A ideia de que um animal silvestre que seja bem alimentado e receba carinho de ser humanos esteja a salvo de crueldade é francamente equivocada, pois toma por premissa a concepção humana, e não do próprio animal. Aves são seres livres por natureza. Têm, por exemplo, o maravilhoso dom de voar, o primeiro a ser tolhido quando são aprisionadas. (Davino, 2022)

Mas há pessoas que mantém vínculo afetivo com esses animais silvestres e, em caso de disputa judicial para mantê-los em sua companhia, o Poder Judiciário, considerando o bem-estar do animal, que seria afetado caso retirado do convívio doméstico e não tendo mais condições de sobreviver na natureza, tem enquadrado a situação no parágrafo 2º, do artigo 29 da Lei 9.05/98, não aplicando a pena do crime de maus-tratos (STJ, 2014).

Ao julgar o Agravo Interno no Recurso Especial 1.389.418 da Paraíba, cujo objeto era a apreensão pelo IBAMA de um papagaio mantido em cativeiro por uma pessoa idosa, o Superior Tribunal de Justiça, no voto do Ministro Og Fernandes, diante da peculiaridade do caso concreto (o papagaio vivia há cerca de 15 anos como animal doméstico; estaria adaptado à alimentação própria; estaria longe do seu *habitat* natural; a mudança repentina e drástica causaria à ave um dano maior) e em atenção ao princípio da razoabilidade (não havia sinal de maus tratos; existia vínculo afetivo entre o papagaio e a dona), manteve o papagaio no ambiente doméstico do qual jamais se afastou em 15 anos. O Ministro arrematou que, "para uma senhora de 75 anos, um papagaio não é apenas um mero animal de estimação, está integrado ao núcleo familiar" (STJ, 2017). Ou seja, Dona Izaura foi autorizada a ficar na posse de Leozinho, mesmo tendo obtido o papagaio irregularmente.

Aos olhos do poeta, Carlos Drummond de Andrade, é vergonhoso referir-se a um amigo [animal de companhia] como proprietário, usando a palavra *comprar*, "mas em nossa absurda sociedade capitalista os valores mais puros são objeto de mercancia; o afeto de um animal é adquirido como antes a força de trabalho de um negro, ou como ainda hoje .... (Andrade, 2022, p. 54). A verdade é que Pirolito [seu cãozinho] "passou a existir como parte integrante da família" (Andrade, 2022, p. 55), conquistando a simpatia de todos os seus membros, até mesmo Margarida, sua mulher, não pôde deixar de sorrir quando Drumond trouxe Pirolito para casa. Diz o poeta que ele e o cãozinho conversavam horas e horas, "à sua e à minha maneira", lembra Drumond:

> [ ] Abanar o rabo, lamber, levantar ou descer as orelhas, contemplar-me de boca aberta, resfolegando – eram outras tantas maneiras de exprimir seus conceitos sobre as coisas do tempo, que eu traduzia para a limitada linguagem humana, como se fosse necessário comunicá-los a outro homem que só compreendesse português (ANDRADE, 2022, p. 58).
>
> Escravizo-me demais aos seres que amo, e o olhar dele [Pirolito] encerrava um desejo tão profundo e natural de comer coisas açucaradas, e isso repercutia em mim de tal jeito que sua saúde e a minha se tornavam odiosas desde que preservadas à custa desse desejo. Dir-se-á então que ao lado da função moral, de consciência, Pirolito exercia com relação a mim um papel de recuperação da infância, autorizando-me a praticar aqueles gestos que minha condição de adulto já não comportava (Andrade, 2022, p 60).

> Fico imaginando que Pirolito tivesse fugido. É o absurdo dos absurdos, pois cachorro feliz não foge (Andrade, 2022, p. 62).

Como a arte imita a vida, se Dona Izaura se descuidasse e deixasse a gaiola aberta, Leozinho não exerceria toda a sua natureza, seu direito de voar em liberdade e de se desenvolver como indivíduo de sua própria espécie?!

Os animais são seres extraordinários e suas histórias podem abrir fronteiras de pensamento inimagináveis. "Olhando a operacionalidade, a realidade não nos toca, as ficções, sim. Com isso, confundimos as ficções da realidade com a realidade das ficções. Ficamos endurecidos. A literatura pode ser mais do que isso. Faltam grandes narrativas no direito, e a literatura pode humanizá-lo". (Streck, 2020)

O critério da senciência serve, por conseguinte, para fundar uma teoria moral não antropocêntrica, como ponto de partida para educar as crianças e adolescentes a compreender que os animais são sujeitos morais, têm dignidade própria e possuem direitos fundamentais invioláveis, independente de sua função ecológica (Lourenço, 2019). Os animais têm direito à vida e a florescer nas suas capacidades naturais. (Nussbaum, 2013, p. 480).

Conclusões

Carlos Drummond de Andrade criou a publicação anual *A Voz dos que não falam* para expor assuntos relacionados à causa animal, da qual foi ferrenho defensor e a quem se recorreu nesse texto, transcrevendo trechos escritos pelo poeta com o objetivo de sensibilizar o leitor com as histórias por ele contadas e que remetem ao convívio com companheiros não humanos, principalmente na infância, quando muitos consideram os animais de companhia seus melhores amigos, confidentes e protetores.

A ficção convoca a refletir sobre os novos arranjos familiares, em que cada vez mais, a presença dos animais de companhia se revela desafiadora. Na convivência com a família, os animais de companhia demandam proteção jurídica condizente com a natureza de seres sencientes e conscientes, e não mais como categoria de bens, *coisificados* e tratados como repositório de afeto ou funcionalizados para atender aos caprichos humanos.

A crescente sensibilidade social em torno do respeito aos animais e sobretudo aos animais de companhia como membros da família, denominada família multiespécie ou pluriespécie, reconhecendo o afeto e igual consideração moral entre todas as subjetividades que a compõem, traz um reverso no antropocentrismo, com atenção ao bem-estar animal, respeitando suas necessidades fisiológicas, etológicas e ecológicas.

Nas palavras de Drumond: "Amar os animais é uma espécie de ensaio geral para nos amarmos uns aos outros".

Muitos afirmam que amam seu animalzinho de estimação como se filho fosse, mas ao mesmo tempo exercem controle sobre seu comportamento, tolhendo a sua liberdade de florescer, fazendo-o viver em um ambiente desenhado para o homem e pelo homem. Estariam dispostos a soltar os cães de suas coleiras e guias e abrir todas as gaiolas para que os pássaros possam voar livremente?

Referências

ANDRADE, Carlos Drummond de. **Meu companheiro**. O gato solteiro e outros bichos. Rio de Janeiro: Record, 2022.

ALVES, Jones Figuerêdo A doutrina da família multiespécie e a identidade animal. **Conjur.** 14 de fevereiro de 2021, 10h50 <Disponível em https://www.conjur.com.br/2021-fev-14/processo-familiar-doutrina-familia-multiespecie-identidade-animal> Acesso em 15/2/2021

ATAÍDE JUNIOR, Vicente de Paula. **Capacidade processual dos animais.** A judicialização do Direito Animal no Brasil. São Paulo: Editora Revista dos Tribunais. 2022.

BALMOND, L., REGAD, C., & RIOT, C. (2022). Declaração de Toulon. **Revista Brasileira De Direito Animal,** 16(3). https://doi.org/10.9771/rbda.v16i3.48055

BARROSO, Luís Roberto. **Interpretação e Aplicação da Constituição**. 7. ed. São Paulo: Saraiva, 2014.

BEKOFF, Mark; PIERCE, Jessica. **Unleashing your dog.** A field guide to giving your canine companion de best life possible. Novato, California: New World Lribary, 2019 (e-book)

BRASIL. **Constituição** (1988). Constituição da República Federativa do Brasil. Brasília, DF: Senado Federal: Centro Gráfico, 1988

BRASIL. **Lei Federal no 14.064** de 29 de setembro 2020. Altera a Lei nº 9.605, de 12 de fevereiro de 1998, para aumentar as penas cominadas ao crime de maus-tratos aos animais quando se tratar de cão ou gato. Disponível em http://www.planalto.gov.br/ccivil_03/_ato2019-2022/2020/lei/L14064.htm Acesso em 30/6/2022

BRASIL. CÂMARA DOS DEPUTADOS. **Projeto de Lei n. 6799/2018**, Ementa Determina que os animais não humanos possuem natureza jurídica *sui generis* e são sujeitos de direitos despersonificados, dos quais devem gozar e obter tutela jurisdicional em caso de violação, vedado o seu tratamento como coisa.

BRASIL. CÂMARA DOS DEPUTADOS. **Projeto de Lei n. 4375/2021** Ementa Altera o artigo 1590 do Código Civil e os artigos 693 e 731 do Código de Processo Civil para prever expressamente que animais de estimação poderão ser objeto de guarda, unilateral ou compartilhada, além da obrigação das partes de contribuir para a manutenção dos animais.

BRASIL CÂMARA DOS DEPUTADOS. **Projeto de Lei n. 6590/2019** Ementa Estabelece normas e diretrizes relativas à cadeia produtiva de animais de estimação, define o conceito de animais de estimação e dá outras providências. Iniciativa do Senador Luis Carlos Heinze.

BRASIL. CÂMARA DOS DEPUTADOS. **Projeto de Lei n 179/2023**. Ementa Reconhece a família multiespécie como entidade familiar e dá outras providências. Iniciativa Deputado Matheus Laiola e Bruno Lima. Disponível em https://www.camara.leg.br/proposicoesWeb/fichadetramitacao?idProposicao=2346910

BRASIL. SENADO FEDERAL. **Projeto de Lei da Câmara n° 27, de 2018**. Iniciativa: Deputado Federal Ricardo Izar (PSD/SP) Autoria: Câmara dos Deputados nº na Câmara dos Deputados: PL 6799/2013 Atual 6054/2019 Acrescenta dispositivo à Lei nº 9.605, de 12 de fevereiro de 1998, para dispor sobre a natureza jurídica dos animais não humanos. Explicação da Ementa: Determina que os animais não humanos possuem natureza jurídica *sui generis* e são sujeitos de direitos despersonificados, dos quais devem gozar e obter tutela jurisdicional em caso de violação, vedado o seu tratamento como coisa Disponível em https://www25.senado.leg.br/web/atividade/materias/-/materia/133167

Calmon, Rafael **Pet não se partilha: se compartilha**. São Paulo: Saraiva Educação, 2021 (e-book)

Costa, Déborah Regina Lambach Ferreira da A (in) efetividade da proteção dos animais de companhia: mais de uma forma de violência sob o mesmo teto. **Revista Latino-Americana de Direitos da Natureza e dos Animais**, Salvador, v. 4, n. 1, p. 115-140, jan-jun, 2021

Costa, Déborah R. L. Ferreira da A família multiespécie: a "descoisifação" do animal de companhia na busca de uma cultura de paz. **Revista Latino-Americana de Direitos da Natureza e dos Animais.** Salvador, v.5, n.1, p. 127-149 jan-jun, 2022

Davino, Silvana. Papagaios como *pet*: problema hoje, problema no futuro. 21/11/2022 **Fauna News** (faunanews.com.br/2022/11/21)

DECLARAÇÃO DE CAMBRIDGE SOBRE A CONSCIÊNCIA ANIMAL https://labea.ufpr.br/portal/wp-content/uploads/2014/05/Declara%C3%A7%C3%A3o-de-Cambridge-sobre-Consci%C3%AAncia-Animal.pdf

ESPANHA **Ley 17/2022**, de 15/12/21, altera artigos do Código Civil Espanhol (Real Decreto de 24 de julho de 1889), Disponível em https://revistas.usal.es/cuatro/index.php/ais/article/view/29299/28135

ESPANHA **Ley 2/2023,** de 13 de marzo, de Protección, Bienestar y Tenencia de animales de compañía y otras medidas de bienestar animal. Código de Protección y Bienestar Animal de 13 de março de 2023 Disponível em https://www.boe.es/eli/es-vc/l/2023/03/13/2

Fracione, Gary **Introduction to animal rights: Your child or the dog?** (English Edition) E-Book Kindle

Lourenço, Daniel Braga. **Qual o valor da natureza? Uma introdução à ética ambiental**. São Paulo: Editora Elefante, 2019

Nussbaum, Martha C. **Sem fins lucrativos. Por que a democracia precisa das humanidades**. São Paulo: Martins Fontes, 2013

NUSSBAUM, Martha C. **Justice for animals. Our collective responsibility**. New York: Simon & Schuster, 2022. (E-book Kindle)

STREK, LENIO **Onde o Direito e a Literatura se encontram**: <https://www.gazetadopovo.com.br/vida-publica/justica-direito/onde-o-direito-e-a-literatura-se-encontram-b2yn714yocf2hz62cladr6plq/> Copyright © 2022, Gazeta do Povo. Publicado em 4/3/2022.

SILVA, Regina Beatriz Tavares da – **Artigo – Guarda compartilhada de animal de estimação** https://www.colnotrs.org.br/Noticias/VisualizarNoticia/5615 Acesso em 12 de fevereiro de 2022

SOUSA, Rafael Speck de. **Direito animal à luz do pensamento sistêmico-complexo:** um enfoque integrador ecologizado para pensar a proteção dos animais. Rio de Janeiro: Lumen Juris, 2019.

SUPERIOR TRIBUNAL DE JUSTIÇA – **REsp 1.713.167 – SP** (2.017/0239804-9), Relator Ministro Luis Felipe Salomão. 4ª T. Julgado: 19/06/2018, Data de publicação: 09/10/2018

SUPERIOR TRIBUNAL DE JUSTIÇA – **REsp 1.797.175 / SP.** Relator Ministro Og Fernandes 2ª T. Números Origem: 00022442820148260642 22442820148260642 Número Registro: 2018/0031230-0. Processo eletrônico pauta: 21/03/2019. Julgado: 21/03/2019.

SUPERIOR TRIBUNAL DE JUSTIÇA – **REsp 1.944.228 / SP** Recurso Especial 2021/0082785-0 Relator Ministro Ricardo Villas Bôas Cueva (1147) Relator para acórdão Ministro Marco Aurélio Bellizze (1150) 3ª T., Julgado: 18/10/2022 Data da publicação/fonte DJE 07/11/2022

SUPERIOR TRIBUNAL DE JUSTIÇA. **AgInt no REsp 1.389.418 / PB** Agravo Interno no Recurso Especial 2013/0211324-4 RELATOR Ministro Og FernandeS (1139) 2ª T., Julgado: 21/09/2017 Data da publicação/fonte DJe 27/09/2017

SUPERIOR TRIBUNAL DE JUSTIÇA. **AgRg no AREsp 333.105/PB**, Relatora Ministra Assusete Magalhães, 2ª T., DJe 01/09/2014

SUPERIOR TRIBUNAL DE JUSTIÇA. **AgRg no AREsp 345926/SC**, Rel. Ministro Herman Benjamin, 2ª T., DJe 15/04/2014

VIEIRA, Tereza Rodrigues Vieira O afeto e a igual consideração moral demonstram o reconhecimento familiar. **Revista IBDFAM** edição 53 out/nov 2020

VIEIRA, Tereza Rodrigues Vieira. **Família Multiespécie: animais de estimação e direito.** Brasília, DF: Zakarewicz Editora, 2020.

YOUNG, Janette, PRITCHARD, Rhianna, NOTTLE, Carmel, BANWELL, Helen. *Pets, touch, and COVID-19: health benefits from non-human touch through times of stress* ***Journal of Behavioral Economics for Policy***, Vol. 4, COVID-19 Special Issue 2,25-33, 2020 Disponível em : < https://sabeconomics.org/journal/RePEc/beh/JBEPv1/articles/JBEP-4-S2-3.pdf> Acesso em 9/1/2021

3
AÇÕES DE FAMILIA NO CÓDIGO DE PROCESSO CIVIL BRASILEIRO

Arlete Inês Aurelli

Introdução

No presente texto, pretendemos discutir sobre as características diferenciadoras que justificariam a inserção do capítulo X, para ações de família, no código de processo civil de 2015, bem como sobre o procedimento das ações de família.

É importante ressaltar que, até a edição do CPC/15 não havia um capítulo para ações de família, nos códigos de processo civil antecessores.

Havia apenas normatização para o procedimento das ações de separação e divórcio.

No CPC/15, foram introduzidas algumas previsões procedimentais para ações de família, em geral, que, conforme o artigo 693 arrola, de modo simplesmente exemplificativo, seriam divórcio, separação, reconhecimento e extinção de união estável, guarda, visitação e filiação. O rol é exemplificativo porquanto existem outras tantas ações de família que não constaram do rol trazido pela norma, como é o caso da ação de investigação de paternidade.

O parágrafo único do referido diploma legal, dispõe também que ação de alimentos e a que versar sobre interesse de criança ou de adolescente observarão o procedimento previsto em legislação específica, aplicando-se, no que couber, as disposições deste Capítulo. Referida norma respeita a regra de hermenêutica no sentido de que a lei geral nova deve respeitar as disposições contidas em lei especial.

Ressalte-se que no rol trazido pelo art. 693 do CPC/15, o legislador incluiu a separação judicial, numa clara demonstração da opção pela preservação de referida forma de tutela no sistema.

Na verdade, o legislador demonstra a opção pela manutenção da separação judicial no sistema, não somente nesse dispositivo legal, mas também nos art. 23, III, que trata da jurisdição exclusiva do Brasil; art. 53, I, que trata de competência do foro; art. 189, II, relativo ao segredo de Justiça; art. 189, parágrafo 2º, que permite certidão do dispositivo da sentença em processo com segredo de Justiça; art. 693, que define as ações de família, incluindo a separação; art. 731, que regula a homologação do divórcio ou da separação convencionais; art. 733, que faculta o divórcio ou a separação consensuais mediante escritura pública, não havendo nascituro ou filho incapaz.

Há também alusão à "separação de corpos", no artigo 189, II, incluindo-a no segredo de justiça.

Pois bem, observa-se que no capítulo X do CPC/15, temos previsões procedimentais constituídas de disposições gerais, insertas nos arts. 693 a 699 e regras específicas constantes dos arts. 731 a 734.

Nossa tarefa será avaliar se referidas normas estabeleceriam procedimento diverso do comum, que justificariam a previsão de um capítulo entre os procedimentos especiais.

1. Noções gerais sobre procedimentos especiais

A definição de processo não pode ficar limitada à visão de que seria o instrumento por meio do qual o Estado presta a tutela jurisdicional. De fato, processo é um conceito complexo resultante da relação jurídica processual formada entre os sujeitos processuais, na qual cada um terá direitos, deveres, ônus e obrigações, aliada à noção de procedimento. Nesse sentido está a opinião abalizada de Cândido Rangel Dinamarco e Bruno Vasconcelos Carrilho Lopes que apesar de aceitarem as teorias de processo como método e processo como procedimento em contraditório, afirma que não se pode negar a definição de processo como relação jurídica processual, que traz o procedimento em seu bojo.[1] (DINARMARCO; LOPES, 2018, pp. 123-4).

[1] Dinamarco afirma que "a ideia de procedimento em contraditório não deve no entanto provocar o total abandono da teoria que a precedeu, que constrói o conceito de processo com a inclusão da relação jurídica processual como um de seus elementos essenciais." Teoria Geral do novo processo civil, Malheiros, (2018, pp. 123-124).

O processo somente se constitui caso os sujeitos processuais estejam participando dessa relação, sendo que ao se relacionarem, os sujeitos praticam atos processuais que ao serem realizados constituem no todo ao procedimento.

Portanto, a noção de processo como procedimento em contraditório não é incompatível com a teoria da relação jurídica. Para Dinamarco, processo envolve um conceito complexo: pode ser observado do ponto de vista da relação jurídica e também do procedimento.

Na verdade, procedimento é a sucessão encadeada de atos tendentes a um final conclusivo (Vescovi, 2020, p. 9). Assim, o procedimento está incluído na noção de processo, mas não esgota a definição deste, por si só. Não podemos confundir processo com procedimento. Para que se possa diferenciar esses conceitos, é preciso ter presente que processo é relação jurídica processual, aliada à noção de procedimento.

Enfim, procedimento não se confunde com o processo.[2] Na verdade, procedimento é a maneira, o modo como os atos processuais se desenvolvem. Por exemplo, se o réu será citado para contestar no prazo de quinze dias contados da data da juntada do mandado de citação aos autos, ou se esse prazo será contado da data da audiência de conciliação/mediação, quem dita é o procedimento.

O procedimento é especial quando apresentar algo distinto do procedimento comum (trâmite, prazo, audiência, limitação probatória etc). A finalidade é adequar o procedimento ao direito material debatido.

[2] Teresa Arruda Alvim Wambier soluciona o problema da distinção entre os conceitos de processo e procedimento, esclarecendo que: "para a noção de processo interessam fundamentalmente as idéias de relação jurídica – que é a que se estabelece entre os sujeitos do processo: autor, juiz e réu – e a de finalidade – no sentido de vocação do fluxo dos atos consecutivos e interligados, que porão em movimento a relação já referida, vocação esta que consiste, concretamente, na obtenção de um pronunciamento judicial de caráter definitivo. À concepção da noção de procedimento dizem respeito as noções de movimento dessa relação jurídica no tempo e, mais especificamente, o aspecto exterior desta movimentação, ou seja, de que atos se trata, como se entrelaçam." A mesma processualista salienta que há que se diferenciar, ainda que sutilmente, procedimento e rito. "O rito diz com o modo específico estrutural de um dado procedimento. Geralmente, "adjetiva", o procedimento. Este, por sua vez, diz com a necessidade de que todo processo tenha uma estrutura. (2015, pp 23 e 24)." *Nulidades do processo e da sentença.*

No CPC/73, havia previsão para três tipos de procedimento, comum, sumário e especial.

O procedimento sumário foi extinto no CPC/15, que passou a prever somente duas espécies de procedimentos, quais sejam o comum e o especial.

Em primeiro lugar é preciso esclarecer que no anteprojeto do novo CPC, a ideia original era suprimir todos os procedimentos especiais para constar somente um procedimento padrão comum a todas as formas de tutela. Somente depois de muita discussão, os procedimentos especiais voltaram a fazer parte do projeto porque prevaleceu o entendimento de que havia necessidade, para se alcançar a efetividade, de um procedimento específico que fosse adequado a essas tutelas.

Assim, na redação final do CPC/15, alguns procedimentos especiais permaneceram. São eles: consignação em pagamento, ação de exigir contas, possessórias, embargos de terceiro, monitória, divisão e demarcação de terras, inventário e partilha. Passaram a constar ações de família, oposição, homologação de penhor legal, regulação de avaria grossa e ação de dissolução parcial de sociedade. Também existem procedimentos especiais previstos em legislação processual esparsa, como é o caso do mandado de segurança, ações da lei de locação e a ação de alimentos.

Os procedimentos especiais não seguem a concepção clássica da estruturação procedimental do procedimento ordinário, que possui quatro fases bem distintas, quais sejam: postulatória, ordinatória, instrutória e decisória.

Dentre as características das ações que tramitam pelo procedimento especial, temos algumas previsões que trazem alterações de prazos, a fungibilidade, que autoriza o juiz a conceder tutela diferente daquela pleiteada, como ocorre com as possessórias, que autorizam a derrogação dos princípios da inalterabilidade do pedido e da legalidade estrita; Limitações e condicionamento ao direito de defesa e supressão da fase instrutória e o caráter dúplice.

Sobre o caráter dúplice é preciso dizer que segundo a natureza jurídica de alguns procedimentos especiais, é possível dedução pelo réu de pedido em desfavor do autor, sem que precise fazê-lo por intermédio da reconvenção. Assim, a sentença pode ser título executivo contra qualquer das partes. Exemplo: Ações de prestações de contas, ações possessórias, ações demarcatórias, ações divisórias.

As matérias que podem ser arguidas pelo réu, em alguns procedimentos especiais, serão limitadas pelo CPC, ocorrendo casos de processos com cognição limitada, no plano horizontal.

É importante partir da noção geral de que há procedimentos diferenciados no código processual, que divergem do procedimento comum, padrão, estabelecido para a maioria dos processos, as vezes por um único ato, como é o caso da purgação da mora nas ações de despejo.

Muitas vezes, o fator diferenciador do procedimento, está nas liminares que são previstas, em algumas formas de tutela.

É preciso ter presente que quando constar previsão de liminar específica para um procedimento especial é este que deve ser observado e não o procedimento das tutelas provisórias. O mesmo se diga de procedimentos especiais previstos em lei extravagantes.[3] A liminar neles previstas continua ter seu regramento específico previsto na legislação de regência. Na verdade, o procedimento das tutelas provisórias, constante do novo CPC, será aplicado, nos procedimentos especiais, apenas quando as normas que o regulam sejam omissas, ou seja, não houver uma previsão especifica de tutela provisória, ou ainda, quando a parte não possuir os requisitos necessários para a concessão de específica liminar. É o que ocorre no caso das possessórias em que, se o requisito do esbulho ou turbação, praticado a menos de ano e dia, não estiver presente, a parte pode pleitear concessão de tutela provisória, de acordo com o regramento dos arts. 293 e segs.

Por outro lado, antes de examinarmos especificamente as liminares nos procedimentos especiais, é preciso entender o que exatamente caracteriza uma liminar e averiguar sua natureza jurídica. A dúvida que surge, desde o advento da tutela antecipada para o sistema, ainda sob a égide do CPC de 73, é saber qual a diferença, se é que existe, entre liminar e tutela antecipada, seria a tutela antecipada ou a tutela cautelar, uma liminar? E, agora, com a edição do CPC/15, podemos dizer que as tutelas provisórias seriam liminares ou que liminares seriam tutelas provisórias? Depende.

[3] Devemos lembrar que lei geral não revoga lei especial. No entanto, não podemos perder de vista o critério hermenêutico consistente no diálogo das fontes e verificar se, nas hipóteses em que o novo CPC fizer a previsão para um procedimento mais célere e capaz de satisfazer mais adequadamente o bem jurídico, ainda que exista previsão expressa na lei extravagante que regula dado procedimento especial, se não seria mais satisfatória a aplicação da lei processual. Nesse sentido, Scarpinella Bueno, *2016, p. 195.* No mesmo sentido, Monnerat, e Nolasco, *2016, p. 228.*

Liminares são sempre tutelas provisórias. No entanto, as tutelas de urgência e evidência, podem ser liminares ou não.

O termo liminar vem do vocábulo limiar[4] que significa início, fase inicial, e do latim liminaris, de limen (entrada, soleira, porta) ou seja liminar é toda tutela provisória que é concedida pelo órgão julgador, no início do processo.

Assim, tutela provisória pode ser liminar se for concedida no início, desde o momento em que o juiz despacha a petição inicial até o término das providências preliminares, o que ocorre, por exemplo, quando o juiz deixa para analisar a possibilidade de concessão de tutela provisória ou a liminar para depois da contestação. Isto pode ocorrer, tanto de forma antecedente como incidental, mas deve ocorrer, no início do processo. Para ser liminar não é necessário que seja concedida *inaudita altera parte*[5] (Fonseca Costa, 2011, p. 20).

Nesse sentido, Teori Albino Zavascki afirma que *há liminares proferidas após a justificação ou após a citação do demandado e nem por isso, apesar de já ultrapassada a porta de entrada, deixam de ser consideradas liminares* (Zavascki, 1997, p. 162).

Sobre o assunto, é preciso, ainda lembrar que a tutela antecipada somente foi inserida no sistema em 1995. Antes disso, tínhamos apenas os procedimentos chamados especiais, muitos assim chamados justamente por terem a previsão de uma liminar. A natureza dessa liminar poderia ser antecipada ou cautelar, como pode, ainda no sistema atual, assumir alguma dessas características. No entanto, continuam a ser chamadas de liminares, porque a previsão constante dos procedimentos especiais, e nas leis esparsas, traz essa denominação. Mas, o fato de se dar o nome de liminar,

[4] Origem etmológica – latim: *liminăris,e* 'relativo a soleira; inicial.
Significado de Limiar.n.m.
1. (Figurado) Começo, início ou prelúdio; fase inicial;
2. (Por. Ext.) Momento ou ponto que representa um limite ou uma fronteira, normalmente inicial, de algo:
limiar da loucura; 3. Entrada, ombreira ou umbral; soleira, patamar ou coiceira;
4. (Psicologia) Menor veemência ou intensidade possível que um estímulo pode transmitir e, ainda assim, ser sentido provocando uma excitação. (Etm. do latim: liminăre) in ***http://www.lexico.pt/limiar/***, acesso em 07/09/2016.

[5] Nesse sentido, (Fonseca Costa, 2011, p.30), afirma que " ...não deixa de ser liminar o provimento que concede em favor do autor logo após a manifestação do réu, mas antes da sentença.

não impede que sejam tutelas provisórias. Apenas, o procedimento previsto para elas não obedecerá, o modelo padrão previsto para o capítulo das tutelas provisórias.

De fato, depois que a tutela antecipada passou a ser prevista no CPC de 73, os procedimentos especiais, que continham previsão de liminar, não foram alterados e continuaram a seguir o procedimento das liminares conforme previsto na lei de regência ou na forma estabelecida no código de processo civil, para esses procedimentos. Isso não foi modificado. Mas, não precisaria. A liminar a ser concedida poderia assumir feição de tutela antecipada ou cautelar, dependendo da sua finalidade de entregar o próprio direito antecipadamente ou apenas conceder uma medida que garanta o resultado útil do processo. E assim, chegamos ao novo CPC, em que temos a previsão das tutelas provisórias de urgência e as de evidência, em capítulo próprio e temos também as liminares previstas em procedimentos especiais, inclusive em legislação extravagante, que continuam mantidas. Penso que quando houver essa previsão, deve-se seguir o modelo apresentado nesse procedimento.

Portanto, a liminar a ser deferida, nos procedimentos especiais, que se submetam a requisitos e procedimentos específicos, impostos por lei especial, não são regidas pelo art. 294 e segs do CPC/15, que cuida das tutelas provisórias. Por exemplo, não há que se falar em estabilização para os casos de tutela que tenha natureza de tutela antecipada, se se tratar de uma previsão específica para um procedimento especial.

O art. 693 e seguintes trazem previsão geral para ações que versem sobre o direito de família. Para cada tipo de tutela, nesse caso, poderá haver a previsão de liminar também específica. Quando não houver, deve-se aplicar a sistemática das tutelas provisórias, previstas a partir do art. 294 do CPC/15.

Conforme, o Capítulo X que trata das Ações de Família, inserto no Título III (Dos Procedimentos Especiais), no parágrafo único do artigo 693, "A ação de alimentos e a que versar sobre interesse de criança ou adolescente observarão o procedimento previsto em legislação específica, aplicando-se, no que couber, as disposições deste Capítulo". Assim, o procedimento não será alterado pelo NCPC, permanecendo aquele previsto na Lei de alimentos.

Após o recebimento da petição inicial, o juiz fixa os alimentos provisórios. Na mesma decisão em que fixou alimentos, o juiz designa dia e hora para a realização da audiência de tentativa de conciliação, de instrução e julgamento, determinando seja providenciada a intimação/citação do réu, fixando prazo razoável para contestação. Veja-se que não há prazo definido na lei. É o órgão julgador que deve fixá-lo.

A liminar concedida na ação de alimentos é baseada no Trinômio necessidade/possibilidade/proporcionalidade, não havendo que se falar em necessidade de provar a existência de periculum in mora. Portanto, trata-se de exemplo de tutela da evidência.

De posse dessas noções gerais sobre os procedimentos especiais, a tarefa agora será analisar, a sistemática implantada no Capítulo X do CPC/15, para as ações de família, a fim de apurar, o que caracterizaria o procedimento estabelecido para elas, como especial. Vejamos.

2. Procedimento das ações de família – Capítulo X do CPC/2015

Nos termos do art. 697 do CPC/15, nas ações de família, se não for realizado o acordo, passarão a incidir, a partir de então, as normas do procedimento comum, observado o art. 335.

O art. 355 do CPC/15 prevê a forma de contagem do prazo para defesa, caso seja designada, ou não, a audiência inicial de conciliação/mediação

Então, se conclui que, nas ações de família, deve ser realizada a audiência de conciliação ou mediação, sendo que, caso não seja realizado acordo, o procedimento será aquele adotado para os procedimentos comuns. Portanto, a tarefa de verificação da especialidade do procedimento, deve ser realizada, na fase inicial, entre a petição inicial e a audiência de conciliação/ mediação.

Nessa fase inicial do procedimento verificamos, pela sistematização do capítulo X, que somente há uma norma que traz um fato diferenciador, que é aquele previsto no art. Art. 695 que reza que "Recebida a petição inicial e, se for o caso, tomadas as providências referentes à tutela provisória, o juiz ordenará a citação do réu para comparecer à audiência de mediação e conciliação, observado o disposto no art. 694".

Conforme o § 1º da mesma norma, o mandado de citação conterá apenas os dados necessários à audiência e deverá estar desacompanhado de cópia da petição inicial, assegurado ao réu o direito de examinar seu conteúdo a qualquer tempo. Muitas vozes se levantaram contra essa norma porque violaria o contraditório eis que obrigaria o réu comparecer a audiência para acordo, sem ter ciência do conteúdo da inicial. Mas, não é bem assim porque o advogado, ao juntar procuração, terá pleno acesso dos autos, podendo verificar o conteúdo. No entanto, nos parece que a ideia do legislador seria a de evitar animosidades porque o réu já tomaria contato com o que teria sido dito na inicial, o que obstaculizaria a possibilidade de acordo.

O § 2º do art. 694 prevê que A citação ocorrerá com antecedência mínima de 15 (quinze) dias da data designada para a audiência. O § 3º determina que a citação será feita na pessoa do réu. Já o § 4º prevê que na audiência, as partes deverão estar acompanhadas de seus advogados ou de defensores públicos.

O Art. 699 prevê que quando o processo envolver discussão sobre fato relacionado a abuso ou a alienação parental, o juiz, ao tomar o depoimento do incapaz, deverá estar acompanhado por especialista.

O especialista a que a norma se refere poderá ser tanto um psicólogo quanto um assistente social especializado nas causas que envolvam justamente abuso ou alienação parental. O depoimento, então, será livremente analisado pelo magistrado.

Por outro lado, a competência para as ações de família é definida pelo art. 53 do CPC/15, que reza:

> **Art. 53.** É competente o foro:
>
> **I** – para a ação de divórcio, separação, anulação de casamento e reconhecimento ou dissolução de união estável:
>
> **a)** de domicílio do guardião de filho incapaz;
>
> **b)** do último domicílio do casal, caso não haja filho incapaz;
>
> **c)** de domicílio do réu, se nenhuma das partes residir no antigo domicílio do casal;
>
> **d)** de domicílio da vítima de violência doméstica e familiar, nos termos da Lei nº 11.340, de 7 de agosto de 2006 (Lei Maria da Penha); redação dada pela Lei nº 13.894, de 29 de outubro de 2019

Ainda no tema referente a Competência, é preciso lembrar que nos casos em que a ação é movida no exterior, a sentença estrangeira não poderá ser efetivada no Brasil, quando se tratar de jurisdição exclusiva brasileira, que ocorrerá quando houverem bens imóveis a partilhar – art. 23, III CPC/15. Caso contrário, ou seja, não havendo bens a partilhar, aceita-se sentença estrangeira

Ressalte-se que, no caso de divórcio realizado no exterior, sem partilha de bens no Brasil, não mais é exigida a homologação da sentença estrangeira, perante o STJ.

De outra banda, é preciso lembrar que a maioria das ações de família, tramitam em segredo de justiça, conforme o inciso II do art. 189 do

CPC/15, que reza: II – que versem sobre casamento, separação de corpos, divórcio, separação, união estável, filiação, alimentos e guarda de crianças e adolescentes;

Conforme o art. 698 do CPC/15, nas ações de família, o Ministério Público somente intervirá quando houver interesse de incapaz e deverá ser ouvido previamente à homologação de acordo. No entanto, nas ações que envolvem violência doméstica, o MP deve intervir obrigatoriamente, como determina o parágrafo único da referida norma. Além disso, se a norma incidir, a não intimação do MP gera nulidade, conforme reza o Art. 246 e parágrafo único, CPC.

É preciso ressaltar ainda que conforme o inciso III do art. 1.048 do CPC/25, Terão prioridade de tramitação, em qualquer juízo ou tribunal, os procedimentos judiciais em que figure como parte a vítima de violência doméstica e familiar, nos termos da Lei nº 11.340, de 7 de agosto de 2006 (Lei Maria da Penha).

De resto, o que se percebe da análise da normatização do capítulo X, é uma insistência do legislador em que seja realizada a audiência de conciliação/mediação, a ponto de ficar muito claro que a vontade do legislador é a de que estas audiências sejam realizadas.

De fato, conforme o disposto no Art. 694 do CPC/15. Nas ações de família, todos os esforços serão empreendidos para a solução consensual da controvérsia, devendo o juiz dispor do auxílio de profissionais de outras áreas de conhecimento para a mediação e conciliação.

O Parágrafo único do art. 694 do CPC/15, a requerimento das partes, o juiz pode determinar a suspensão do processo enquanto os litigantes se submetem a mediação extrajudicial ou a atendimento multidisciplinar.

O disposto no Art. 696 reforça a ideia de que a mediação deve ser realizada nas ações de família, ao dispor que. a audiência de mediação e conciliação poderá dividir-se em tantas sessões quantas sejam necessárias para viabilizar a solução consensual, sem prejuízo de providências jurisdicionais para evitar o perecimento do direito

É de se indagar se a mediação deveria ser imposta às partes, que estariam obrigadas a participar das audiências de conciliação ou de mediação determinadas pelo juízo.[6]

[6] O TJSP já decidiu que: AGRAVO DE INSTRUMENTO. Agravante que se insurgiu em face do despacho que designou audiência de conciliação, sob alegação de que foi vítima de violência

O Enunciado 187 do FPPC entendeu que no emprego de esforços para a solução consensual do litígio familiar, são vedadas iniciativas de constrangimento ou intimidação para que as partes conciliem, assim como as de aconselhamento sobre o objeto da causa. (Grupo: Procedimentos Especiais)

Importante ressaltar que o fato de o CPC/15 deixar patente que nas ações de família as audiências de conciliação/mediação deveriam ser realizadas, disso não se conclui que seria obrigatório realizar a tentativa de conciliação, antes da propositura de ditas ações.[7]

A Resolução nº 125/2010, com alteração da Emenda nº 01/2013, ambas do Conselho Nacional de Justiça, implementou a criação dos Centros Judiciários de Solução de Conflitos e Cidadania (CEJUSC).

Os CEJUSC's tratam de reclamações pré-processuais e processos judiciais; cabendo a mediação e a conciliação, visando a solução de conflitos de forma simplificada e célere.

Na reclamação pré-processual o interessado comparece pessoalmente em uma unidade do CEJUSC, solicita o agendamento de audiência para tentativa de acordo, expede-se o termo de ajuizamento, agenda-se a audiência de conciliação, expede-se a carta convite para a outra parte. Na sessão agendada, se uma das partes não comparece, a reclamação é arquivada. Se ambas as partes comparecem, realiza-se a audiência. Se não houver acordo, a reclamação é arquivada.

Se as partes firmarem acordo, é proferida a sentença homologatória (se for o caso, dá-se vista ao Ministério Público. A sentença homologatória, que é proferida pelo juiz coordenador do CEJUSC, faz coisa julgada e, se não cumprida, terá eficácia de título executivo judicial. Não será preciso estar acompanhado de advogado

Inicialmente, não havia custas processuais nem limite do valor da causa, como também não há regra de competência, podendo, ainda, as partes, escolherem a unidade do CEJUSC que melhor lhe convierem.

doméstica Possibilidade. Princípio da Constitucional da Dignidade Humana que deve ser observado – Audiência de conciliação que deve ser cancelada – Recurso provido (2a Câmara de Direito Privado, Agravo de Instrumento no 2215265-68.2016.8.26.0000 – Campinas, Rel. Des. José Carlos Ferreira Alves, v.u., j. 12/12/2016).

7 APELAÇÃO CÍVEL. FAMÍLIA. AÇÃO DE DIVÓRCIO. PRESCINDÍVEL A TENTATIVA DE REALIZAÇÃO DE ACORDO EXTRAJUDICIAL. Inexiste razões para condicionar a atuação do judiciário à tentativa de conciliação extrajudicial. Recurso provido. (TJRS; AC 0200041-46.2018.8.21.7000; Eldorado do Sul; Sétima Câmara Cível; Rela Desa Liselena Schifino Robles Ribeiro; Julg. 30/07/2018; DJERS 02/08/2018)

Outra questão que surge, quanto aos procedimentos das ações de família, é o de saber se seria possível cumular em uma única demanda os pedidos de divórcio litigioso, alimentos e guarda. Entendemos que sim, a cumulação está perfeitamente autorizada, por força do § 2º art. 327, que reza que "Quando, para cada pedido, corresponder tipo diverso de procedimento, será admitida a cumulação se o autor empregar o procedimento comum, sem prejuízo do emprego das técnicas processuais diferenciadas previstas nos procedimentos especiais a que se sujeitam um ou mais pedidos cumulados, que não forem incompatíveis com as disposições sobre o procedimento comum". [8]

Outro fato diferenciador, desses procedimentos das ações de família, é que não incidirá o efeito da revelia de se considerar verdadeiros os fatos alegados pelo autor, tendo em vista a proteção de direitos relevantes, como ocorre com os direitos das crianças.[9]

Entendemos que, como as ações de família, em regra envolvem direitos indisponíveis e incapazes, não há que se falar em realização de negócios jurídicos processuais (art. 190 e 191 do CPC/15).

Por outro lado, cabe aplicar teoria da carga dinâmica, conforme regra inserta no art. 373, §1º do CPC/15.

Cabe requerer desconsideração da personalidade jurídica, notadamente a invertida, notadamente quando cônjuge oculta bens, inserindo-os na empresa da qual é sócio.

De resto, no capítulo das ações de família, o art. 731 do CPC/15 prevê a possibilidade de homologação de acordo consensual de separação e divórcio, observando-se que deve haver um requerimento, por petição assinada por ambos os cônjuges, da qual constarão:

[8] **AGRAVO DE INSTRUMENTO.** Divórcio litigioso cumulado com guarda compartilhada, oferta de alimentos e partilha de bens. Insurgência contra decisão que determinou a exclusão do pedido de alimentos. Impropriedade. Cabimento da cumulação. Observância dos princípios da celeridade e economia processual. Possibilidade de cumulação de pedidos, desde que adotado o procedimento comum. Necessária emenda à inicial para providenciar a inclusão do alimentando no polo passivo da relação processual... *(TJSP; AI 2178526- 91.2019.8.26.0000; Rel. Des. José Eduardo Marcondes Machado; Julg. 04/03/2020)*

[9] AÇÃO DE DIVÓRCIO. GUARDA. (...) Alegação de que a ré recorrida não contestou a ação, e por essa razão os pedidos do autor deveriam ter sido integralmente acolhidos pelo Juízo sentenciante. Não incidência dos efeitos da revelia, em se tratando de direitos fundamentais e indisponíveis da criança. Insuficiência de motivos para a modificação do regime de guarda. (...) (TJSP; AC 1003510-61.2018.8.26.0361; Rela Desa Angela Lopes; Julg. 19/12/2019; DJESP 24/01/2020

a) as disposições relativas à descrição e à partilha dos bens comuns;
b) as disposições concernentes à pensão alimentícia entre os cônjuges;
c) o acordo atinente à guarda dos filhos incapazes e ao regime de visitas;
d) o valor da contribuição para criar e educar os filhos.

O Art. 731, Parágrafo único prevê que se os cônjuges não acordarem sobre a partilha dos bens, far-se-á esta depois de homologado o divórcio, na forma estabelecida nos arts. 647 a 658. O Divórcio ou separação extrajudicial é opção dada aos interessados quando: Não houver nascituro ou filhos incapazes e houver acordo sobre o fim da relação e consequências e condições da dissolução, daí advindas (art. 733 do CPC/15).

O art. 648 do CPC/15, por sua vez, reza que.

> Na partilha, serão observadas as seguintes regras:
>
> I – a máxima igualdade possível quanto ao valor, à natureza e à qualidade dos bens;
>
> II – a prevenção de litígios futuros;
>
> III – a máxima comodidade dos coerdeiros, do cônjuge ou do companheiro, se for o caso.

Como se vê, da normatização constante do Capítulo X do CPC/15 não há nada que altere o procedimento de comum para especial, a não ser que se entenda que existe obrigatoriedade de realização da audiência de conciliação/ mediação.

De fato, o procedimento comum previsto no CPC/15 já dispõe que deve ser realizada uma audiência, logo no início do processo, para conciliação/ mediação, como se vê do disposto nos artigos 319 e 335 do CPC. Ocorre que prevaleceu a tese de que essa audiência não é obrigatória, nem causaria a inépcia da petição inicial, caso o autor não manifeste a opção pela realização da mesma, naquela peça.

Por isso, nos parece que o regramento constante do capítulo X, no sentido de realizar audiência de mediação, não deve ser entendido apenas como uma repetição da normatização que já consta no CPC/15, para o procedimento comum, porquanto se assim fosse, não haveria qualquer rendimento para a inserção do capítulo X entre os procedimentos especiais.

Desta forma, nossa conclusão é a de que a vontade do legislador, ao implantar referido capítulo, com tantos dispositivos determinando a realização da mediação, somente pode ser entendimento como obrigatoriedade da realização da audiência de mediação, a qual somente não será realizada nas hipóteses de violência física e psicológica.

Conclusões

Podemos concluir, ao final do presente estudo, que a única justificativa para inclusão das ações de família, no capítulo dos procedimentos especiais, foi a de estabelecer que, nesses casos, a realização da audiência de conciliação ou mediação, deveria ser obrigatória. De fato, nos procedimentos comuns já há a previsão da realização dessas audiências no inicio do processo, pelo que não se justificaria a inclusão das ações de família entre os procedimentos especiais, caso não fossem, ditas audiências, obrigatórias. É certo que, nos casos de violência doméstica, seja física ou psicológica, não haverá como se obrigar que as partes participem dessas audiências. Mas, salvo essas hipóteses, fica muito claro que a vontade do legislador foi a de impor que todos os esforços sejam empreendidos pelo órgão julgador para a sua realização. De resto, também há especificidades, nesse procedimento das ações de família, quanto a outros aspectos apontados ao longo do texto, como por exemplo, se dá com as liminares previstas, em leis esparsas, que tem perfil próprio, com estabelecimento de requisitos e procedimentos específicos regulados na própria lei. Assim, para a concessão de liminares nesses tipos de procedimentos, não se utiliza, em regra, o procedimento previsto para as tutelas provisórias dos arts. 293 e segs. No entanto, caso a lei seja omissa com relação a possibilidade de concessão da liminar nos procedimentos especiais, ou ainda, na hipótese de a parte não preencher os requisitos para a concessão das liminares previstas especificamente, é possível a aplicação subsidiária das disposições das tutelas provisórias.

Referências

ARRUDA ALVIM, Teresa Celina. *Nulidade do processo e da sentença.* São Paulo: Revista dos Tribunais, 2015.

DINAMARCO, Cândido Rangel; CARRILHO LOPES Bruno Vasconcelos. *Teoria Geral do novo processo civil,* São Paulo: Malheiros, 2018.

FONSECA COSTA. Eduardo José. *O direito vivo das liminares. São Paulo:* Saraiva, 2011.

NERY JR. Nelson e ANDRADE NERY, Rosa Maria de. *Código de Processo Civil Comentado.* São Paulo: Revista dos Tribunais, 2015.

MONNERAT, Fabio Victor da Fonte e NOLASCO, Rita Dias. *A influência do novo código de processo civil no contraditório das execuções fiscais. in Novo Código de Processo Civil – impactos na legislação extravagante e interdisciplinar. São Paulo: Saraiva, 2016.*

SCARPINELLA BUENO. Scarpinella Bueno, Cassio. *O mandado de segurança e o novo código de processo civil in Novo Código de Processo Civil – impactos na legislação extravagante e interdisciplinar. São Paulo: Saraiva, 2016*

________. *Novo Código de Processo Civil Anotado*. São Paulo: Saraiva, 2015

VÉSCOVI, Enrique. *Teoria General Del proceso, Bogotá:* EDITORIAL TEMIS SA., 2020.

ZAVASCKI. Teori Albino. *Antecipação da tutela*. São Paulo: Saraiva, 1997.

4
DISCUSSÃO SOBRE A SUBSISTÊNCIA OU NÃO DA SEPARAÇÃO JUDICIAL NO SISTEMA

Maria Helena Marques Braceiro Daneluzzi
Maria Ligia Coelho Mathias

1. Reflexos da Emenda Constitucional n. 66/2010 sobre o divórcio

A temática do presente artigo já foi objeto de estudo em outra oportunidade, importando, por ora, revisitá-lo com as disposições do Código de Processo Civil. Embora o Supremo Tribunal Federal tenha com o tema 1.053 dado a palavra final, a discussão ainda se justifica.

Pondere-se que a Emenda Constitucional n. 66 de 14 de julho de 2010 introduziu nova redação ao artigo 226, parágrafo 6º da Constituição Federal, ao dispor que: "*o casamento civil pode ser dissolvido pelo divórcio*", em substituição ao texto de 1988, que dispunha: "*o casamento civil pode ser dissolvido pelo divórcio, após prévia separação judicial por mais de um ano, nos casos expressos em lei, ou comprovada separação de fato por mais de dois anos*".

Essa alteração legislativa modesta nas palavras trouxe infindáveis e importantes repercussões na esfera jurídica, tanto no âmbito material como processual. Deixando à parte toda perspectiva histórica acerca da qual muito já se falou, bem como a propalada constitucionalização do Direito Civil, notadamente no que se refere à família, o certo é que desapareceu do texto constitucional a exigência de prazos para a dissolução do casamento pelo divórcio, assim como a prévia separação judicial, reproduzidos no texto civil, no artigo 1.580, este sim revogado. Daí por que se instaurou o debate em torno do quanto previsto na legislação ordinária: Código Civil, Lei do Divórcio, Lei 11.441/07 e Constituição Federal.

Resta saber: a inovação constitucional que pretendia facilitar a dissolução do casamento e abolição da culpa teve o condão de atingir os fins colimados pelo teor de seu conteúdo? Parece-nos, respeitando posicionamentos diversos acerca do tema, que não. Com efeito, ainda que possamos nos socorrer das várias modalidades de interpretação da lei, nenhuma delas a nosso ver, justificaria a simples afirmativa de extinção do instituto da separação judicial ou até mesmo a extrajudicial, previsto na legislação ordinária, como reafirmamos.

Não há dúvida de que a Constituição é a lei maior e se sobrepõe a qualquer outra, revogando ou não recepcionando qualquer ato normativo com ela incompatível. No caso do divórcio, indubitável que o originário texto constitucional positivou requisitos e prazos para a dissolução do casamento no art. 226, parágrafo 6º, em harmonia com a então vigente Lei 6.515/77 (derrogando-a, apenas) e ulteriores leis ordinárias: Código Civil de 2002, Lei 11.441/07 e Código de Processo Civil de 2015.

Vale a pena frisar que a Constituição Federal tão-só cuidou do divórcio, como meio de extinção do vínculo do casamento, deixando para a lei ordinária a disciplina sobre a separação.

A menção ao instituto da separação judicial – alcançando a extrajudicial – de fato, foram tratadas na Magna Carta como requisitos, respectivamente, para conversão e pleito direto do divórcio.

Importa ressaltar que a separação cuja disciplina ficou relegada à lei ordinária (Código de Processo Civil, artigos 693 e 731/734 e Código Civil, artigo 1571, III), é instituto que visa a separação da sociedade conjugal e não a extinção do vínculo.

Tenha-se presente, por sua vez, que a culpa, ainda que se queira afastá-la das questões familiares é ela imanente às querelas humanas, tanto que já se fala em reparação de danos pelos cônjuges, em razão de atos ilícitos que se possa cometer, durante a união conjugal.

Embora louvável a preocupação de muitos juristas – tais como Paulo Lobo[1], Rodrigo da Cunha Pereira[2] e Flávio Tartuce[3] – em afirmar que houve a extinção da separação, até porque viria, em tese, promover uma

[1] LOBO, Paulo. Novo CPC não recriou o restaurou a separação judicial. *IBDFAM*, 9 nov. 2015. Disponível em: https://ibdfam.org.br/artigos/1079/Novo+CPC+n%C3%A3o+recriou+ou+restaurou+a+separa%C3%A7%C3%A3o+judicial. Acesso em 3 mar. 2023.

[2] PEREIRA, Rodrigo da Cunha. O CPC/2015 e a tentativa de ressuscitar a separação judicial. *Consultor Jurídico*, 17 jul. 2016. Disponível em: https://www.conjur.com.br/2016-jul-17/processo-familiar-cpc2015-tentativa-tentar-ressuscitar-separacao-judicial. Acesso em 3 mar. 2023.

facilitação na dissolução do casamento com o desaparecimento da discussão de culpa, com o devido respeito, não compartilhamos dessa opinião.

Registre-se, por outro lado, que sua sobrevivência desponta e é reafirmada pela redação do artigo 693 do Código de Processo Civil, nos seguintes termos: "As normas deste Capítulo aplicam-se aos processos contenciosos de divórcio, separação, reconhecimento e extinção de união estável, guarda, visitação e filiação".

Sublinhe-se que, a despeito de se ter em curso o Projeto de Lei n. 7.661 de 2010, o Código de Processo Civil de 2015 manteve a separação judicial e extrajudicial, nos artigos 639/699 e 731/734.

Não podemos deixar de reconhecer que a eficácia da referida emenda é imediata, entretanto estamos diante de um regramento geral que se sobrepõe às demais normas infraconstitucionais, salvo as especiais, quando a ela não contrariar. Quer se dizer com isso que a separação deixou de ser requisito para o divórcio, mas não é letra morta, sobrevive como instituto autônomo, com vistas à dissolução da sociedade conjugal, ainda que seu destino seja o desuso.

2. Problemática relativa à extinção da sociedade e do vínculo conjugal em função da Emenda n. 66

2.1. Nulidade e anulabilidade do casamento

As causas de nulidade relativa e absoluta do casamento, previstas no Código Civil, como causa de invalidade do casamento, nos artigos 1.548 a 1.564, não sofreram qualquer alteração com a mudança do texto constitucional. Com efeito, o sistema de nulidade e anulabilidade tem regras próprias e são causas de extinção do vínculo conjugal, trazendo reflexos de ordem pessoal e patrimonial, sobrevivendo muitas vezes, os efeitos, a exemplo do casamento putativo.

2.2. Separação judicial e extrajudicial

Trataremos, nesse tópico, do instituto da separação, viabilizada judicial ou extrajudicialmente. Como já relatado, tem ela por objetivo a extinção da sociedade conjugal, facultando, todavia, aos cônjuges separados, caso seja

[3] TARTUCE, Flávio. Da infeliz manutenção da separação de direito no Novo CPC. *Jusbrasil*, [s.d.] Disponível em: https://flaviotartuce.jusbrasil.com.br/artigos/238072275/da-infeliz-manutencao-da-separacao-de-direito-no-novo-cpc. Acesso em 3 mar. 2023.

do seu interesse, a qualquer tempo, o restabelecimento da sociedade conjugal, independentemente do regime de bens, como prevê o artigo 1.577, do Código Civil e artigo 48, da Resolução 35/2007 do CNJ[4].

2.2.1. Separação judicial litigiosa e consensual

A separação judicial poderá ser ultimada imputando-se culpa ao cônjuge, que supostamente violou deveres conjugais, como os que estão, exemplificativamente, arrolados no art. 1.573, do Código Civil, colocando fim aos deveres de coabitação, fidelidade recíproca e regime de bens, podendo dar-se, também, de modo amigável, não se esquecendo que esta, da mesma forma, poderá ser efetivada extrajudicialmente (Lei 11.441 de 2007 e artigo 733 do Código de Processo Civil).

Nos termos do art. 226, parágrafo 6º da Constituição Federal, constituía-se em prévio requisito para o divórcio, não se olvidando da separação de fato que, muito embora, não tratada na legislação civil como espécie de separação, acarretava e acarreta efeitos na seara do direito de família, tais como tempo para o divórcio, não impedimento para reconhecimento da união estável, efeitos sucessórios e outros.

Ademais, o cônjuge declarado culpado, na ação de separação judicial, no termos do art. 1.578, do Código Civil, perde o direito de usar o sobrenome do outro, desde que expressamente requerido pelo cônjuge inocente e se a alteração não acarretar evidente prejuízo para sua identificação, manifesta distinção entre seu nome de família e dos filhos havidos da união dissolvida e dano grave reconhecido em decisão judicial, podendo o cônjuge inocente na ação de separação renunciar a qualquer momento ao direito de usar o sobrenome do outro. Nos demais casos caberá a opção para preservar o nome de casado.

Lembramos, ainda, que o diploma civil condiciona a separação por mútuo consentimento ou consensual à exigência de que os consortes estejam casados há mais de um ano, conforme artigo 1574, do Código Civil, – que deverá ser revisitado – como veremos adiante, em decorrência da promulgação da emenda que teve como escopo, exatamente, a eliminação de prazos e facilitação da dissolução do casamento. Por essa razão, a separação de corpos foi um instrumento muito utilizado de forma trans-

[4] "Art. 48. O restabelecimento de sociedade conjugal pode ser feito por escritura pública, ainda que a separação tenha sido judicial. Neste caso, é necessária e suficiente a apresentação de certidão da sentença de separação ou da averbação da separação no assento de casamento".

versa, ou seja, para suprir o que classificaríamos como uma lacuna ontológica, outorgando à urgência, efeitos que não lhe seriam próprios, tais como legitimação consensual do afastamento dos cônjuges do lar conjugal, com contagem de prazo para conversão em divórcio[5].

Importante lembrar que a imputação de culpa, ante a derrogação da lei do divórcio, já não mais implica na perda da guarda e do dever de pagar alimentos pelo cônjuge culpado, pautando-se, no primeiro caso, pelo superior interesse da criança e, no segundo pelo binômio: possibilidade-necessidade e tampouco havendo qualquer repercussão na partilha do patrimônio que deve observar tão-somente o regime de bens eleito pelos consortes.

A separação judicial amigável ou consensual é procedimento de jurisdição voluntária (artigos 731 a 733 do Código de Processo Civil), uma vez que os ambos os cônjuges têm por objetivo comum o de pôr termo à sociedade conjugal, cabendo, nesse caso, ao judiciário, homologar, por sentença, o acordo celebrado.

2.2.2. Separação extrajudicial (Lei n. 11.441 de 2007)

A separação extrajudicial foi uma opção introduzida pela Lei n. 11.441/07, acrescentando ao Código de Processo Civil de 73, o art. 1.124-A, parágrafos 1º a 3º, com o intuito de facilitar o rompimento da sociedade conjugal, diminuir os custos de uma lide judicial e aliviar o Judiciário de excessivas demandas. Hoje o tratamento está previsto no artigo 733 do Código de Processo Civil, em vigor. É concretizada por meio de escritura pública perante o tabelião de notas, exigindo que não haja filhos menores ou incapazes do casal e que seja feita de maneira consensual, não dependendo de homologação judicial para produzir efeitos.

Para alguns autores, tais como Maria Berenice Dias[6], Zeno Veloso[7], Pablo Stolze[8] e outros, este instituto, ao lado da separação judicial, foram extintos,

[5] V Jornada de Direito Civil – **Enunciado** 515: "Pela interpretação teleológica da Emenda Constitucional n. 66/2010, não há prazo mínimo de casamento para a separação consensual". **Enunciado** 516: "Art. 1.574, parágrafo único: Na separação judicial por mútuo consentimento, o juiz só poderá intervir no limite da preservação do interesse dos incapazes ou de um dos cônjuges, permitida a cindibilidade dos pedidos com a concordância das partes, aplicando-se esse entendimento também ao divórcio".

[6] DIAS, Maria Berenice. Nova Lei do Divórcio acaba com a separação judicial, 26 jul. 2010. *Consultor Jurídico*, 17 jul. 2010. Disponível em http://www.mariaberenicedias.com.br/pt/nova-lei-d0-divorcio-acaba-com-a-separação. Acesso em: 3 mar 2023.

deixando o divórcio como única forma procedimental para a dissolução do vínculo conjugal e, por consequência, da própria sociedade.

Como veremos a seguir não é essa a opinião por nós trilhada.

2.3. Divórcio judicial e extrajudicial

Os divórcios judicial e extrajudicial acarretam a extinção do vínculo conjugal. A Constituição Federal no art. 226, parágrafo 6º restringia-se a essa forma de dissolução, muito embora não previsse, em seu texto, a modalidade extrajudicial (Lei 11.441/07 e artigo 733 do Código de Processo Civil), todavia os requisitos, reproduzidos no artigo 1.580, do Código Civil, ali contidos a ela se aplicavam. Exteriorizavam-se na prévia separação de fato por dois anos para o divórcio direto ou após um ano da separação judicial, e, ainda, um ano da separação de corpos (artigo 1.580, do Código Civil). Com o advento da Emenda 66, esses requisitos desapareceram, a despeito de correntes doutrinárias afirmando que nada foi alterado[9].

2.3.1. Divórcio judicial

Em relação a essa modalidade, acreditamos que houve supressão dos requisitos dispostos na Constituição Federal, no artigo 226, parágrafo 6º, bem como no artigo 1.580, do Código Civil. Verifica-se, no nosso entender, a clara intenção da lei em extirpar os requisitos temporais de modo a facilitar o acesso ao rompimento do vínculo conjugal pelo divórcio sem com isso, repita-se, suprimir o instituto da separação judicial ou extrajudicial, não tratada naquele dispositivo legal revogado, pela Emenda Constitucional n. 66 de 2010.

A propósito, o divórcio embora facilitado não implica na obrigatoriedade às partes. A norma constitucional, em nossa opinião, ateve-se à eliminação de requisitos ou obstáculos transponíveis somente com o passar do tempo, outorgando às partes a viabilidade direta e imediata de exercerem o direito ao divórcio, o que necessariamente não implica em lhes

[7] VELOSO, Zeno. O novo divórcio e o que restou do passado. *IBDFAM*, 13 ago. 2010. Disponível em http://ibdfam.org.br/artigos&artigo=661. Acesso em: 3 mar 2023.

[8] GAGLIANO, Pablo Stolze. A nova emenda do divórcio. *Jus Navigandi*, Teresina, ano 15, n. 2568, 13 jul. 2010. Disponível em https://jus.com.br/artigos/16969 . Acesso em: 3 mar 2023.

[9] VILLELA, João Baptista. Emenda Constitucional n. 66 – Outras Impressões. *Carta Forense*, 5 out 2010. Disponível em: http://www.dimitresoares.com.br/2013/08/entrevista-publicada-pela-carta-forense.html. Acesso em: 3 mar. 2023.

facultar a possibilidade de pleitear outras hipóteses de extinção do vínculo ou mesmo da sociedade. A *mens legis* a par de outras interpretações sistemáticas ou teleológicas foi a de retirar a barreira temporal bem como eliminar uma etapa – separação – para se atingir o divórcio, sem, contudo, se ocupar de excluir a etapa em si, que poderá, pensamos, – subsistir de forma autônoma com regramento próprio, em favor dos casais que a vejam como mais uma opção legislativa à disposição.

2.3.2. Direto litigioso e consensual

Antes da Emenda n. 66 de 2010 a abrangência do divórcio limitava-se no direto à prova da separação de fato por mais de dois anos (art. 226, parágrafo 6º, da Constituição Federal e 1.580, parágrafo 2º, do Código Civil) ou, no caso do indireto, ou seja – conversão – um ano do trânsito em julgado da decisão proferida na ação de separação judicial (artigo 226, parágrafo 6º, da Carta Magna e 1.580, do Código Civil), ou um ano da decisão concessiva da medida cautelar de separação de corpos (art. 1.580, do Código Civil).

Em se tratando de divórcio litigioso a resistência de uma das partes limitava-se a contestar os prévios requisitos temporais, mesmo antes da Emenda n. 66 de 2010. Questões tais como: partilha, alimentos, guarda, visitas etc., poderiam ser objeto de ações autônomas, o que continuará, em nossa opinião, a prevalecer, diminuindo, no entanto, o campo de resistência propriamente dito, isto é, prazos e etapas não cumpridos não poderão postergar a decretação do divórcio, abrindo caminho quase obrigatório ao consenso.

No que concerne ao divórcio consensual, tendo em vista que as partes estão de acordo acerca da própria extinção de vínculo, não terão mais que aguardar os prazos das etapas citados, podendo eleger a via extrajudicial, como já lhes era facultado – Lei 11.441/07 e artigo 733 do Código de Processo Civil.

No entanto, há uma questão relevante que merece análise e diz respeito ao prazo de um ano de casamento, previsto no artigo 1.574, do Código Civil, para o pleito de separação por mútuo consentimento. Indaga-se: subsiste ou não esse prazo? Para os que viram na emenda a total supressão de prazos, inclusive do instituto da separação, coerente é reconhecer que, nesse particular o dispositivo foi revogado. Para aqueles que não vislumbraram, na emenda, a supressão do instituto da separação, a questão não é de simples solução.

Desta forma, duas possibilidades se avizinham: a) a permanência do prazo, para o pleito da separação, tendo em vista a vigência do artigo 1.574, do Código Civil, a despeito da edição da emenda; b) a supressão do prazo, portanto, a revogação do dispositivo legal, considerando que, inexistindo doravante lapso temporal para a extinção do vínculo conjugal pelo divórcio **que é mais**, não subsistiria, por conseguinte, limite temporal **para o menos**, que é a separação. A *ratio essendi* da sistemática divorcista é a abolição de qualquer prazo para as dissoluções, quer da sociedade quer do vínculo conjugal, mesmo porque, o que se buscava com a exigência da espera de um ano era a reflexão do casal acerca do passo definitivo a ser dado, o que hoje, diante do texto constitucional, não mais se justifica.

Abalizados juristas expressam posicionamento louvável, no sentido de que duas pessoas, desde que tenha desaparecido o interesse em manter o casamento, podem pleitear a sua dissolução, passando ou não pelo estágio da separação. Pensamos ser essa última a opinião mais consentânea com a nova sistemática instalada, qual seja, de abolição de prazos[10]. Nessa senda Euclides de Oliveira, assim se expressa: "Entendo apreciáveis os argumentos que justificam esse ponto de vista favorável à subsistência da separação judicial prevista no Código Civil e, pois, igualmente da separação extrajudicial...."[11].

Mister ressaltar que, sob o ponto de vista econômico e prático, o espírito da lei foi alcançado, qual seja, a extinção facilitada do vínculo traz alguns benefícios imediatos às partes, tais como a liberdade de constituir novos casamentos, sem aguardar o tempo exigido em lei, custos de um processo e, também, evitar a duplicidade de processos.

Por outro lado, os efeitos decorrentes da dissolução não serão necessariamente eliminados, dado que todas as demais questões decorrentes da dissolução do vínculo, provavelmente, terão sobrevida em ações apartadas.

2.3.3. Indireto litigioso e consensual?

Embora demandem releitura, o divórcio indireto litigioso e o denominado divórcio indireto consensual (artigo 1.580, do Código Civil) constituem

[10] Vide nota de rodapé n. 7.

[11] Oliveira, Euclides de. Separação ou Divórcio? Considerações sobre a EC 66. *Jusbrasil*, 5 nov. 2010. https://www.jusbrasil.com.br/noticias/artigo-separacao-ou-divorcio-consideracoes-sobre-a-ec-66-por-euclides-de-oliveira/2404613. Acesso em: 3 mar. 2023.

processos autônomos e pressupõem anterior pedido cautelar de separação de corpos (o CPC, não prevê expressamente a separação de corpos) ou, ainda, prévia separação judicial, ou extrajudicial dos cônjuges, com trânsito em julgado da sentença, ocorrido há pelo menos um ano. Diferenciam-se, no entanto, os dois institutos no fato de evidenciar dissenso a modalidade litigiosa e a comunhão de interesses, na forma consensual, tendentes ambos a pôr termo ao vínculo matrimonial.

Nas hipóteses tratadas, o transcurso do lapso temporal de um ano não mais subsiste em face da Emenda Constitucional 66 de 2010, podendo a qualquer tempo os cônjuges buscarem o divórcio, sendo incabível na nova sistemática a improcedência do pedido caso não tenha transcorrido o prazo de um ano, uma vez esse lapso de tempo deixou de se constituir em obstáculo ao pedido de conversão. Sob essa perspectiva os casais que não requererem a conversão permanecerão no estado de separados, considerando que, no nosso entender, não foi suprimido o instituto da separação.

2.3.4. Divórcio extrajudicial (Lei n. 11.441 de 4 de janeiro de 2007)

Da mesma forma que a separação extrajudicial, o divórcio extrajudicial representa uma concessão legal encampada pela Lei n. 11.441/07 e artigo 733 do Código de Processo Civil com o escopo de pôr fim ao casamento sem as delongas inerentes ao processo judicial.

Essa modalidade de divórcio segue a via administrativa, formalizando-se por escritura pública lavrada pelo tabelião. Consiste numa forma particular de rompimento do vínculo, eleito pelo casal, que exigia os requisitos previstos na citada lei e respeitado o prazo de dois anos da ruptura da vida em comum ou separação de fato.

Com a redação dada ao art. 226, parágrafo 6º da Constituição Federal, se o casal manifesta a vontade de pôr termo ao casamento, essa intenção não encontra qualquer obstáculo, notadamente o temporal. Em virtude disso, logo após a realização do casamento surge para os cônjuges a liberdade de desfazê-lo.

Há quem entenda, por outro lado, que o divórcio impositivo é um direito potestativo e não poderia encontrar qualquer resistência (Delgado, 2019, pp. 717-719).

3. Breves considerações sobre a permanência do instituto da separação

É inegável que a Emenda Constitucional 66/2010, trouxe expressiva mudança nos requisitos para a extinção da sociedade e do vínculo conjugal, uma vez que aboliu os prazos, então, existentes. A mesma sorte não tiveram os institutos da separação e do divórcio, que se mantiveram, na sua essência, incólumes, mesmo porque a disciplina jurídica se aparta do âmbito constitucional. Destarte, salvo as disposições que consignam prazo, todas as outras presentes no Código Civil e Código e de Processo Civil, permanecem intactas.

Como o cerne da problemática diz respeito ao desaparecimento do instituto da separação, apresentaremos nossas justificativas no sentido de reconhecer a compatibilidade da legislação ordinária, notadamente o Código Civil, Código de Processo Civil, Lei 6.515/77 e Lei n. 11.441/07 com a Constituição Federal, no que for compatível. São as seguintes as razões, a nosso ver, que justificam a manutenção do instituto:

a) de ordem intertemporal uma vez que a alteração constitucional, "sua emenda, ou substituição de uma por outra através de processos constitucionais ou revolucionários, não implica a revogação tácita de todas a leis complementares, leis ordinárias ..., mas apenas as que forem incompatíveis com as novas normas fundamentais" (Batalha, 1980, p. 33).
Coerente com esse ensinamento, sem desconsiderar orientações em sentido diverso, a nosso juízo, releva reconhecer como legítima a manutenção do instituto da separação. Ao ensejo, esclarecemos que a redação pretérita dispunha que o casamento civil poderia ser dissolvido pelo divórcio, após antecedente separação judicial por mais de um ano ou comprovada separação de fato por mais de dois anos. Ora, o preceito legal cuidava, como ainda o faz, exclusivamente do divórcio, fixando prazo para o exercício do direito. Nenhuma palavra sobre o instituto da separação, salvo com relação, repita-se a prazos. O novo texto constitucional reproduz parcialmente o anterior e está expresso da seguinte forma: "o casamento civil pode ser dissolvido pelo divórcio". À evidência, desapareceu tão-só do dispositivo constitucional as exigências anteriores, relativas às formas do divórcio e os respectivos prazos, nada mais, nada menos. Com esse raciocínio descabe introduzir na discussão os dispositivos da Lei de Introdução

do Código Civil, que versam sobre a revogação tácita da lei por incompatibilidade, já que a alteração constitucional não se apresenta contrária à lei, mas em conformidade e compatível com ela[12].

b) aplicação imediata da norma constitucional. Como decorrência desse princípio, a partir da publicação do novo texto, o dispositivo passa a ter vigência e sua aplicação imediata, repercute em todos os prazos, inclusive, sobre os que estão em andamento. Isso não faz, vale lembrar, com que desapareça o estado civil de separados.

c) de natureza interpretativa. O texto constitucional, na redação anterior tratava do divórcio e na redação atual, igualmente, cuida do divórcio, mas não sob o manto da disciplina jurídica, tarefa esta reservada à lei ordinária, mantida e preservada, nesse particular, incólume. Em suma, no que tange, propriamente, ao instituto da separação, a emenda constitucional nada inovou. Por outro lado, no que se refere aos prazos para a decretação do divórcio direto ou indireto a norma constitucional de 1988, por questões histórico-sociais positivou, legitimamente, requisitos que seriam próprios da

[12] Nesse sentido, julgado do Tribunal de Justiça de São Paulo: *"Agravo de instrumento. Ação de separação judicial c.c. guarda, alimentos e visitas. Recurso contra a decisão que determinou a emenda da inicial para adequar o pedido para divórcio direto consensual. Possibilidade da separação judicial, pedido não extirpado do ordenamento jurídico pela Emenda Constitucional nº 66/10. Precedentes do STJ e desta Corte. Homologação do acordo em sede recursal que não pode ser realizada, pois o Ministério Público ainda não se manifestou na origem e na ação há interesse de incapazes. Decisão reformada. Recurso parcialmente provido.* **Do corpo do acórdão se extrai** *:Nesta linha: "A Emenda à Constituição n. 66/2010 apenas excluiu os requisitos temporais para facilitar o divórcio (...) O constituinte derivado reformador não revogou, expressa ou tacitamente, a legislação ordinária que cuida da separação judicial, apenas facultou às partes dissolver a sociedade conjugal direta e definitivamente através do divórcio" (AgInt no REsp 1882664/MG, 3ª Turma, Rel. Min. Marco Aurélio Bellizze, j. 23/11/2020). Confiram-se também: REsp 1247098/MS, 4ª Turma, Rel. Min. Maria Isabel Gallotti, j. 14/03/2017; REsp 1431370/SP, 3ª Turma, Rel. Min. Ricardo Villas Bôas Cueva, j. 15/08/2017. Na mesma linha, precedentes desta Corte. Confira-se, exemplificativamente: "Agravo de Instrumento. Separação Judicial. Decisão que determinou a emenda à inicial, para conversão da ação de separação consensual em divórcio. Insurgência dos Requerentes. Acolhimento. A Emenda Constitucional n. 66/2010 não extinguiu o instituto da separação judicial e extrajudicial. Agravo provido" (Agravo de Instrumento nº 2180728-70.2021.8.26.0000, 7ª Câmara de Direito Privado, Rel. Des. Maria de Lourdes Lopez Gil, j. 15/09/2021). O Enunciado nº 514 da V Jornada de Direito Civil (CJF) aponta na mesma direção: "Art. 1.571: A Emenda Constitucional n. 66/2010 não extinguiu o instituto da separação judicial e extrajudicial".* (Agravo de Instrumento n. 2268810-43.202.8.26.0000, 1ª Câmara de Direito Privado do TJSP, Rel. Alexandre Marcondes, j. 17 de novembro de 2022).

lei ordinária, eliminados pela mesma, de maneira derivada, ou seja, por meio de emenda. Com isso, não há mais que se falar em prazos.

4. Aspectos processuais da separação judicial e extrajudicial, decorrentes da Emenda Constitucional n. 66/2010

4.1. Relativamente à separação judicial

Entendemos, nesse tópico, que a manutenção da separação judicial quer litigiosa quer consensual implica em consequências no âmbito processual.

No que se refere à litigiosa, muito embora grande parte da doutrina afirme que a culpa foi suprimida: uns por considerarem que o instituto da separação foi abolido de maneira definitiva; outros, mesmo considerando que a separação subsiste, advogam a ideia de que a modalidade litigiosa desapareceu, porquanto a culpa não poderá ser alegada em razão da facilitação do divórcio, propalada pela própria emenda.

Ao contrário, em que pesem essas balizadas opiniões, a culpa, assim como a separação, estão de certa forma fadadas ao esvaziamento, contudo os deveres conjugais permanecem e sua quebra, embora não resulte em sanção aos cônjuges separados e declarados culpados, independentemente da emenda, poderá servir de supedâneo para eventuais lides em que essa violação poderá vir à baila, como, por exemplo, a ação de reparação de danos, sitio para o qual, provavelmente, a discussão da culpa será transferida, muito embora se reconheça o malefício desse debate no âmbito familiar. Em outras palavras, reconhecida a culpa na separação, por ato ilícito praticado por um dos cônjuges poderá o não culpado, utilizar a prova pré-constituída e até a decisão transitada em julgado para o pleito indenizatório.

4.2. Conversão de ofício da separação em divórcio?

Acerca desse aspecto muito se tem escrito. Para os partidários da extinção do instituto, a conversão pelo juízo da separação em divórcio seria medida de rigor, determinando-se em alguns casos, a emenda da inicial, sob pena de extinção do processo de separação, com o que não concordamos.

Esse raciocínio desemboca na seguinte situação jurídica: sem emenda da inicial o processo poderá ser extinto, deixando de atender à demanda de uma das partes, com a possibilidade de julgamento *ultra petita*, dando causa, eventualmente, a uma nova contenda, muito embora as conversões sejam decretadas sob o manto da instrumentalidade e economicidade. Isso não afasta a possibilidade de se ter provocado situação não desejada pelas partes, cujo propósito fora o de pleitear a separação e não o divórcio. De qualquer maneira, entendemos que não possa haver conversão, de ofício, sem que atenda ao interesse do proponente, que deverá ser instado a manifestar se pretende prosseguir ou não com a ação, exercendo a faculdade que lhe é outorgada pela lei e não a emendar, inclusive, com a possibilidade de reconvenção por parte do réu separando.

No que se refere à separação consensual, com mais razão ainda, o princípio da liberdade entre os cônjuges separandos deve ser respeitada, consoante a vigente legislação ordinária.

No pertinente à separação extrajudicial não há que se falar em conversão de ofício, pela própria natureza. No entanto, poderá haver a conversão administrativa sem qualquer requisito temporal, equivalendo, na prática, ao pedido autônomo de divórcio.

4.3. Manutenção do estado civil de separado?

Os casais separados judicialmente, entendemos, não passarão a ser considerados incontinenti divorciados, até porque o instituto da separação, como já ressaltado, não foi abolido. Acreditamos, a menos que haja futura disposição legal expressa, que o estado civil de separados deve ser preservado, só modificado por eventual decretação de divórcio, proposto em ação própria de conversão ou não.

5. Posicionamento do Conselho Nacional de Justiça, Superior Tribunal de Justiça e do Supremo Tribunal Federal

O Conselho Nacional de Justiça foi instado a se manifestar acerca do tema, em razão do Pedido de Previdências n. 0005060-32.2010.2.00.0000, formulado pelo Instituto Brasileiro de Direito de Família – IBDFAM.

Em sessão plenária, de 14 de setembro de 2010, o Conselho, por unanimidade, julgou parcialmente procedente o pedido, nos termos do voto do Relator Conselheiro Jefferson Kravchychyn, que propôs modificação na redação da Resolução n. 35, do Conselho Nacional de Justiça, disciplinadora da aplicação da Lei n. 11.441/07, pelos serviços notariais e de registro, para que:

> "a) *seja retirado o artigo 53, que versa acerca do lapso temporal de dois anos para o divórcio direto e;*

b) *seja conferida nova redação ao art. 52, passando o mesmo a prever que: 'Os cônjuges separados judicialmente, podem, mediante escritura pública, converter a separação judicial ou extrajudicial em divórcio, mantendo as mesmas condições ou alterando-as. Nesse caso, é dispensável a apresentação da certidão atualizada do processo judicial, bastando a certidão da averbação da separação no assento do casamento.'* "[13].

Nessas condições, a adequação da Resolução n. 35/2007 à Emenda Constitucional 66/2010, resultou na supressão do artigo 53, que previa a exigência de cumprimento de prazo para o divórcio direto, mas na manutenção, com nova redação do artigo 52, do estado civil de separados, concedendo-lhes a faculdade de converter a separação judicial ou extrajudicial, em divórcio.

Verdade seja, o Conselho Nacional de Justiça posicionou-se, contrariamente, nesse particular, ao pedido do IBDFAM, ao deixar claro que, mesmo com o advento da Emenda n. 66/2010, mantém-se as diferenças entre o instituto da separação e o do divórcio.

Importante registrar que referido entendimento sobre o tema encontra ressonância no informativo n. 604 do Superior Tribunal de Justiça, de 21 de junho de 2017, que traz a seguinte redação: "A Emenda à Constituição n. 66/2010 não revogou os artigos do Código Civil que tratam da separação judicial".

Transcrevemos as informações do inteiro teor:

> O cerne da questão cinge-se à subsistência ou não da **separação judicial** após o advento da **Emenda** à Constituição n. 66/2010. Analisando os §§ 1° e 2° do art. 2º da Lei de Introdução às Normas do Direito Brasileiro, depreende-se que a lei que não seja temporária terá vigência indefinidamente até que outra a modifique ou a revogue, podendo essa revogação ocorrer de maneira expressa, quando vier expressamente declarado, ou de maneira tácita, quando a lei nova for incompatível com a segunda ou regular inteiramente a matéria contida na lei anterior. A EC n. 66/2010, também denominada **emenda** do divórcio, alterou a redação do § 6º do art. 206 da CF que previa a necessidade de prévia **separação judicial** ou de fato como requisito para a dissolução pelo divórcio, passando a trazer a possibilidade de dissolução direta do casamento civil pelo divórcio. Observe-se que, na literalidade

[13] Para consulta da redação atual da Resolução n. 35 do CNJ: http://cnj.jus.br/Infojuris/Normativos.seam?normativosIdNor.

do artigo previsto na Constituição, a única alteração ocorrida foi a supressão do requisito temporal, bem como do sistema bifásico, para que o casamento seja dissolvido pelo divórcio. Ocorreu, portanto, facilitação ao divórcio, constituindo verdadeiro direito potestativo dos cônjuges, subsistindo, ainda, a **separação,** nos termos do art. 1.571, III, do Código Civil. Entender que tal alteração suprimiu a existência da **separação** extrajudicial ou **judicial** levaria à interpretação de que qualquer assunto que não fosse mais tratado no texto **constitucional** por desconstitucionalização estaria extinto, a exemplo também do que ocorreu com a **separação** de fato, cuja existência não é objeto de dúvida. A **separação,** nos termos do dispositivo supra, é modalidade de extinção da sociedade conjugal, pondo fim aos deveres de coabitação e fidelidade, bem como ao regime de bens. O divórcio, por outro lado, é forma de dissolução do vínculo conjugal e extingue o próprio vínculo, pondo termo ao casamento, à luz do disposto em seu § 1°, refletindo diretamente sobre o estado civil da pessoa e permitindo que os ex-cônjuges celebrem novo casamento, o que não ocorre com a **separação.** Ainda, a **separação** é uma medida temporária e de escolha pessoal dos envolvidos, que podem optar, a qualquer tempo, por restabelecer a sociedade conjugal ou pela sua conversão definitiva em divórcio para dissolução do casamento, nos termos dos arts. 1.577 e 1.580, do CC. Conclui-se, portanto, que não ocorreu a revogação tácita da legislação infraconstitucional que versa sobre a **separação,** dado que a EC n° **66** não tratou em momento algum sobre a **separação,** bem como não dispôs sobre matéria com ela incompatível. O STF teve a oportunidade de julgar, após o advento da **Emenda** à Constituição n° 66/10, o RE n° 227.114-SP, de relatoria do Ministro Joaquim Barbosa, que trazia a discussão sobre o foro competente para o ajuizamento da ação de **separação,** reforçando a permanência do instituto no direito brasileiro. Por fim, anota-se que o novo CPC manteve em diversos dispositivos referências ao instituto da **separação judicial,** inclusive regulando-o no capítulo que trata das ações de família, art. 693 e seguintes, e constando no próprio título da seção IV do capítulo XV, que trata dos procedimentos de jurisdição voluntária (art. 731 e seguintes), demonstrando, novamente e de forma indiscutível, a mens legis em manter a figura da **separação** no ordenamento jurídico pátrio. REsp 1.247.098-MS, Rel. Min. Maria Isabel Gallotti, por maioria, julgado em 14/3/2017, DJe 16/5/2017. (Grifos no original).

Para efeito de uniformizar a interpretação constitucional acerca da manutenção ou não da separação judicial ou extrajudicial em nosso sistema, manifestou-se o Supremo Tribunal Federal no RE 1167478/11RJ, fixando a seguinte tese de repercussão geral:

> Após a promulgação da Emenda Constitucional 66/2010, a separação judicial não é mais requisito para o divórcio, nem subsiste como figura autônoma no ordenamento jurídico. Se prejuízo, preserva-se o estado civil das pessoas que já estão separadas por decisão judicial ou escritura pública, por se tratar de ato jurídico perfeito (Tema 1053).

Nessa linha, a Suprema Corte não só reafirmou a desnecessidade da separação como requisito para o divórcio, como foi além, não a reconhecendo como instituto autônomo. Observamos, no entanto, que a tese estabelecida faz referência somente à separação judicial, deixando de consignar a separação extrajudicial. Todavia, a interpretação teleológica e extensiva que se extrai do texto é no sentido de que engloba as duas modalidades a despeito da referência a somente uma delas.

Considerando o raciocínio desenvolvido no presente estudo, que apontou a subsistência da separação em nosso sistema dada a previsão, tanto no Código Civil como no Código de Processo Civil, não verificamos conflito entre referidos diplomas legais e a emenda constitucional n. 66 de 2010, uma vez que a emenda suprimiu a separação como requisito para o divórcio e não a própria separação.

Em face do posicionamento do Supremo Tribunal Federal, por unanimidade, reconheceu-se a desnecessidade da separação como requisito para o divórcio e, por maioria, posição que comungamos, a permanência da separação para os casais que por ela optarem. Resta claro, todavia, pela decisão, por maioria, que houve revogação tácita dos dispositivos materiais e processuais que tratam da separação.

Conclusões

Diante da importante inovação constitucional introduzida pela Emenda n. 66/2010 e das inúmeras e relevantes interpretações decorrentes, pensamos ter contribuído com a nossa. Entendemos, em linhas gerais, que houve a supressão dos prazos quer em relação ao divórcio, quer em relação à separação, sem, contudo, alcançar o próprio instituto da separação, regrado por legislação ordinária, não se admitindo conversão de ofício, da separação em divórcio.

Acreditamos não ser razoável a dualidade de processos: ação de separação seguida de divórcio, mas pela *ratio legis*, a separação pode ser uma faculdade ou opção a ser exercida pelos cônjuges.

A culpa, como se viu, não suprimida, já não tinha eficácia antes mesmo da emenda, por não acarretar sanções ao cônjuge culpado, pelo contrário, possibilitando até, em algumas situações, que o cônjuge culpado pleiteasse alimentos (art. 1.704, parágrafo único, do Código Civil), suplantando, no caso, a necessidade em detrimento da culpa.

Com o advento da emenda, vários autores passaram a defender que a culpa, a exemplo do prazo e da separação, estaria extirpada do ordenamento, para uma humanização do rompimento do casamento, no âmbito do direito de família. No entanto, ainda que louvável a intenção, cremos que o resultado poderá ser inverso do pretendido. Isso porque, o cônjuge que se sentir lesado, em razão da violação dos deveres, durante o matrimônio poderá transportar sua discussão para outra esfera, distante da separação ou do divórcio, isto é, em ação autônoma, v.g., ação de reparação de danos, com todas as vicissitudes que se pretende rechaçar.

No mais, o Código de Processo Civil de 2015, não só contemplou como também sistematizou o instituto da separação no capítulo que cuida das ações de família (artigo 693 e seguintes) e na parte que trata dos procedimentos de jurisdição voluntária (art. 731 e seguintes), revelando e confirmando de forma indubitável que se pretendeu preservar a figura jurídica da separação no ordenamento jurídico, o que reforça nossa posição sobre o tema.

Acreditamos que a **mediação,** como instrumento para administração de conflitos, passará com essas inovações, a ter papel mais relevante, como uma nova via de favorecimento ao diálogo e ao consenso, uma vez que a solução do conflito deverá ser buscada tanto para manter o casamento, como para obter um rompimento o mais amigável possível e com menos traumas. Nesse passo, a culpa como alimentadora de conflito poderá ser levada a ambiente interdisciplinar, por consequência, menos hostil e mais humano.

Pensamos, por fim, respeitado o dissenso, inexistir elementos suficientes no texto legal, para que se possa afirmar que a extinção da separação tenha sido o intuito da lei, ainda que a separação possa ser tornar, num futuro próximo, um instituto ineficaz ou anacrônico. Louvamos o reconhecimento do divórcio sem obstáculos, acreditando que a subsistência da separação pode favorecer a quem dela queira se utilizar.

Com a posição adotada pelo Supremo Tribunal Federal (Tema 1.053) reconhecemos que a questão recebeu um ponto final sob a perspectiva judicial.

Referências

BATALHA, Wilson de Souza Campos. *Direito Intertemporal.* Rio de Janeiro, Forense, 1980.

DELGADO, Mário Luiz. *Tratado de Direito das Famílias.* Coordenado por Rodrigo da Cunha Pereira. 3ª ed. Belo Horizonte. IBDFAM, 2019.

DIAS, Maria Berenice. Nova Lei do Divórcio acaba com a separação judicial, 26 jul. 2010. Consultor Jurídico 17 jul. 2010. Disponível em http://www.mariaberenicedias.com.br/pt/nova-lei-d0-divorcio-acaba-com-a-separação. Acesso em: 3 mar 2023

GAGLIANO, Pablo Stolze. A nova emenda do divórcio. *Jus Navigandi*, Teresina, ano 15, n. 2568, 13 jul. 2010. Disponível em https://jus.com.br/artigos/16969 . Acesso em: 3 mar 2023.

LOBO, Paulo. Novo CPC não recriou o restaurou a separação judicial. *IBDFAM*, 9 nov. 2015. Disponível em: https://ibdfam.org.br/artigos/1079/Novo+CPC+n%C3%A3o+recriou+ou+restaurou+a+separa%C3%A7%C3%A3o+judicial. Acesso em 3 mar. 2023.

OLIVEIRA, Euclides de. Separação ou Divórcio? Considerações sobre a EC 66. *Jusbrasil*, 5 nov. 2010. www.familiaesucessoes.com.br/?p=1242 . Acesso em 3 mar. 2023.

PEREIRA, Rodrigo da Cunha. O CPC/2015 e a tentativa de ressuscitar a separação judicial. *Consultor Jurídico*, 17 de jul. 2016. Disponível em: https://www.conjur.com.br/2016-jul-17/processo-familiar-cpc2015-tentativa-tentar-ressuscitar-separacao-judicial. Acesso em 3 mar. 2023.

TARTUCE, Flávio. Da infeliz manutenção da separação de direito no Novo CPC. *Jusbrasil*, [s.d.]. Disponível em: https://flaviotartuce.jusbrasil.com.br/artigos/238072275/da-infeliz-manutencao-da-separacao-de-direito-no-novo-cpc. Acesso em 3 mar. 2023.

VELOSO, Zeno. O novo divórcio e o que restou do passado. *IBDFAM*, 13 ago. 2010. Disponível em http://ibdfam.org.br/artigos&artigo=661. Acesso em: 3 mar 2023.

VILLELA, João Baptista. Emenda Constitucional n. 66 – Outras Impressões. *Carta Forense*, 5 out 2010. Disponível em: http://www.cartaforense.com.br/Materia.aspx?id=6075>. Acesso em 3 mar. 2023.

5
MEIOS ADEQUADOS DE SOLUÇÃO DE CONFLITOS NAS AÇÕES DE FAMÍLIA: MEDIAÇÃO, ARBITRAGEM E CONCILIAÇÃO

Priscilla Curti Georges Pilavdjian

Introdução

Durante muitas décadas entendeu-se que a solução de conflitos se resolvia perante o Poder Judiciário, por meio de litígios que perduravam meses, anos e até décadas, não sendo diferente no âmbito da esfera da Família e Sucessões.

Modernamente, viu-se uma mudança de paradigmas, onde percebeu-se que o litígio como meio de solucionar um conflito, mostrou-se extremamente desvantajoso para as partes e até mesmo para o Estado, que por meio do Poder Judiciário colecionava demandas e mais demandas sem uma solução a curto prazo.

Assim, devido a morosidade e alto custo dos processos no Brasil, os MASC's – Meios Alternativos de Solução de Conflitos, vêm ganhando grande expressão na última década e especialmente após o advento do Código de Processo Civil de 2015, para solucionar conflitos de modo mais célere, econômico e principalmente, consensual.

O art. 3º do CPC trouxe, de modo expresso, a priorização da solução consensual dos conflitos.

> Art. 3º Não se excluirá da apreciação jurisdicional ameaça ou lesão a direito.
>
> § 1º É permitida a arbitragem, na forma da lei.
>
> § 2º O Estado promoverá, sempre que possível, a solução consensual dos conflitos.

> § 3º A conciliação, a mediação e outros métodos de solução consensual de conflitos deverão ser estimulados por juízes, advogados, defensores públicos e membros do Ministério Público, inclusive no curso do processo judicial.

Os MASC's têm se mostrado extremamente úteis e frutíferos para a solução de conflitos, em especial na área da Família, onde além do litígio instalado entre as partes, há uma relação emocional envolvida, que faz aflorar nas partes uma postura mais beligerante que o normal, e os MASC's possibilitaram um novo olhar para o caso concreto, mostrando às partes envolvidas que o diálogo e a solução consensual sempre é a mais vantajosa.

Com a mudança de paradigma, verificou-se que a forma consensual é sempre a melhor para as partes, pois os métodos consensuais visam tirar do Juiz o dever de solucionar o conflito e transferir para as próprias partes envolvidas, o poder de resolver o conflito. Deixar para um terceiro imparcial o poder de solucionar o conflito, acaba por não resolver propriamente o conflito, mas impor a parte vencida a vontade da outra parte, o que significa que sempre uma das partes não estará satisfeita com o resultado obtido.

Por outro lado, levando-se a solução para que as partes decidam consensualmente, ambas estarão satisfeitas com o resultado, sem imposição de uma vontade sobre a outra. Haverá um equilíbrio das vontades, portanto, pelo Sistema de Multiportas, o cidadão poderá optar pela via que lhe seja mais adequada, possibilitando assim a solução consensual como forma de resolução do conflito.

Atualmente, para possibilitar a Solução de Conflitos de forma Consensual, temos disponíveis os seguintes métodos:

a) Conciliação;
b) Mediação;
c) Arbitragem;

E como ferramentas que levam a solução do conflito, temos disponibilizado pelo Poder Judiciário:

a) Oficina de Pais e Filhos ou Oficina de Parentalidade;
b) Constelações Familiares.

A base legal dos meios alternativos de solução de conflitos, são encontradas nas seguintes normas:

a) Arts. 3º, 165/175 e 694, todos do Código de Processo Civil;
b) Art. 840 do Código Civil;
c) Lei 13.140/15 (Lei da Mediação);
d) Provimento CSM nº 2327/2016;
e) Resolução CNJ nº 125/2010.

1. A conciliação

Dentre os métodos que encontramos à disposição para solucionar um conflito de forma consensual, temos a Conciliação, na qual um terceiro imparcial sugere soluções para o conflito, auxiliando as partes a chegarem a uma solução.

No Poder Judiciário a Conciliação é encontrada tanto quando o conflito já está instalado por meio de uma ação – Judicial, quanto na modalidade Pré-Processual.

Na modalidade Judicial, já existe uma ação tramitando, e de modo a favorecer a resolução consensual, é designada audiência de tentativa de conciliação perante o setor do CEJUSC – Centro Judiciário de Solução de Conflitos do Tribunal de Justiça dos Estados. Pela nova metodologia do CPC/15, a audiência é designada tão logo a parte ingresse com a ação (art. 334 CPC), de modo a possibilitar uma resolução consensual, a qual se mostra extremamente frutífera.

Por outro lado, se existe um problema familiar, no qual a parte gostaria de solucioná-lo de modo consensual, como por exemplo um divórcio envolvendo menores, há a possibilidade de requerer-se, junto ao CEJUSC – Centro Judiciário de Solução de Conflitos do TJ/SP que a parte contrária seja convidada para uma audiência de conciliação. Nesta audiência será trazido o problema pelas partes, e por meio do Conciliador, as partes serão auxiliadas a chegarem em uma solução consensual deste o conflito, passando-se a termo a solução encontrada pelas partes e Conciliador, por meio de uma ata da audiência, que posteriormente será homologação pelo Juiz. A Ata de audiência, devidamente homologada pelo Juiz, constitui-se um título judicial, o qual, sobrevindo inadimplemento, poderá ser iniciado o cumprimento de sentença.

Como meio de priorizar a solução consensual, o Poder Judiciário possibilita benefícios às partes quando procurado para a modalidade Pré-Processual, por meio da isenção de recolhimento de custas e despesas processuais, além de não haver competência territorial para a escolha do CEJUSC, podendo ser naquele que melhor preferir a(s) parte(s).

Vale destacar que no Estado de São Paulo, temos a Resolução nº 809/2019 do TJSP, a qual prevê, desde 2019, que os Conciliadores que atuam no CEJUSC serão remunerados pelas partes, bem como o NUPEMEC consolidou o entendimento de que perante o CEJUSC Pré-Processual, as partes podem solucionar o conflito, inclusive quanto a partilha de bens no âmbito da família e das sucessões, senão vejamos:

> **ORGANIZAÇÃO DO SERVIÇO - CEJUSC -** Procedimentos pré-processuais – **Partilha de bem no âmbito do direito das sucessões e do direito de família** – Possibilidade – Meio consensual de solução de conflitos oferecido pelo Estado, como alternativa à solução adjudicada da sentença – Sistema multiportas de solução de disputas instituído pela Resolução CNJ nº 125/2010 e encampado pelo Código de Processo Civil de 2015 – Desnecessidade de previsão legal específica a respeito – Princípios da publicidade e mediação não violados – Apontamento em certidão – Viabilidade que depende de alteração do método de pesquisa – Parecer no sentido de **acolhimento** do pedido de reconsideração apresentado pelo NUPEMEC. (Parecer CGJ n. 327/2019-J – Processo n. 2017/00112379)[1]

Não obstante a conciliação se mostrar uma ferramenta útil de solução consensual de conflitos, devemos observar o que pode ser objeto de Conciliação, assim temos que podem ser objeto de composição tanto os direitos patrimoniais quanto os direitos indisponíveis, que admitam transação, ou seja, direitos indisponíveis como os da personalidade, ou alimentos, são indisponíveis, mas poderão ser transacionados.

Por fim, podemos destacar do site do CNJ (CNJ, < https://painel-conciliacao.stg.cloud.cnj.jus.br/), o índice de composição de conflitos por Tribunal durante o período de 1 ano (novembro/2021 a outubro/2022), no qual verifica-se um índice elevado de soluções de conflitos por meio da conciliação, com destaque para o TJAL, que superou a média com 65,15% dos casos resolvidos de forma consensual.

[1] Disponível em: <https://www.tjsp.jus.br/Download/Portal/Conciliacao/Conciliacao/MaterialDivulgacao/Logo-CEJUSC.png>. Acessado em 23 de setembro de 2023.

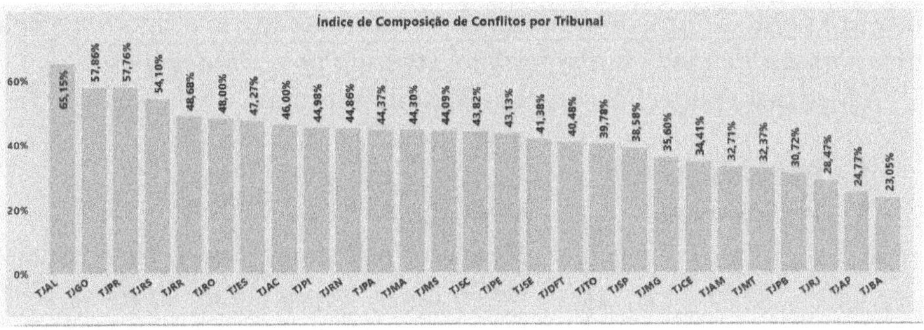

[2]

2. A mediação

Ao lado da Conciliação, temos outra ferramenta valiosa na solução consensual de conflitos, a Mediação, que encontra o seu conceito no parágrafo único art. 1º Lei de Mediação:

> Mediação é a atividade técnica exercida por terceiro imparcial sem poder decisório, que, escolhido ou aceito pelas partes, as auxilia e estimula a identificar ou desenvolver soluções consensuais para a controvérsia.

Na Mediação, o terceiro – Mediador, além de ser imparcial, não pode interferir no desenrolar da solução pelas partes, ou seja, não pode opinar, por isso dizemos que é um "facilitador da comunicação" entre as partes, que utiliza técnicas para que as partes sejam estimuladas a trazerem soluções.

É um método autocompositivo, onde as partes são as protagonistas da solução.

A grande diferença da Conciliação é que o terceiro não pode opinar, não pode dar sugestões autocompositivas, mas tão somente utilizar técnicas para que as próprias partes cheguem a uma autocomposição.

Além disto, na Mediação poderá ter tantas sessões quantas forem necessárias, não se limitando a uma única sessão. A mediação visa resolver o conflito de dentro para fora, ou seja, analisa-se o cerne do conflito, de modo que as partes o resolvam e a partir do entendimento do ponto central do conflito, chega-se a uma solução consensual para este conflito. Podemos ver como um trabalho mais árduo que o da Conciliação, pois primeiro loca-

[2] CNJ. Prêmio Conciliar é legal 2022. Índices de conciliações em processos. Disponível em: <https://painel-conciliacao.stg.cloud.cnj.jus.br/>. Acessado em 19 de março de 2023.

liza-se o ponto central do conflito, para então entendê-lo e então chegar a uma solução, de modo que o conflito é tratado no seu âmago.

A Mediação poderá ocorrer nas seguintes formas:

- Extrajudicial ou
- Judicialmente
  - Mediador do TJ ou
  - Mediador particular – neste caso requer-se ao Juiz a suspensão do feito por até 6 meses para encaminhamento ao Mediador escolhido pelas partes – art. 313, II e § 4º CPC e art. 16 Lei 13.140/15.

Em decorrência do Poder Judiciário possuir uma demanda muita alta de processos, infelizmente é limitada a possibilidade de utilizar-se esta técnica no processo, por meio de mediador do próprio Tribunal, isto porque o TJ não dispõe nem de tempo nem de mediadores suficientes para promoverem adequadamente a mediação, já que a mediação requer diversas sessões, diferentemente da conciliação, que se restringe a 1 sessão, ou no máximo uma 2ª sessão em continuidade a anterior (que não é a regra).

Por tal razão, se mostra mais frutífero que as partes acordem em suspender o processo e levar o conflito para uma Mediação particular, onde o Mediador é escolhido pelas partes, como preveem o artigo 313, II e § 4º CPC e artigo 16 da Lei 13.140/15.

A título de conhecimento, na Mediação utiliza-se a "Técnica Caucus", prevista no art. 19 Lei 13.140/2015, nesta técnica o Mediador, ao reunir-se com as partes, entendendo ser mais adequada a aplicação da técnica, realiza a reunião com as partes de forma individual, assim consegue manter uma relação mais próxima e confiável, a fim de entender com profundidade o problema apresentado.

Alguns CEJUSC's utilizam a "Técnica Caucus" na Sessão de Conciliação, como uma forma híbrida, de modo que o Conciliador, entendendo ser necessária a aproximação com as partes, sugere realizar reuniões individuais com cada parte, e após em conjunto, de modo a propiciar uma solução consensual. Não há qualquer impedimento da utilização da técnica própria da Mediação, na Conciliação, pois temos a possibilidade de comunhão de técnicas entre as duas formas de MASC's.

3. A arbitragem

Dentre os temas que circundam a composição consensual de um conflito, muitas vezes pode-se entender que a Arbitragem também faz parte deste universo.

No sistema multiportas, a arbitragem é mais uma via pela qual as partes podem resolver seu conflito, no entanto, conforme se observa do artigo 1º da Lei 9.307/1996 – Lei da Arbitragem, temos que "as pessoas capazes de contratar poderão valer-se da arbitragem para dirimir litígios relativos a direitos patrimoniais disponíveis.".

Ao se analisar referido dispositivo legal, verifica-se que a arbitragem não se insere no rol de métodos alternativos de solução de conflitos, uma vez que para ser considerado um MASC, o ponto central é a possibilidade de solução consensual do conflito pelas próprias partes, por seu turno, na arbitragem, as partes levam o seu conflito para que o árbitro solucione o conflito para elas, aplicando ao caso a sentença arbitral com o mesmo efeito de sentença judicial, sendo, portanto, um título executivo, sem qualquer interferência das partes, tal qual vemos no processo judicial, onde o juiz resolverá a demanda.

Outro ponto importante na questão da arbitragem, é que esta somente pode dispor sobre litígios envolvendo direitos patrimoniais disponíveis, sendo que na esfera familiar, como um divórcio, não trata-se apenas e tão somente sobre o patrimônio do casal, mas também sobre questões afetas ao direito da personalidade que são direitos indisponíveis. Nem se fale de questões envolvendo menores, onde somente o Poder Judiciário pode apreciar estas causas, onde o Ministério Público necessariamente intervirá, pois trata-se de interesse de menores.

No entanto, já há o Projeto de Lei nº 4.019/2008, da autoria da Deputada Elcione Barbalho, que prevê a alteração na Lei de Arbitragem, abrindo a possibilidade de que poderá ser submetida a arbitragem casos de divórcio litigioso, desde que o casal não tenha filhos menores, contudo, o PL ainda encontra-se em tramitação.

Portanto, entendemos que a arbitragem não inclui-se como uma modalidade de MASC's, diante de suas peculiaridades e semelhanças com o processo judicial.

4. Oficina de pais e filhos ou oficina de parentalidade[3]

Em paralelo com as ferramentas de Conciliação e Mediação, o CNJ junto dos CEJUSC's dos Tribunais do país, criaram a "Oficina de Pais e Filhos" ou "Oficina de Parentalidade".

É um método/ferramenta, oferecido pelo Tribunal de Justiça (TJ) e suas equipes multidisciplinares (psicólogos, assistentes sociais, conciliadores e mediadores), às famílias que estão passando por rupturas e apresentam algum tipo de conflito (divórcio, dissolução de união estável, regulamentação ou revisão de guarda, de regime de convivência, alimentos).

No Tribunal de Justiça de São Paulo, é realizada nos CEJUSC's, geralmente uma vez ao mês, e tem uma duração de 4hs em média. Nestas Oficinas as partes e filhos (não é permitida a participação de filhos menores de 6/7 anos de idade em razão do discernimento), são colocados em salas separadas, nunca as partes estão na mesma sala, sendo o conteúdo o mesmo, no qual os participantes expõem as razões de estarem participando, é apresentado um slide em que auxiliá-los a superarem as rusgas existentes e como terem um tratamento urbano, uma comunicação não violenta, sobretudo em prol dos filhos.

Na apresentação que é passada, são trazidos depoimentos de pessoas, explicando como os desentendimentos entre os pais, enquanto crianças, afetaram elas, inclusive em relacionamentos com outras pessoas. Também e passada uma encenação onde mostra-se o que é uma "comunicação violenta" e como a situação seria com a "comunicação não violenta", de modo a demonstrar como tal atitude afeta os menores envolvidos no conflito. A apresentação é bem comovente e frutífera.

Caso ainda as partes queiram participar de forma online, o CNJ possibilita realizar-se a "Oficina" por meio do seu site, bastando a parte acessar o link[4].

Entendemos que as "Oficinas" são ferramentas, pois tendem a conduzirem para uma solução consensual do conflito.

Podem participar qualquer pessoa que esteja passando por dificuldades familiares que possivelmente levarão a uma ruptura do matrimônio

[3] Disponível em https://www.tjsp.jus.br/Download/Conciliacao/OficinaPaisFilhos/Folder.pdf. Acessado em 23 de setembro de 2023.

[4] CNJ, disponível em <https://www.cnj.jus.br/formacao-e-capacitacao/oficina-de-pais-e-maes-online-2/>. Acessado em 23 de setembro de 2023.

ou União Estável e que posteriormente poderão vir a resolverem consensualmente o conflito na modalidade Pré-Processual ou mesmo em processos já em trâmite, onde, inclusive, pode ser proposto pelos advogados das partes ou pelo próprio Juiz da causa.

5. Constelações familiares

Assim como as "Oficinas de Parentalidade", o Poder Judiciário inseriu em seu âmbito as Constelações Familiares, sendo um método de solução de conflitos, que, conforme o próprio CNJ, tem a "intenção de esclarecer as partes sobre o que há por trás do conflito que gerou o processo judicial e abrir caminhos para a pacificação social.[5]"

É um método que visa restabelecer o contato, o diálogo e as relações entre as partes envolvidas no conflito, por meio da observação e entendimento da ou das causas no universo sistêmico que conduziram as partes ao conflito.

A Constelação Familiar foi criada por Bert Hellinger, um Psicoterapeuta alemão, que percebeu a existência de uma "consciência de clã" ou "grande alma" nas famílias, e esta consciência se norteia pelas "Leis do Amor" ou "3 Leis Sistêmicas", sendo elas:

- Lei do Pertencimento: necessidade de pertencer ao grupo ou clã;
- Lei da Hierarquia: necessidade de hierarquia dentro do grupo ou clã;
- Lei do dar e tomar: necessidade de equilíbrio entre o dar e receber nos relacionamentos. (Pizzatto, 2018, p. 41).

[5] Disponível em < https://www.cnj.jus.br/constelacao-familiar-no-firmamento-da-justica-em-16-estados-e-no-df/>. Acessado em 23 de setembro de 2023.

Bert Hellinger – psicoterapeuta alemão
★ 16 de dezembro de 1925
✞ 19 de setembro de 2019[6]

A partir dos ensinamentos de Bert Hellinger, o Dr. Sami Storch, Juiz de Direito na Comarca de Itabuna/BA, introduziu no Poder Judiciário as "Constelações Familiares", nas quais, por meio da visão sistêmica, tenta-se fazer com que as partes tenham o esclarecimento do que há por trás do conflito, como uma ferramenta para conduzir as partes a solução consensual do conflito.

8

Dr. Sami Storch – Juiz de Direito do Tribunal de Justiça da Bahia. Graduado na Faculdade de Direito da USP. Mestrado em Administração Pública e Governo (EAESP-FGV/SP). Coordenador e docente do curso de "Pós-Graduação Hellingerschule de Direito Sistêmico®" pela Escola Hellinger® (Alemanha) e Faculdade Innovare (São Paulo). Autor do blog Direito Sistêmico®. **Pioneiro na aplicação da Constelação Familiar no sistema judiciário e autor da expressão e do uso do "Direito Sistêmico®" no meio jurídico. (Site: https://direitosistemico.com.br/sami-storch/)**[7]

[6] Disponível em <https://pt.wikipedia.org/wiki/Bert_Hellinger>. Acessado em 15 de junho de 2023.

[7] Disponível em <https://direitosistemico.com.br/sami-storch/>. Acessado em 15 de junho de 2023.

Quanto a metodologia das "Constelações Familiares" no âmbito do Poder Judiciário, podemos assim descrever: as partes ou uma das partes, são convidadas para participarem da "Constelação Familiar". Na sessão, participam diversos voluntários a convite da equipe organizadora, inclusive a equipe multidisciplinar do TJ e advogados, ressalta-se que as partes podem ou não constelar, podendo apenas olhar de fora. A parte em que se encontra no conflito escolhe, dentre os presentes, quem estes representarão, e após isso passa-se a recriação do conflito para que a parte possa ver de outra forma e com outros olhos todos os problemas que circundam o problema central judicializado.

Percebe-se que em grande parte dos casos, as relações conflituosas passam a gradativamente deixarem de sê-lo, possibilitando assim, a solução consensual do conflito central. A "Constelação Familiar" tem o intuito de demonstrar para a parte onde os conflitos estão concentrados e com isso, possibilitar uma visão diferenciada, de modo a solucionar o caso.

[8]

[8] Disponível em <https://www.cnj.jus.br/constelacao-pacifica-conflitos-de-familia-no-judiciario/>. Acessado em 23 de setembro de 2023.

[9]

6. Tabelas comparativas

Para facilitar a visualização das diferenças entre Conciliação e Mediação e o papel do advogado em ambas, elaboramos as tabelas abaixo.

6.1. Comparação entre conciliação e mediação

	CONCILIAÇÃO	MEDIAÇÃO
Papel do Terceiro	Terceiro imparcial e independente que pode sugerir soluções para o conflito	Terceiro imparcial, independente, facilitador, não julga e não emite opinião
Tipo	Autocomposição	Autocomposição
Forma de Resolução do Conflito	Extrajudicial e Judicial	Extrajudicial e Judicial
Objeto	Direitos patrimoniais disponíveis e indisponíveis que admitam transação	Direitos patrimoniais disponíveis e indisponíveis que admitam transação
Método de Abordagem do Conflito	Não impositiva	Não impositiva
Relação	Passageira	Contínua
Natureza	Não jurisdicional	Não jurisdicional
Protagonistas	As partes / Conciliador	As partes
Legislação	Arts. 165/175 CPC	Lei 13.140/2015 e arts. 165/172 CPC

[9] Disponível em <https://www.cnj.jus.br/a-busca-pela-paz-com-a-constelacao-familiar-no-tribunal-do-df/>. Acessado em 23 de setembro de 2023.

6.2. O papel e a importância do advogado

	CONCILIAÇÃO	MEDIAÇÃO
Antes	– Cuidado na preparação para a negociação; – Conferir se as partes estão bem representadas; – Atentar-se para a presença das partes corretas que vivenciaram o conflito e que possuem poder de decisão.	– Cuidado na redação da cláusula de mediação; – Cuidado na escolha da câmara; – Cuidado na escolha do Mediador (estilos de prática de mediação); – Cuidado na preparação para a negociação; – Acompanhar assinatura de acordo de confidencialidade; – Conferir se as partes estão bem representadas; – Atentar-se para a presença das partes corretas que vivenciaram o conflito e que possuem poder de decisão.
Durante	– Postura técnica, criativa e colaborativa em prol do interesse do cliente, sem perder a atenção para oportunidades de benefícios mútuos; – Assessorar o cliente na visão da melhor alternativa ao acordo negociado (BATNA) e da zona de possível acordo (ZOPA); – Assessoria técnica legal para se chegar a um bom termo de acordo.	– Postura técnica, criativa e colaborativa em prol do interesse do cliente, sem perder a atenção para oportunidade de benefícios mútuos; – Assessorar o cliente na visão da melhor alternativa ao acordo negociado (BATNA) e da zona de possível acordo (ZOPA); – Assessoria técnica legal para se chegar a um bom termo de acordo.
Depois	– Assessoria na redação do acordo; – Zelar para homologação do acordo.	– Assessoria na redação do acordo; – Zelar para homologação do acordo.

Conclusões

A par da evolução da sociedade, que anseia por resultados mais céleres e frutíferos para a solução de seus conflitos, encontramo-nos em um momento no qual estão sendo mudados paradigmas, antes inimagináveis.

Os conflitos estão sendo vistos de outra forma, com um olhar de dentro para fora, colocando as partes em destaque e como protagonistas das soluções de seus próprios conflitos.

O Poder Judiciário, afogado em processos, viu neste anseio da sociedade a oportunidade de rever seus conceitos e adotar Métodos Alternativos de Solução de Conflitos, os quais estão sendo utilizados tanto para encerrar litígios há anos judicializados, quanto para os novos conflitos que surgem das relações interpessoais.

Os MASC's, velhas novidades que surgiram para solucionar consensualmente os conflitos, se mostram frutíferas, pois colocam as partes em destaque como solucionadoras de seus conflitos, sendo auxiliadas por profissionais colocados à disposição pelo Poder Judiciário, que tem como sua prioridade atual a solução consensual, beneficiando o cidadão que resolve o seu conflito consensualmente, seja por meio de isenções de custas e despesas processuais (CEJUSC Pré-Processual), seja por disponibilização de ferramentas que os auxiliam a chegarem a uma solução consensual (Oficinas de Pais e Filhos e Constelações Familiares).

Os MASC's vieram para ficar e são métodos importantes para a resolução de conflitos.

Referências

CNJ. Constelações Familiares. Disponível em < https://www.cnj.jus.br/constelacao-familiar-no-firmamento-da-justica-em-16-estados-e-no-df/>. Acessado em 23 de setembro de 2023.

CNJ. Constelações Familiares. Disponível em <https://www.cnj.jus.br/constelacao-pacifica-conflitos-de-familia-no-judiciario/>. Acessado em 23 de setembro de 2023.

CNJ. Constelações Familiares. Disponível em <https://www.cnj.jus.br/a-busca-pela-paz-com-a-constelacao-familiar-no-tribunal-do-df/>. Acessado em 23 de setembro de 2023.

CNJ. Acesso para Oficina de Pais e Filhos on-line. Disponível em: <https://www.cnj.jus.br/formacao-e-capacitacao/oficina-de-pais-e-maes-online-2/>. Acessado em 18 de março de 2023.

CNJ. Prêmio Conciliar é legal 2022. Índices de conciliações em processos. Disponível em: < https://painel-conciliacao.stg.cloud.cnj.jus.br/>. Acessado em 19 de março de 2023.

Código Civil – Lei 10.406/2002.

Código de Processo Civil – Lei 13.105/2015.

Lei da Arbitragem – Lei nº 9.307/1996

Lei da Mediação – Lei 13.140/15

PIZZATTO, Bianca. Constelações familiares na advocacia: uma prática humanizada. 2. ed. ver. e ampl. Joinville, SC: Manuscritos Editora, 2018.

Projeto de Lei 4.019/2008 – Câmara dos Deputados. Disponível em: <https://www.camara.leg.br/proposicoesWeb/fichadetramitacao?idProposicao=409024>. Acessado em 19 de março de 2023.

STORCH, Sami. Blog Direito Sistêmico. Disponível em: <https://direitosistemico.com.br/sami-storch/>. Acessado em 15 de junho de 2023.

TARTUCE, Fernanda. Processo civil no direito de família: teoria e prática / Fernanda Tartuce. – 3. ed. – Rio de Janeiro: Forense, São Paulo: Método, 2018.

TJSP. Disponível em: <https://www.tjsp.jus.br/Download/Portal/Conciliacao/Conciliacao/MaterialDivulgacao/Logo-CEJUSC.png>. Acessado em 23 de setembro de 2023.

TJSP, Disponível em <https://www.tjsp.jus.br/Download/Conciliacao/OficinaPaisFilhos/Folder.pdf>. Acessado em 23 de setembro de 2023.

WIKIPEDIA. Biografia de Bert Hellinger. Disponível em: < https://pt.wikipedia.org/wiki/Bert_Hellinger>. Acessado em 15 de junho de 2023.

6
SISTEMA MULTIPORTAS E A AMPLIAÇÃO DA LIBERDADE DAS PARTES NA ESCOLHA DO MÉTODO MAIS ADEQUADO À RESOLUÇÃO DO CONFLITO

Priscila Telio Bonilha

Introdução

Na busca por uma sociedade mais harmoniosa e justa, os meios consensuais de solução de conflito desempenham um papel fundamental. Em contraste com os métodos tradicionais, essa abordagem incentiva maior autonomia e liberdade às partes envolvidas na busca por soluções mutuamente satisfatórias.

Tanto assim que o artigo 3º do Código de Processo Civil (Lei nº 13.105, de 16 de março de 2015) (BRASIL, 2015) determina que os métodos adequados de resolução de conflitos devem ser estimulados por todos os atores processuais: "A conciliação, a mediação e outros métodos de solução consensual de conflitos deverão ser estimulados por juízes, advogados, defensores públicos e membros do Ministério Público, inclusive no curso do processo judicial".

A intenção aqui não é a de esgotar o tema, que é extremamente vasto, mas de trazer um estudo sobre o sistema multiportas e como tal sistema pode ser fundamental para permitir maior liberdade às partes para que escolham a forma de solução de conflito que mais de adeque à sua necessidade e, ao final, traga maior satisfação e efetividade ao Direito.

Espera-se que este trabalho possa contribuir, ainda que parcialmente, para que haja uma melhor compreensão acerca deste tema tão atual que é o sistema multiportas e como esse sistema pode ser fundamental para ampliar o acesso à Justiça.

1. Sistema multiportas: conceito e tipos

Antes mesmo do Código de Processo Civil de 2015, o Conselho Nacional de Justiça (CNJ), buscando modificar o tratamento da solução de litígios, editou a Resolução nº 125/2010, que possibilita a todos o direito à solução de conflitos por meios apropriados. Nessa oportunidade, o CNJ determinou que os Tribunais criassem os centros judiciários de solução de conflitos e cidadania (CEJUSCS), para que realizassem sessões de conciliação.

Nesta sistemática, em que sempre haveria um ganhador e um perdedor nas demandas entre as partes, é que em nosso ordenamento jurídico buscou meios alternativos de conflitos. Isto porque, tanto a conciliação como a mediação são prática habituais de resolução de conflitos que se verifica a aplicabilidade desde a mais remota antiguidade.

Ambas possuem caráter alternativo, ou seja, pode-se optar pela sua utilização tanto em fase pré-processual ou quando há processo judicial em curso.

Referidos meios alternativos de resolução de conflitos não estão intimamente ligados com à manifestação coativa do Poder Público, mas sim, são as partes envolvidas no conflito que possuem (ou, ainda, detém) legitimidade para utilizar referidas ferramentas para a solução das controvérsias.

Vê-se, portanto, que culturalmente há a busca do Poder Judiciário para a solução de todas as controvérsias, ou seja, imiscuída no âmago do nosso ordenamento jurídico o comum é o litígio e não a solução da controvérsia por meio de modos alternativos, como a conciliação e a mediação.

Em seguida, o Código de Processo Civil, no artigo 3º (BRASIL, 2015), com o mesmo espírito da referida Resolução nº 125/2010 do CNJ, determinou o seguinte:

> Art. 3º Não se excluirá da apreciação jurisdicional ameaça ou lesão a direito.
>
> § 1º É permitida a arbitragem, na forma da lei.
>
> § 2º O Estado promoverá, sempre que possível, a solução consensual dos conflitos.
>
> § 3º A conciliação, a mediação e outros métodos de solução consensual de conflitos deverão ser estimulados por juízes, advogados, defensores públicos e membros do Ministério Público, inclusive no curso do processo judicial.

Em resumo, o referido dispositivo legal determina que o Estado promoverá, sempre que possível, a solução consensual dos conflitos.

É nesse contexto que surge o sistema multiportas, que nada mais é do que um leque de opções de solução de conflitos, como a negociação, mediação, arbitragem e até mesmo o processo judicial. Segundo Nogueira e Nogueira (2018, s.p.):

> A compreensão de um Tribunal Multiportas está relacionada com a ideia de que há várias maneiras de solucionar uma disputa a partir da aplicação do meio mais adequado, não ocasionalmente, imperiosamente, o acionamento da atividade adjudicatória estatal.

O sistema multiportas permite, portanto, que as partes tenham a oportunidade de solucionar o conflito da forma que melhor se adapte às suas necessidades. Nesse sentido, Didier Junior (2018, p. 38) entende que:

> A Justiça tradicional não detém a exclusividade para resolver as controvérsias. Além, desse modelo descrito como porta única, manifestam-se outras modalidades de acesso à justiça, ou seja, ela se transforma em justiça multiportas.

A adequação do sistema processual brasileiro aos princípios e garantias da Carta Maior é, certamente, uma das mais relevantes inovações do Código de Processo Civil de 2015. Buscando harmonizar-se às normas constitucionais – sobretudo aos princípios do amplo acesso à justiça, da razoável duração do processo, da eficiência e do contraditório -, o novo CPC alinha-se ao moderno conceito de Justiça Multiportas. Para além da via tradicional do processo judicial, o diploma estimula a utilização de métodos de solução consensual de conflitos, como a conciliação e a mediação, bem como reconhece a arbitragem como método válido de jurisdição.

Conforme explica Cunha (2016, p. 637):

> [...] a expressão multiportas decorre de uma metáfora: seria como se houvesse, no átrio do fórum, várias portas; a depender do problema apresentado, as partes seriam encaminhadas para a porta da mediação, ou da conciliação, ou da arbitragem, ou da própria justiça estatal.

A ideia central do sistema multiportas é promover a eficiência e a efetividade na resolução de conflitos, considerando a diversidade de interesses, valores, culturas e complexidade das disputas. Assim, as partes têm a liberdade e a oportunidade de selecionar o método que melhor se encaixar dentro de suas necessidades e preferências.

Destacam-se os seguintes métodos disponíveis no sistema multiportas.

1. Negociação;
2. Conciliação;
3. Mediação;
4. Arbitragem;
5. Justiça Restaurativa;
6. Processo Judicial.

Nos próximos capítulos, este artigo trará os conceitos dos diferentes métodos de solução de conflitos.

1.1. Conceito de negociação

A negociação é um processo pelo qual duas ou mais partes tentam chegar a um acordo sobre determinado assunto, normalmente por meio de um diálogo. Esse método valoriza a comunicação, que pode ser entre as próprias partes ou com o auxílio de um terceiro.

A negociação é a forma mais simples e rápida de solução de conflitos, visando à obtenção de um acordo que atenda ao interesse de ambas as partes.

1.2. Conceito de conciliação

A conciliação é mais uma das formas de resolução consensual de conflitos. Nesse caso, um terceiro (conciliador) auxilia as partes na busca da solução do conflito. O objetivo principal da conciliação é o acordo, podendo ser antes do processo (extrajudicial) ou mesmo ser realizada quando já há demanda instaurada, a qualquer momento.

Importante destacar que a conciliação não implica renunciar aos direitos, mas sim a realização de um acordo por meio de concessões mútuas. No caso de conciliação judicial, o juiz ou conciliador normalmente explica para as partes as vantagens de resolver o litígio de forma amigável e, se obtida a conciliação, o juiz procede à homologação do acordo, de acordo com o artigo 449 do Código de Processo Civil.

Porém, caso haja conciliação antes do processo (pré-processual), não se faz necessária a homologação pelo juiz.

Importante destacar que a Constituição Federal, no artigo 98, inciso I, quando definiu a instituição de juizados especiais providos por juízes togados, leigos e conciliadores que fossem competentes para a conciliação, de certa forma abriu perspectivas para que a conciliação fosse considerada um meio alternativo de solução de conflitos.

Em resumo, a conciliação é um método consensual de resolução de conflitos que busca promover a comunicação, o diálogo e a busca de soluções mutuamente satisfatórias. Esse meio visa a eficiência, economia de tempo e de recursos e, principalmente, à preservação do relacionamento entre as partes envolvidas.

1.3. Conceito de mediação e sua diferença com a conciliação

Segundo o Portal do CNJ (BRASIL, s.d.):

> A Mediação é uma forma de solução de conflitos na qual uma terceira pessoa, neutra e imparcial, facilita o diálogo entre as partes, para que elas construam, com autonomia e solidariedade, a melhor solução para o conflito. Em regra, é utilizada em conflitos multidimensionais ou complexos.

A mediação é um procedimento estruturado, não tem um prazo definido e pode terminar ou não em acordo, pois as partes têm autonomia para buscar soluções que compatibilizem seus interesses e necessidades.

Por sua vez, a Conciliação é um método utilizado em conflitos mais simples, ou restrito, no qual o terceiro facilitador pode adotar uma posição mais ativa, porém, neutra com relação ao conflito e imparcial. É um processo consensual breve, que busca uma efetiva harmonização social e a restauração, dentro dos limites possíveis, da relação social das partes.

As duas técnicas são norteadas por princípios como informalidade, simplicidade, economia processual, celeridade, oralidade e flexibilidade processual.

Os mediadores e conciliadores atuam de acordo com princípios fundamentais, estabelecidos na Resolução nº 125/2010: confidencialidade, decisão informada, competência, imparcialidade, independência e autonomia, respeito à ordem pública e às leis vigentes, empoderamento e validação.

Segundo o conceito do Portal do CNJ, mediação é uma forma de solução de conflitos na qual uma terceira pessoa, neutra e imparcial, facilita o diálogo entre as partes, para que elas construam, com autonomia e solidariedade, a melhor solução para o conflito. Em regra, é utilizada em conflitos multidimensionais ou complexos.

1.3.1. Modelos de mediação

Os modelos de mediação são internacionais e, por vezes, influenciam o Brasil. Dentre os modelos mais utilizados em âmbito internacional, encontram-se o modelo tradicional de Harvard, também chamado de facilitativo, o modelo transformativo de Bush e Folger, o modelo circular-narrativo da Professora Sara Colber e, por fim, o modelo avaliativo.

O modelo facilitativo, segundo Cahali (2018, p. 105):

> É aquele utilizado para negociação cooperativa. O mediador, enquanto facilitador do diálogo procura separar as pessoas do problema. O mediador distingue a posição, do interesse das partes, centrando o foco neste último. Nesse caso, estimula-se a avaliação objetiva da situação, buscando soluções criativas em benefício mútuo.

Os seguidores desse modelo tendem a encarar o conflito como um obstáculo e interpretam a mediação como um processo orientado na perspectiva da resolução dos problemas, visando ao acordo entre as partes. Esse modelo tem como objetivo fomentar o diálogo e a negociação entre as partes, o mediador incentiva a elaboração de propostas pelas próprias partes.

O modelo transformativo foi idealizado pelos professores Robert Bush e Joseph Folger. Esse modelo tem como característica principal a ideia de que ele não visa necessariamente a um acordo, mas transformar a consciência das partes, contribuindo para a legitimação e reconhecimento entre elas, estimulando sua valorização enquanto pessoas. Cahali (2018, p. 65) prossegue ensinando sobre esse modelo:

> [...] a meta será a transformação das pessoas no sentido de conscientização e respeito da posição do outro. E, assim, haverá uma alteração natural da qualidade das relações entre os mediandos [...] o mediador estimula a participação ativa das partes, reconstruindo interpretações que contemplem seus valores, pontos de vista e condutas.

Nesse caso, a composição não é o objeto principal do processo de mediação, mas sim uma possibilidade; a prática não é orientada para acordos, mas para transformação. O modelo transformativo tem como fundamento a comunicação, voltada à busca da restauração das relações entre as partes. Esse é considerado o modelo mais completo de todos.

O modelo narrativo foi desenvolvido pela professora Sara Colbb com o objetivo de fazer com que as partes tenham uma visão sistêmica, ou seja, com foco nas pessoas e nas circunstâncias que as envolvem. O foco está tanto nas relações entre as partes como na obtenção de um acordo. O modelo é chamado de narrativo, pois a base é a comunicação entre as partes.

Ainda, para Cahali (2018, p. 66), a comunicação nesse modelo é fundamental, pois:

> [...] provoca nas partes a análise do conflito, identificando as diferentes versões para o mesmo aspecto, daí a ideia de circular, no sentido de gravitar em torno de um ponto, porém com olhares distintos. O adversário por vezes pode trazer à tona essa nova visão, construindo uma narrativa alternativa a partir das intervenções do mediador.

Por fim, o modelo avaliativo é aquele em que o mediador, depois de seguir todas as etapas, sem intervir no mérito do conflito, procurando soluções oriundas das propostas dos interessados e na impossibilidade de alcançá-la, oferece ao final sua opinião sobre o caso com objetivo de facilitar o acordo. Esse modelo não é muito utilizado no Brasil.

No Brasil, como cada modelo tem sua particularidade, pode o mediador, inclusive, mesclar as referidas técnicas de acordo com a situação e com o perfil das partes.

1.4. Conceito de arbitragem

Conforme descreve Carmona (2004, pp. 51-53), arbitragem pode ser definida da seguinte forma:

> [...] o meio alternativo de solução de controvérsias através da intervenção de uma ou mais pessoas que recebem seus poderes de uma convenção privada, decidindo com base nela, sem intervenção estatal, sendo a decisão destinada a assumir a mesma eficácia da sentença judicial, e é colocada à disposição de quem quer que seja, para solução de conflitos relativos a direitos patrimoniais acerca dos quais os litigantes possam dispor.

A arbitragem, portanto, é um método consensual de resolução de conflitos em que as partes envolvidas em uma disputa concordam em submeter sua controvérsia a um ou mais árbitros, que são escolhidos pelas próprias partes ou por uma instituição especializada em arbitragem. Os árbitros têm o poder de proferir uma decisão final, a sentença arbitral.

A arbitragem tem vários aspectos diferentes em relação ao processo judicial. Um deles é a escolha dos árbitros, que normalmente são especialistas na área do conflito a ser tratado entre as partes. A arbitragem permite, portanto, que as partes escolham um julgamento realizado por profissional com conhecimento técnico. Além disso, as partes têm mais liberdade para definir as regras do procedimento arbitral.

Além disso, a arbitragem, ao contrário dos processos judiciais que são públicos, é confidencial, pois realizada em ambiente privado.

A sentença arbitral possui força de título executivo, ou seja, a sentença pode ser reconhecida e executada pelos tribunais competentes.

Importante trazer o conceito de Carnelutti (1997, p. 115) sobre arbitragem:

> É um equivalente jurisdicional, pois partindo-se do pressuposto de que a jurisdição e monopólio estatal, reconhece-se ao juízo arbitral apenas semelhança com o método exercido pelo Estado para solução de conflitos.

Concluindo, a arbitragem é um método consensual de resolução de conflitos que oferece às partes uma alternativa ao sistema judicial. Com suas características de especialização, flexibilidade, confidencialidade e força executiva, a arbitragem tem se mostrado uma boa alternativa para quem busca resolver os conflitos de forma mais eficiente às suas necessidades.

2. Justiça restaurativa

Segundo o Portal do Conselho Nacional de Justiça (BRASIL, s,d.2), a Justiça Restaurativa é um conjunto ordenado e sistêmico de princípios, métodos, técnicas e atividades próprias, que visa à conscientização sobre os fatores relacionais, institucionais e sociais motivadores de conflitos e violência, e por meio do qual os conflitos que geram dano, concreto ou abstrato são solucionados de modo estruturado.

A Política Pública Nacional de Justiça Restaurativa no âmbito do Poder Judiciário está delineada na Resolução CNJ nº 225/2016 e tem por objetivo a consolidação da identidade e da qualidade da Justiça Restaurativa definidas na normativa, a fim de que não seja desvirtuada ou banalizada.

Pela leitura da referida resolução, o que se busca é a pacificação das relações sociais, que em casos específicos pode ser mais efetiva do que uma decisão judicial.

No Tribunal de Justiça do Distrito Federal se discutiu a aplicação da referida resolução na palestra "A experiência americana na Justiça Restaurativa" publicado em 2019, a Justiça Restaurativa é um método que busca, quando possível e apropriado, realizar o encontro entre vítima e ofensor, assim como eventuais terceiros envolvidos no crime ou no resultado dele, com o objetivo de fazer com que a vítima possa superar o trauma que sofreu e responsabilizar o ofensor pelo crime que praticou.

A justiça restaurativa, portanto, é uma abordagem alternativa à justiça criminal tradicional que se concentra na reparação do dano causado pelo crime, na reconciliação entre as partes e a reintegração do acusado à sociedade. Ao contrário do sistema tradicional punitivo, a justiça restaurativa busca solucionar o conflito de forma mais colaborativa.

A justiça restaurativa envolve a participação ativa de todos os envolvidos no crime em que, ao invés de impor uma punição ao autor do crime, promove a responsabilização, o arrependimento e o reparo dos danos causados, e isso poderá ser feito por meio de diálogos ou conferências familiares.

Contudo, destaca-se que a justiça restaurativa não substitui de forma completa o sistema criminal tradicional, pois nos casos que envolvem crimes de maior gravidade, mister a aplicação da lei e responsabilização tradicional.

Assim, a justiça restaurativa é vista como uma abordagem complementar, que pode ser utilizada em conjunto com as medidas tradicionais de justiça, como objetivo de promover uma solução mais satisfatória dos conflitos.

2.1. Justiça restaurativa no âmbito do direito de família

Como dito no tópico anterior, a justiça restaurativa é um modelo alternativo de solução de conflitos utilizado principalmente na justiça criminal, para que possibilite a reparação dos danos causados, com a restauração das relações entre as partes envolvidas.

Contudo, embora seja mais comum a sua utilização da justiça restaurativa no âmbito do Direito Penal, a justiça restaurativa pode ser utilizada no âmbito do Direito de Família, principalmente nos casos de violência doméstica.

Nesse caso, a justiça restaurativa pode apresentar uma abordagem complementar, oferecendo a oportunidade às partes, por meio do diálogo, encontrarem soluções pacíficas para a resolução do conflito, evitando outros episódios de violência. Nesse caso, é importante que todo o processo seja conduzido por profissionais especializados, tais como, psicólogos, assistentes sociais e profissionais do Direito, para a garantia do bem-estar das partes e, principalmente, a segurança da vítima.

É bom ressaltar que o âmbito judicial, por si só, já traz um desgaste às partes, mas no Direito de Família isso piora para a vítima de violência doméstica, que terá que aguardar audiências, na presença apenas do juiz e advogados, presenciando a oitiva de testemunhas e outras formalidades que o processo judicial impõe.

Assim, a justiça restaurativa aparece como uma boa alternativa para essas situações. Sobre isso, importante destacar a posição de Silveira (2005, s.d.):

> É necessário levar em conta o contexto dos conflitos que envolvem relações familiares, em sua maioria, rodeados por elementos subjetivos, relacionados a emoções, sentimentos dos indivíduos. Igualmente, faz-se necessário ressaltar a constatação de que há um grande movimento de migração desses conflitos familiares a justiça, que em seu modelo clássico, acaba por promover o rompimento dos laços afetivos, não cumprindo com a finalidade pretendida quanto a prestação jurisdicional no âmbito familiar, que prioritariamente, deve ser a de preservar a unidade da família, bem como de seus integrantes.

Assim, entende-se que a justiça restaurativa pode ser importante na solução do conflito no direito de família, em especial em casos de violência doméstica, mas desde que acompanhada por profissionais especializados, priorizando a segurança e bem-estar da vítima.

2.1.1. Constelação familiar

Além da aplicação da justiça restaurativa no âmbito do Direito de Família, a constelação familiar pode ser vista como alternativa ao processo judicial. Importante trazer a definição de constelação familiar:

> A constelação é uma forma de representação na qual há interação entre os participantes, que são representantes, por meio de movimentos, na busca da leitura dos sentimentos envolvidos na questão apresentada. Pode-se ocorrer

individualmente, onde a representação ocorre por meio de bonecos, ou, em grupo. (Barros, 2020)

A constelação familiar é, portanto, uma espécie de terapia que busca compreender a dinâmica em sistema familiares, para que as partes tentem solucionar conflitos ou mesmo problemas emocionais.

Apesar de a constelação familiar não ser uma prática jurídica, entende-se que pode ser aplicado no Direito de Família para auxiliar a resolução dos conflitos, para ajudar as partes a resolver situações comportamentais que estejam influenciando de forma negativa nas relações familiares.

O facilitador, ao utilizar a constelação familiar no âmbito do direito de família, conduz as sessões com as partes envolvidas (membros da família) para visualizar um caminho alternativo para a solução dos conflitos.

Contudo, importante destacar que a constelação familiar, diferentemente de outras formas consensuais de resolução de conflitos, não pode substituir por completo o sistema judicial, mas sim ser utilizada como complemento. Isso porque, as sessões podem auxiliar na busca de informações (objetivas e até emocionais), que no futuro podem ajudar na busca de um acordo mais satisfatório e duradouro a todos os envolvidos.

É essencial, também, que a constelação familiar seja utilizada de forma transparente e ética, respeitando a autonomia das partes envolvidas.

Assim, a aplicação da constelação familiar no direito de família pode ser uma boa alternativa como meio alternativo de solução de conflitos, desde que respeitada a autonomia das partes e como complemento da legislação aplicável a esse tema, bem como que seja conduzida por profissionais técnicos e especializados nessa modalidade.

3. Processo judicial

O processo judicial pode ser conceituado como um procedimento legal e formal que ocorre no Poder Judiciário para resolver litígios entre as partes.

Segundo Cintra, Grinover e Dinamarco (2005, p. 286):

> Processo é conceito que transcende ao direito processual. Sendo instrumento para o legítimo exercício do poder, ele está presente em todas as atividades estatais (processo administrativo, legislativo) e mesmo não-estatais (processos disciplinares dos partidos políticos ou associações, processos das sociedades mercantis para aumento de capital etc.).

O processo judicial é regido por uma série de princípios e normas que estabelecem os direitos e garantias das partes envolvidas, além dos procedimentos a serem seguidos. Seguem algumas características importantes do processo judicial: (i) devido processo legal; (ii) contraditório e ampla defesa; (iii) acesso à justiça; (iv) julgamento por autoridade competente e imparcial; (v) publicidade e transparência e (vi) princípio da celeridade.

É importante ressaltar que o sistema jurídico brasileiro é complexo e diversas outras legislações, além da Constituição Federal e o Código de Processo Civil de 2015, também podem influenciar o processo judicial.

3.1. Dos desafios do processo judicial tradicional

Já dizia Voltaire (2006, s.p.): "Se não souberes ao certo se uma ação proposta é justa ou injusta, abstém-te". E, na mesma obra, mais adiante: "Não é de hoje que se diz que a justiça é frequentemente injusta: *Summus jus, summa injuria* é um dos provérbios mais antigos".

Além da sombra da injustiça, o processo judicial tradicional pode envolver custos significativos e uma quantidade considerável de burocracia. Esses fatores podem tornar a busca pela resolução de conflitos por meio do sistema judicial uma experiência de alto custo e de extrema demora para as partes envolvidas.

Sobre os custos, o processo judicial exige despesas relacionadas a taxas judiciais, honorários advocatícios, eventuais custas com perícias, traduções, dentre outros. No que tange ao tempo, dependerá da complexidade do caso, pois poderá ser rapidamente concluído ou demorar anos e anos para tal. Mas não é só. Além dos custos e tempo, as partes têm que considerar a perda de energia ao longo do processo, porque o processo pode se arrastar por anos, com perícias, audiências, recursos etc., o que traz uma enorme angústia aos envolvidos.

A questão que se coloca é que, principalmente no que tange aos custos, às partes com recursos financeiros limitados, o acesso à Justiça poderá ser dificultado.

A burocracia, muitas vezes, também é um impeditivo ao livre acesso à Justiça, porque o excesso de regras e procedimentos, embora necessários para a garantia da justiça e imparcialidade, também podem resultar em mais angústia às partes.

Assim, o que se propõe é que as partes consigam ter opções à via judicial e o sistema multiportas chega exatamente para a solução desse impasse.

4. Liberdade das partes na escolha da via mais adequada à solução do conflito

Como já abordado neste artigo, o sistema multiportas se refere a uma abordagem alternativa de resolução de conflitos que oferece diferentes opções e vias para resolver disputas, além do processo judicial.

Nesse sistema, as partes têm maior liberdade para buscar soluções que atendam suas necessidades especificas. A ideia principal é reconhecer que nem todas as disputas precisam ser resolvidas por meio de um processo judicial. Ao invés disso, as partes podem escolher diversas "portas", para que haja um caminho melhor a seguir, de acordo com suas preferências.

Como visto, essas diferentes portas incluem métodos alternativos na solução de conflitos, tais como a negociação, conciliação, mediação, arbitragem e, no âmbito criminal, a justiça restaurativa. Cada um desses métodos tem características e procedimentos próprios, mas a premissa comum de todos eles é a busca consensual e cooperativa na solução dos conflitos.

Além disso, no sistema multiportas, as partes possem maior controle sobre a resolução dos conflitos, pois participam ativamente na busca dessa solução, na medida em que expressam seus interesses, necessidades e preocupações, ao contrário da decisão imposta por um juiz.

A liberdade que o sistema multiportas confere às partes possui algumas vantagens, tais como, maior autonomia, flexibilidade, menos formalidade e até agilidade na solução do conflito.

Além das vantagens acima indicadas, o principal benefício da solução atingida com o sistema multiportas é que a resolução do conflito pode ser mais duradoura e satisfatória para as partes, pois foi construída com o diálogo, levando em conta o interesse e necessidade dos envolvidos.

Assim, apesar de não se excluir a possibilidade de se recorrer ao processo judicial, em especial nos casos mais complexos ou quando as partes não conseguem chegar a uma composição, o sistema multiportas apresenta uma alternativa de grande valor, pois contribui para uma cultura de resolução amigável dos conflitos.

Conclusões

O presente estudo pretendeu verificar em qual medida o sistema multiportas pode auxiliar na ampliação da liberdade das partes na busca pela eficaz e duradoura solução do conflito.

Neste estudo, verificou-se que o sistema multiportas reconhece a importância da autonomia das partes e da personalização das soluções, pois oferece diversas opções para a solução dos conflitos.

O sistema multiportas é inovador e promissor para a resolução de conflitos, pois as diversas "portas" oferecem às partes uma forma de solução dos conflitos que melhor atendam suas necessidades específicas, além do que permite às partes ter a oportunidade de se envolver ativamente esse processo de resolução dos conflitos, o que gera maior pacificação, eficiência e rapidez. Além disso, as partes podem buscar soluções mais acessíveis financeiramente.

A ampliação da liberdade de escolha das partes na melhor forma de resolução do conflito, com as diversas opções oferecidas com o inovador sistema multiportas, é um grande avanço na busca da justiça e da harmonia social.

Referências

BARROS, Priscila Soares de. Direito Sistêmico: Um Olhar Sobre as Constelações Familiares. MOS Advocacia e Consultoria. In: **Jusbrasil**, 2020. Disponível em: https://www.jusbrasil.com.br/artigos/direito-sistemico-um-olhar-sobre-as-constelacoes-familiares/869877805. Acesso em: 16 jun. 2023:

BRASIL. **Conselho Nacional de Justiça (CNJ)**. S.d. Disponível em: https://www.cnj.jus.br/. Acesso em: 09 jun. 2023.

BRASIL. Lei nº 13.105, de 16 de março de 2015. **Código de Processo Civil**. Disponível em: https://www.planalto.gov.br/ccivil_03/_ato2015-2018/2015/lei/l13105.htm. Acesso em: 08 jun. 2023.

BRASIL. Conselho Nacional de Justiça (CNJ). S.d.2 **Justiça Restaurativa – Portal CNJ**. Acesso em: 09 jun. 2023.

CARNELUTTI, Francesco. **Instituciones del processo civil**. vol.I, trad. Esp.de Santiago Sentis Melendo, Buenos Aires: El Foro, 1997.

CARMONA, Carlos Alberto. **A Arbitragem e Processo**: São Paulo, Ed. Malheiros, 1998.

CAHALI, Jose Francisco. **Curso de Arbitragem**: Mediação e Conciliação: Tribunal Multiportas, Editora Revista dos Tribunais, 2018.

CINTRA, A. C. A.; GRINOVER, A. P.; DINAMARCO, C.R. **Teoria Geral do Processo**. 21. ed. São Paulo: Editora Malheiros, 2005.

CUNHA, Leonardo Carneiro da. **A Fazenda Pública em Juízo**. 13. ed. Rio de Janeiro: Forense, 2016.

DIDIER JR., Fredie. **Curso de Direito Processual Civil**: Introdução ao Direito Processual Civil, Parte Geral e Processo do Conhecimento. 19. ed. Salvador: JusPodivm, 2018.

NOGUEIRA, Gustavo Santana; NOGUEIRA, Suzane de Almeida Pimentel. O sistema de múltiplas portas e o acesso à justiça no Brasil: perspectivas a partir do novo código de processo civil. In: ALVIM, Teresa Arruda. (Coord.). **Revista de Processo**, São Paulo, ano 43, v. 276, fev. 2018.

SILVEIRA, Simone de Biazzi Ávila Batista da. **Considerações sobre os conflitos familiares e a mediação como proposta**. Rio Grande: Juris, 2005. Disponível em: http://www.repositorio.furg.br/bitstream/handle/1/5321. Acesso em: 16 jun. 2023.

VOLTAIRE. **O Preço da Justiça**. 2. ed. São Paulo: Martins Fontes, 2006.

7
CITAÇÃO ELETRÔNICA EM DEMANDAS FAMILIARES[1]

FERNANDA TARTUCE

1. Relevância do tema

Uma pergunta vem agitando o meio jurídico contencioso: é possível haver citação eletrônica no processo civil brasileiro atual?

São fenômenos recentes que vêm influenciando o modo como as pessoas se comunicam entre si, com órgãos do governo, com empresas e outras organizações sociais: 1. a ampliação do acesso à internet; 2. o aumento da parcela da população que usa telefonia móvel e tem pelo menos um aparelho celular; 3. O barateamento do uso de dados móveis; 4. a popularização de aplicativos de mensagens (como o WhatsApp) (TARTUCE, Fernanda. BERGAMASCHI, 2021).

Nesse cenário, aplicativos de mensagens foram posicionados no centro de discussões sobre pontos centrais da democracia ocidental - como eleições e credibilidade jornalística -, causando indagações válidas sobre a influência que a ampliação do uso desses meios de comunicação exerce sobre diversas áreas.

Como se não bastassem tais questionamentos, foi publicada em 26/08/2021 a Lei nº 14.195: dentre diversos dispositivos sobre direito empresarial, ela institui que a regra de citação deixa de ser a via postal para ser considerado padrão o envio ao endereço eletrônico da parte.

[1] O tema aqui desenvolvido integra outros escritos da autora: o artigo "Divórcio liminar e citação eletrônica: destaques relevantes" (aceito para publicação na Revista do IBDFAM – Instituto Brasileiro de Direito de Família) e a 7ª edição do livro "*Processo Civil no Direito de Família: teoria e prática*" (7ª ed. SP: Ed. Método, 2023).

2. Virtualização crescente no Processo Civil brasileiro

Fenômenos recentes vêm influenciando decisivamente o modo como as pessoas se comunicam, merecendo destaque: a) a ampliação do acesso à internet; b) o aumento da parcela da população que usa telefonia móvel e tem pelo menos um aparelho celular; c) o barateamento do uso de dados móveis; d) a popularização de aplicativos de mensagens (como o WhatsApp). (Tartuce, Fernanda; Bergamaschi, 2021).

Apesar de tal realidade alcançar muita gente, um número considerável de pessoas ainda não consegue se conectar: uma parcela considerável da população brasileira[2] permanece sem acesso à internet, ou então a tem em quantidade insuficiente para fazer dos meios digitais os mecanismos majoritariamente utilizados em suas atividades diárias.

Diante da lamentável ocorrência da exclusão digital, muitas dificuldades poderão se impor não só à pessoa desprovida de computador e aparatos adjacentes, como também a quem, apesar de dispor desses equipamentos, revela dificuldade de os manejar.

Apesar dessa realidade, o processo civil brasileiro vem incorporando meios eletrônicos para a prática de atos processuais nas últimas duas décadas. O marco mais relevante desse movimento foi a Lei nº 11.419 (Lei da Informatização do Processo), primeiro diploma legal a prever, em 2006, o processo judicial informatizado e a comunicação eletrônica de atos processuais. A ideia de que toda comunicação processual possa ser realizada digitalmente visa eliminar dificuldades e formalidades que, muitas vezes, dificultam a prestação jurisdicional tanto em termos de manifestação das partes (por seus advogados/defensores) como em relação à comunicação interna entre os órgãos do Poder Judiciário (Tartuce, Fernanda; Dellore, 2023, p. 195).

[2] Em abril de 2020, o Instituto Brasileiro de Geografia e Estatística (IBGE) publicou a Pesquisa Nacional por Amostra de Domicílios Contínua – Tecnologia da Informação e Comunicação (Pnad Contínua TIC) com os dados consolidados do último trimestre de 2018: 25,3% da população brasileira não tem acesso à internet – em números absolutos, isso representa cerca de 46 milhões pessoas. A falta de acesso em áreas rurais chega a 53,5% e em áreas urbanas a 20,6%. Além de obstáculos ligados à vulnerabilidade econômica, há sérios problemas de infraestrutura: ainda que consumidores queiram contratar o serviço de internet, ele não está disponível em muitas regiões do país – na Região Norte, por exemplo, a porcentagem de desconectados chega a 13,8% (Tokarnia, Mariana. Um em cada 4 brasileiros não tem acesso à internet, mostra pesquisa. Agência Brasil. 2020. Disponível em: https://agenciabrasil.ebc.com.br/economia/noticia/2020-04/um-em-cada-quatro-brasileiros-nao-tem-acesso-internet. Acesso 06 set.2021).

Recentemente, a Lei nº 14.195/2021 alterou o CPC para que este passasse a prever a possibilidade de citação por meio do envio do teor a ser comunicado ao endereço eletrônico da pessoa a ser citada.

De todo modo, além dos meios legalmente previstos de uso da informatização, despontam decisões que discutem a validade de citações e intimações realizadas por meios não previstos em Lei, como as realizadas por meio do aplicativo WhatsApp.

Tais temas, como se demonstrará, despertam consideráveis polêmicas.

3. Utilização de *WhatsApp*: ameaça à citação válida?

A Lei nº 11.419/2006 estabelece, no art. 1º, § 1º sua aplicabilidade, em quaisquer graus de jurisdição, aos processos civil, penal, trabalhista e aos juizados especiais. Os atos processuais devem ser praticados – por exemplo, mediante o envio de petição – contando com a assinatura eletrônica do subscritor. O art. 2º da Lei exige ainda prévio cadastramento do advogado no Poder Judiciário, segundo disciplina editada pelos respectivos órgãos.

Aqui desponta a potencial incompatibilidade dos atos processuais comunicados por *WhatsApp* com o modelo legal brasileiro: a participação das pessoas não poderá ser aferida em termos de assinatura eletrônica[3], elemento reputado como essencial pela lei da informatização.

A Lei nº 11.419/2006 devota especial atenção à "identificação inequívoca" do signatário do ato processual, apenas admitindo duas formas de aferição da identidade: a) mediante cadastro do usuário no Poder Judiciário; b) pelo uso de assinatura digital baseada em certificado digital emitido por Autoridade Certificadora credenciada (art. 1°, §2°, inc. III). A exigência de identificação inequívoca se estende aos atos de comunicação processual (citações, intimações e notificações) previstos na Lei.

Além disso, é problemática a vinculação de empresas privadas, sobretudo quando não credenciadas, às práticas processuais – que são de índole pública. Nos termos do art. 14 da Lei nº 11.419/2006, "os sistemas a serem desenvolvidos pelos órgãos do Poder Judiciário deverão usar, pre-

[3] Lei nº 11.419/2006, art. 1º. § 2 º Para o disposto nesta Lei, considera-se: (...) III assinatura eletrônica as seguintes formas de identificação inequívoca do signatário: a) assinatura digital baseada em certificado digital emitido por Autoridade Certificadora credenciada, na forma de lei específica; b) mediante cadastro de usuário no Poder Judiciário, conforme disciplinado pelos órgãos respectivos.

ferencialmente, programas com código aberto, acessíveis ininterruptamente por meio da rede mundial de computadores, priorizando-se a sua padronização".

Conforme o atual sistema legal, portanto, a informatização do processo passa, necessariamente, pelos ditames da identificação inequívoca e do uso de sistemas que observem o art. 14 da Lei nº 11.419/2006.

É certo que novas diretrizes normativas poderão conduzir à incorporação de diferentes tecnologias no processo eletrônico e dinamizar sua evolução. Afinal, segundo o art. 196 do CPC, compete "ao Conselho Nacional de Justiça e, supletivamente, aos tribunais, regulamentar a prática e a comunicação oficial de atos processuais por meio eletrônico e velar pela compatibilidade dos sistemas, disciplinando a incorporação progressiva de novos avanços tecnológicos e editando, para esse fim, os atos que forem necessários, respeitadas as normas fundamentais" do Código.

Sob o prisma técnico, a abertura excessiva sobre a extensão de tal previsão poderá causar estranhamento, já que a competência para legislar sobre procedimentos é atribuída, pela Constituição Federal, à União. Assim, a competência normativa atribuída ao CNJ e aos tribunais pelo art. 196 do CPC está necessariamente limitada à regulação do uso de novas tecnologias desde que estas atendam às previsões legais sobre comunicação de atos processuais por meio eletrônico.

Tais parâmetros legais são tanto os já mencionados requisitos da Lei nº 11.419/2006 quanto aqueles trazidos pelo CPC no art. 195: "o registro de ato processual eletrônico deverá ser feito em padrões abertos, que atenderão aos requisitos de autenticidade, integridade, temporalidade, não repúdio, conservação e, nos casos que tramitem em segredo de justiça, confidencialidade, observada a infraestrutura de chaves públicas unificada nacionalmente, nos termos da lei". Nessa linha, não parece adequado sustentar que o CNJ e os tribunais poderão dispensar, na regulamentação, qualquer característica exigida pela Lei.

Alterações legais poderiam, em tese, autorizar o uso de tecnologias com características diferentes. De todo modo, enquanto a normatização genérica não vem, alguns tribunais tomaram a dianteira ao criar elementos mínimos para o uso do aplicativo WhatsApp.

Exemplo de tal iniciativa é a Portaria Conjunta nº 67/2016 do Tribunal de Justiça do Distrito Federal. A facultatividade de adesão à intimação por aplicativo de envio de mensagens é expressa no art. 3º; a partir de tal manifestação de vontade, porém, uma série de obrigações é atribuída à parte[4].

Nesse ponto, dificuldades poderão existir na prática. Imagine que uma pessoa idosa, litigante naquele Tribunal, aderiu a tal procedimento de intimação e, algum tempo depois, perdeu o aparelho celular. Na sequência, resolveu adquirir um novo aparelho e mudar o número. Será que ela se lembrará de que precisa imediatamente avisar sobre a mudança ao juízo em que tramita seu processo? A resposta tende a ser negativa. Ao demorar a comunicar a serventia judicial sobre a alteração, ela poderá sofrer consequências negativas por tal fato caso alguma intimação seja enviada nesse ínterim? Infelizmente, sim. (Tartuce, Fernanda, 2023, p. 74).

Vale destacar que a moderna doutrina processualista brasileira sempre compreendeu a citação válida como corolário da garantia constitucional do devido processo legal e de suas derivações diretas, o contraditório e a ampla defesa (art. 5°, LV, da Constituição Federal), entendendo-a ainda como ato essencial para formação da relação jurídica processual entre autor, juiz e réu. (Tartuce, Fernanda, 2023, p. 74).

Como a citação válida é pressuposto de validade do processo a partir do momento em que deveria ter sido realizada, e de eficácia da sentença em face do réu, a pessoa que foi prejudicada em processo que transcorreu sem sua integração pela citação possui amplos meios para deduzir a ocorrência de tal vício. E o vício é de tal gravidade que não se convalidado com o transcurso do tempo. Portanto, embora o uso de WhatsApp possa gerar animação por seus potenciais resultados imediatos, é preciso ter cautela por força de potenciais efeitos comprometedores à higidez processual.

Realizar a citação por aplicativo pode ser profícuo? Para alguns entendedores, sim. Como exemplo, em certa ação de alimentos entendeu-se que

[4] Art. 3º §2º Se houver mudança do número do telefone, o aderente deverá informá-lo de imediato à serventia e assinar novo termo; §3º Ao aderir ao procedimento de intimação por aplicativo de envio de mensagens eletrônicas, o aderente declarará que: I – concorda com os termos da intimação por meio de aplicativo de envio de mensagens eletrônicas; II – possui aplicativo de envio de mensagens eletrônicas instalado em seu celular, tablet ou computador, e que manterá ativa, nas opções de privacidade, a opção de recibo/confirmação de leitura; III – foi informado do número que será utilizado pela serventia judicial para o envio das intimações; V – foi cientificado de que as dúvidas referentes à intimação deverão ser tratadas, exclusivamente, no cartório da serventia que expediu o ato, e que, na hipótese de intimação para comparecimento, deverá dirigir-se às dependências do fórum localizado na respectiva circunscrição judiciária.

a citação via WhatsApp "não constitui, por si só motivo de nulidade processual, já que o réu não comprovou prejuízo e compareceu espontaneamente ao processo". (SÃO PAULO. Tribunal de Justiça, 2021).

O Tribunal de Justiça do Acre (2020) entendeu de forma similar: em uma ação de guarda, a alegada nulidade da citação/intimação por WhatsApp (feita ao arrepio das formalidades necessárias) foi rejeitada porque: 1. restou "incontroverso que o ato citatório/intimatório alcançou sua finalidade ("dar conhecimento inequívoco à parte sobre a decisão); 2. Houve preclusão consumativa porque o réu "não se insurgiu sobre o ponto na primeira oportunidade que teve para falar nos autos".

Apesar de haver casos de sucesso, há também situações em que o uso de WhatsApp foi rechaçado. Em uma demanda investigatória de paternidade, a citação do réu por meio de aplicativo foi indeferida sob o entendimento de que, por se tratar de ação de estado, a citação deve ser pessoal, conforme inteligência dos arts. 247 e 695 do CPC. (SÃO PAULO. Tribunal de Justiça, 2022).

Na mesma linha, em uma ação exoneratória de alimentos a comunicação via WhatsApp foi reputada "informal, em desatenção ao princípio do devido processo legal" pelo Tribunal de Justiça do Paraná (2022a). Este também determinou, em ação de modificação de guarda, a renovação da citação antes formalizada por tal aplicativo de mensagens: como o processo estava em fase inicial e a parte requerida não havia se manifestado nos autos, a renovação do ato foi vista como "medida de cautela" que não importava[5]. (PARANÁ. Tribunal de Justiça, 2022b).

E se a parte ré for analfabeta? Sobre o tema merece destaque decisão do Tribunal de Justiça do Ceará, onde o Provimento n. 10/2020 do TJ prevê, no art. 2.º, autorização para que oficiais de justiça realizem intimação por meio de aplicativo de mensagens "nos casos de risco de contágio ou dificuldade no cumprimento de diligência presencial, reputando-se realizada a cientificação com a confirmação de leitura, aferida pelo ícone correspondente do aplicativo, mediante o envio de resposta ou outro meio idôneo que comprove a ciência da parte da ordem constante do mandado ou ofício".

Pois bem: em uma ação de alimentos houve a citação via WhatsApp de um réu analfabeto – que obviamente não sabia ler nem escrever, além de

[5] TJPR; Rec 0075878-75.2021.8.16.0000; Campina Grande do Sul; Décima Primeira Câmara Cível; Rel. Des. Ruy Muggiati; j. 02.05.2022; DJPR 07.05.2022.

"não possuir o discernimento necessário para entender como o aparato judicial funciona". Consta no voto que, além de não terem sido atendidos os requisitos previstos no Provimento e em precedente do STJ (2021), o recorrente comprovou ser analfabeto e era necessária a leitura do mandado pelo oficial de justiça:

> Assim, embora o réu/apelante não negue ter recebido a mensagem de whatsapp, a sua condição de analfabeto impediu que ele obtivesse real ciência do conteúdo do documento que lhe foi direcionado e da necessidade de constituição de advogado para sua defesa, de modo que a finalidade do ato não restou atingida, configurando-lhe prejuízo de ordem processual, vez que deixou de apresentar contestação, consequentemente sendo decretada sua revelia, além de inexistir fase instrutória e ter sido proferida sentença desfavorável aos seus interesses, malferindo os princípios do contraditório e da ampla defesa. (CEARÁ, Tribunal de Justiça, 2021)

4. Citação mediante envio ao endereço eletrônico (Lei nº 14.195/2021)

A Lei nº 14.195/2021, no capítulo X – intitulado "Da Racionalização Processual" – inseriu novas regras no CPC para priorizar o uso de endereço eletrônico com vistas à citação das partes demandadas.

Fruto da conversão da Medida Provisória (MP) nº 1.040 (que versava sobre temas empresariais), a nova lei promoveu tais inclusões de forma comprometedora. Como as matérias de cunho processual não constavam no texto original da MP e foram integradas ao final por uma emenda, a constitucionalidade é discutível em relação à matéria estranha à proposta original, nos termos de decisão do Supremo Tribunal Federal na ADI (ação declaratória de constitucionalidade) 5.127. (NUNES; ALMEIDA, 2021). Apesar do vício, o conteúdo da lei segue em vigor até o reconhecimento da inconstitucionalidade.

A primeira mudança deu-se com a inserção de um novo dever para partes, procuradores e todos aqueles que, de qualquer modo, participem do processo: informar e manter atualizados seus dados cadastrais perante os órgãos do Poder Judiciário (e, no caso do § 6º do art. 246 do Código[6],

[6] CPC, art. 246-A. § 5º As microempresas e as pequenas empresas somente se sujeitam ao disposto no § 1º deste artigo quando não possuírem endereço eletrônico cadastrado no sistema integrado da Rede Nacional para a Simplificação do Registro e da Legalização de Empresas e Negócios (Redesim). § 6º Para os fins do § 5º deste artigo, deverá haver compartilhamento de

da Administração Tributária), para recebimento de citações e intimações (CPC, art. 77 VII).

A efetivação da regra, se realmente alcançar todos os participantes, vai sobrecarregar o banco de dados do Poder Judiciário (Neves, 2021). Imagine que uma pessoa, ao testemunhar em certo processo, forneça seu endereço eletrônico; o registro será útil se ela precisar ser citada adiante em outro processo – caso contrário, não. No mais, se ela alterar *email* anos depois, será que se recordará de comunicar o Judiciário sobre a mudança? Não o fazendo, deverá ser considerado tal lapso de memória como justa causa? O tempo dirá.

No mais, antes da alteração promovida pela Lei nº 14.195/2021 o CPC previa, no art. 246, cinco modalidades de citação: por correio, por oficial de justiça, por ato do escrivão ou chefe de secretaria (se o citando comparecesse em cartório), por edital (art. 256) e por meio eletrônico.

Tal dispositivo foi alterado pela citada lei para que passasse a constar que "a citação será feita preferencialmente por meio eletrônico, no prazo de até 2 (dois) dias úteis, contado da decisão que a determinar, por meio dos endereços eletrônicos indicados pelo citando no banco de dados do Poder Judiciário, conforme regulamento do Conselho Nacional de Justiça".

Tal regulamento ainda não existe[7]. Embora a Resolução 234/2016 do CNJ tenha mencionado a Plataforma de Comunicações Processuais do Poder Judiciário, não houve evolução do tema até 2020, quando a Resolução 335 do CNJ instituiu a política pública para governança e gestão de processo judicial eletrônico, integrando todos os tribunais do país com a criação da Plataforma Digital do Poder Judiciário Brasileiro (PDPJ-Br). Só que segundo o art. 20 deste ato normativo, a Resolução será disciplinada por atos próprios da Presidência do CNJ, inclusive quanto aos prazos para as ações da PDPJ-Br.

Como bem pontuam Dierle Nunes e Catharina Almeida,

> a eficácia prática da medida dependerá, principalmente, do modo como será regulamentada a base de dados do Poder Judiciário pelo CNJ, e seu sucesso também ficará condicionado à recepção do bom uso da ferramenta

cadastro com o órgão do Poder Judiciário, incluído o endereço eletrônico constante do sistema integrado da Redesim, nos termos da legislação aplicável ao sigilo fiscal e ao tratamento de dados pessoais.

[7] Considerada a realidade brasileira até 21/09/2021, data da redação do presente artigo.

pelas partes, servidores, bem como pelos magistrados, isto é, os reais beneficiados pela implantação do novo mecanismo. (NUNES; ALMEIDA, 2021).

Voltando à breve visão panorâmica sobre a lei, vale ressaltar a mudança em uma clássica regra: antes considerava-se preferencial citar por correio, mas agora o art. 246 do CPC dispõe que a citação será feita preferencialmente por meio eletrônico.

A partir de quando correrá o prazo para que o demandado se manifeste? Segundo a nova redação do art. 231, IX do CPC, salvo disposição em sentido diverso considera-se dia do começo do prazo "o quinto dia útil seguinte à confirmação, na forma prevista na mensagem de citação, do recebimento da citação realizada por meio eletrônico".

Mas e se não ocorrer tal confirmação em até 3 (três) dias úteis contados do recebimento da citação eletrônica? A citação será feita pelas vias tradicionais, quais sejam: I. correio; II. oficial de justiça; III. escrivão/chefe de secretaria (se o citando comparecer em cartório); IV. edital (CPC, art. 246 § 1º-A).

Há quem critique tal disposição; afinal, "a pretexto de agilizar o andamento dos processos, a nova disciplina acabou criando mais um incidente processual e mais uma questão a ser debatida nos autos em prejuízo da matéria principal". (CALVERT, 2021).

O réu citado por uma dessas quatro formas deverá, na primeira oportunidade em que falar nos autos, apresentar justa causa por não ter confirmado o recebimento da citação enviada eletronicamente (CPC, art. 246 § 1º-B). Terá então a oportunidade de esclarecer sobre, por exemplo, ter deixado de usar aquele endereço eletrônico e ter esquecido de informar o Poder Judiciário.

Caso os esclarecimentos não sejam reputados aptos a configurar justa causa, uma sanção será aplicada. Considera-se ato atentatório à dignidade da justiça, passível de multa de até 5% (cinco por cento) do valor da causa, deixar de confirmar no prazo legal, sem justa causa, o recebimento da citação recebida por meio eletrônico (CPC, art. 246 § 1º-C). Certamente a aplicação dessa regra despertará consideráveis divergências.

Por fim, como bem concluem Dierle Nunes e Catharina Almeida,

> a implantação universal da citação eletrônica no processo civil teve apenas seu primeiro passo com a regulamentação da nova Lei nº 14.195/2021 e os órgãos responsáveis poderão se beneficiar de estratégias do legal design

> para oferecer a melhor efetividade do novo mecanismo. Apenas um sistema conscientemente desenhado com foco nos interessados (stakeholders) pode propiciar soluções adequadas para as suas reais necessidades, assegurando a manutenção das garantias fundamentais e segurança jurídica aos jurisdicionados nesse processo. (NUNES; ALMEIDA, 2021).

De todo modo, vale lembrar: nas demandas familiares[8] que configuram ações de estado[9] (por ex., divórcios) e em que pessoas incapazes figuram como rés (por ex., investigatórias de paternidade), o legislador busca maior segurança e prefere a realização da citação por oficial de justiça[10]. Nessas ações, assim como a regra da citação postal – preferencial até a incidência da Lei nº 14.195/2021 – não era aplicável, também a nova citação mediante envio de comunicação ao endereço eletrônico não será cabível[11].

Sendo a citação um ato essencial para a observância de garantias constitucionais, ela precisa ser realizada de forma a viabilizar o pleno conhecimento e a reação possível de todas as pessoas – inclusive as que, por

[8] Nas ações de família a citação será feita na pessoa do réu (CPC, art. 695, § 3º). Assim, se uma filha move ação revisional de alimentos contra seu pai (pessoa capaz), a citação poderá se dar correio e não como constou – mas o réu precisará assinar o comprovante de recebimento da correspondência.

[9] Nas ações de estado, busca-se "adquirir, modificar ou extinguir um direito relacionado ao estado civil da pessoa, especialmente no que concerne ao estado familiar. Portanto, é forçoso concluir que ações que versam sobre guarda não alteram o estado familiar da criança ou do adolescente porque disciplinam o exercício de um atributo do poder familiar, apenas. O poder familiar não é alterado. Se a discussão fosse sobre a destituição ou suspensão do poder familiar, seria ação de estado. A mesma lógica deve ser aplicada ao exercício da convivência familiar, costumeiramente chamada de "direito de visitas". Essa afirmação merece esclarecimento, porque genitores não devem ser visitadores, mas cuidadores, convivendo com seus filhos intensamente, na medida do possível, para poderem educar, independentemente de vínculo conjugal – já que a relação é meramente parental, norteada pelo especial interesse da criança e do adolescente e pelo princípio da parentalidade responsável (arts. 227 e 226, § 7º, da CF)" (TARTUCE, Fernanda; BRANDÃO, Débora. Discussões Sobre Guarda e Convivência à Luz do Equívoco entre Ações de Família e Ações de Estado. Revista Nacional de Direito de Família e Sucessões, v. 36, p. 42-55, 2020, p. 47).

[10] Em demandas familiares, o legislador anteviu situações que necessitam de maior adequação à forma de efetuar a citação e garantir a informação do citando ao vedar a citação por correio em causas de estado e naquelas em que o réu for pessoa incapaz (TARTUCE, Fernanda. Processo civil no Direito de Família: teoria e prática. 5ª ed. São Paulo: Método, 2021, p. 67).

[11] CPC, art. 247. A citação será feita por meio eletrônico ou pelo correio para qualquer comarca do País, exceto: (redação dada pela Lei nº 14.195, de 2021) I – nas ações de estado, observado o disposto no art. 695, § 3º ; II – quando o citando for incapaz (...).

exemplo, padeçam de debilidades na saúde, déficit de informação ou sofram com o analfabetismo. (TARTUCE, Fernanda, no prelo),

Conclusões

A expansão do acesso a tecnologias da informação tem transformado a forma como as pessoas se comunicam, acelerando a tendência de utilização de serviços eletrônicos para a interação entre as partes no processo e com o Judiciário. A comunicação eletrônica dos atos processuais tem como objetivo superar as dificuldades de comunicação, reduzindo formalidades e desgastes de tempo. Apesar dessas vantagens, a citação eletrônica ainda esbarra em entraves como a exclusão digital e a ausência de normatização legal referente ao uso de aplicativos de mensagens (como o WhatsApp). Embora tal utilização possa gerar animação pelos resultados imediatos, é preciso ter cautela por força de potenciais efeitos comprometedores à higidez processual.

A Lei nº 14.195/2021 alterou o CPC para que este passasse a prever a possibilidade de citação por e-mail, o que evidencia a crescente normatização da comunicação eletrônica no processo judicial. Para que esta mudança se faça sentir, ainda precisará avançar no plano normativo, sendo alvo da devida regulamentação pelo Conselho Nacional de Justiça. Espera-se que sejam envidados os melhores esforços para que, quando vier a lume, a aplicação das regras assegure a adequada observância das garantias fundamentais.

Referências

ACRE. Tribunal de Justiça do Estado do Acre. AI 1001443-67.2020.8.01.0000; Ac. 9.580; Rio Branco; Segunda Câmara Cível; Rel.ª Des.ª Waldirene Cordeiro; DJAC 30.12.2020; p. 12.

BRASIL. Lei nº 11.419, de 19 de dezembro de 2006. Dispõe sobre a informatização do processo judicial; altera a Lei nº 5.869, de 11 de janeiro de 1973 – Código de Processo Civil; e dá outras providências. Disponível em: https://www.planalto.gov.br/ccivil_03/_ato2004-2006/2006/lei/l11419.htm. Acesso em 14 jun. 2023.

BRASIL. Lei nº 13.105, de 16 de março de 2015. Código de Processo Civil. Disponível em: https://www.planalto.gov.br/ccivil_03/_ato2015-2018/2015/lei/l13105.htm. Acesso em 14 jun. 2023.

BRASIL. Superior Tribunal de Justiça. AGRG no RHC 141.245/DF, Rel. min. Ribeiro Dantas, 5ª Turma, j. 13.04.2021, DJE 16.04.2021.

CALVERT, Eduardo. A Lei 14.195/2021 e a nova disciplina da citação Disponível em https://www.conjur.com.br/2021-set-08/calvert-lei-141952021-disciplina-citacao. Acesso 16 set. 2021.

CEARÁ. Tribunal de Justiça do Estado do Ceará. AC 0050321-88.2020.8.06.0133; Primeira Câmara de Direito Privado; Rel. Des. Emanuel Leite Albuquerque; j. 29.09.2021; DJCE 06.10.2021; p. 82

DISTRITO FEDERAL. Tribunal de Justiça do Distrito Federal e dos Territórios. Portaria Conjunta 67 de 8 de agosto de 2016. Institui, no âmbito dos Juizados Especiais Cíveis e da Fazenda Pública da Justiça do Distrito Federal e dos Territórios, o procedimento de intimação de partes mediante a utilização do aplicativo de mensagens Whatsapp ou outro aplicativo de envio de mensagens eletrônicas, e dá outras providências. Disponível em: https://www.tjdft.jus.br/publicacoes/publicacoes-oficiais/portarias-conjuntas-gpr-e-cg/2016/portaria-conjunta-67-de-08-08-2016. Acesso em 14 jun. 2023.

NEVES, Professor Daniel. *Live* – Alteração do CPC pela Lei 14195 de 26 de Agosto de 2021 – Com Caio Cytrangulo. Youtube, 03 set. 2021. Disponível em: < https://www.youtube.com/watch?v=YSJUlUDRaig>. Acesso em: 16 set. 2021.

NUNES, Dierle; ALMEIDA, CATARINA, Lei nº 14.195/2021: a nova citação eletrônica através do legal design. Disponível em https://www.conjur.com.br/2021-set-03/opiniao-citacao-eletronica-atraves-legal-design. Acesso 17 set. 2021.

PARANÁ. Tribunal de Justiça do Estado do Paraná. Rec 0020228-03.2017.8.16.0188; Curitiba; Décima Primeira Câmara Cível; Rel. Des. Ruy Muggiati; j. 9.05.2022; DJPR 11.05.2022a.

PARANÁ. Tribunal de Justiça do Estado do Paraná. Rec 0075878-75.2021.8.16.0000; Campina Grande do Sul; Décima Primeira Câmara Cível; Rel. Des. Ruy Muggiati; j. 02.05.2022; DJPR 07.05.2022b.

SÃO PAULO. Tribunal de Justiça do Estado de São Paulo. AC 0001650-75.2020.8.26.0004; Ac. 15013693; São Paulo; Quarta Câmara de Direito Privado; Rel. Des. Enio Santarelli Zuliani; j. 15.09.2021; DJESP 20.09.2021; p. 1652.

SÃO PAULO. Tribunal de Justiça do Estado de São Paulo. AI 2084074-84.2022.8.26.0000; Ac. 15827524; São Paulo; Segunda Câmara de Direito Privado; Rel. Des. José Carlos Ferreira Alves; j. 05.07.2022; DJESP 13.07.2022; p. 2269.

TARTUCE, Fernanda. *Igualdade e vulnerabilidade no processo civil.* 2ª ed. São Paulo, Método (no prelo).

_____. *Processo civil no Direito de Família*: teoria e prática. 7ª ed. São Paulo: Método, 2023.

_____. BERGAMASCHI, Andre Luis. Citação eletrônica no processo brasileiro: discussões sobre flexibilização por meios de comunicação não oficiais. In: PINHO, Anna Carolina (coord.) *Discussões sobre Direito na Era Digital.* Rio de Janeiro: Ed. GZ 2021 (no prelo).

_____.; BRANDÃO, Débora. Discussões Sobre Guarda e Convivência à Luz do Equívoco entre Ações de Família e Ações de Estado. *Revista Nacional de Direito de Família e Sucessões*, v. 36, p. 42-55, 2020.

_____. DELLORE, Luiz. *Manual de Prática Civil.* 18ª ed. São Paulo: Método, 2023.

TOKARNIA, Mariana. Um em cada 4 brasileiros não tem acesso à internet, mostra pesquisa. Agência Brasil. 2020. Disponível em: https://agenciabrasil.ebc.com.br/economia/noticia/2020-04/um-em-cada-quatro-brasileiros-nao-tem-acesso-internet. Acesso 06 set. 2021.

8
TUTELAS PROVISÓRIAS NAS AÇÕES DE FAMÍLIA

Arlete Inês Aurelli
Rita de Cássia Curvo Leite

1. Noções gerais sobre as Tutelas Provisórias

No presente artigo, pretende-se analisar a natureza jurídica das tutelas provisórias previstas para as ações de família, no Código de Processo Civil e legislação esparsa, como é o caso da Lei 5.478/68, chamada Lei de Alimentos.

O artigo 5º, inciso XXXV, da Carta Magna, determina ser obrigação do Estado possibilitar o acesso à justiça a todos, prestando tutela jurisdicional efetiva e concreta. Para cumprir esse mister, nosso sistema processual prevê a possibilidade de concessão de medidas que possam garantir tanto a efetividade do direito, como, ainda, a viabilidade de que o processo possa ter um resultado útil.

Cumprindo esse desiderato, desde 1995, o legislador promoveu mudanças no revogado CPC de 73, para alcançar a devida proteção do direito, que a tutela cautelar, por si só, não era capaz de proporcionar. Desta forma, passou a prever a possibilidade de concessão de tutela antecipada, visando a entrega do direito pleiteado, de imediato, logo no início do processo.

Antes disso, como não havia previsão expressa, com base no poder geral de cautela, os juízes passaram a conceder essas medidas que possibilitavam a própria fruição, a satisfação do direito de imediato. Eram as chamadas tutelas cautelares satisfativas. Após o advento da tutela antecipada, todas as medidas que eram requeridas como cautelares satisfativas passaram a ser pleiteadas como tutela antecipada, pelo que, deixaram de subsistir no sistema.

Com o advento do CPC/15, houve uma sistematização das tutelas provisórias, que nos parece adequada porque trata, em primeiro lugar, de diferenciar as tutelas provisórias, em urgência e evidência (art. 294), e, depois, as tutelas de urgência, em antecipadas e cautelares. No entanto, no lugar de tratar de ambas as tutelas de urgência, em regime único, como parecia ser a ideia inicial do anteprojeto do CPC, na versão definitiva, o legislador preferiu tratá-las em capítulos próprios, deixando o capítulo II, para a tutela antecipada e, o capítulo III, para a tutela cautelar, com procedimentos diversos. Há previsão, também, de um capítulo para a tutela da evidência (art. 311).

Então, esquematizando, teríamos:

- **Tutela provisória**
  - **Urgência**
    - **Antecipada**
    - **Cautelar**
      - **antecedente**
      - **incidental**
  - **Evidência**
    - **Antecipada**
      - **antecedente**
      - **incidental**

Pela normatização do novo CPC, verifica-se que, enquanto a tutela antecipada poderá ser extinta caso o autor não adite a inicial no prazo de quinze dias ou outro prazo maior fixado pelo juiz (art. 303, §2º) e, estabilizada, caso o réu não apresente recurso contra ela (art. 304), a sistemática da tutela cautelar é diversa, pois, se o autor não deduzir o pedido principal, no prazo de trinta dias, ela perderá a eficácia (art. 308) e, caso não contestada pela réu, ocorrerá a aplicação dos efeitos da revelia (art. 307).

A tutela antecipada não se confunde, pois, com a tutela cautelar, porque a tutela antecipatória não se limita a assegurar o resultado útil e eficaz do processo, nem garantir a satisfação do direito, mas, sim, conceder o próprio pedido formulado. Já a tutela cautelar se refere à proteção ao processo, garantindo-se um resultado útil. A distinção entre a tutela antecipada e a tutela cautelar pode ser vista em relação ao processo e ao sujeito: quando o mal é causado ao processo, o remédio é a cautelar e quando ao sujeito, a tutela será antecipada (Dinamarco, 2004, pp. 67/68).

Enfim, para se entender, de forma mais simplificada, que tipo de tutela é prestada na tutela antecipada, basta lembrar que, na inicial, o autor promove dois tipos de pedido: imediato e mediato. O primeiro representa o tipo de providência jurisdicional que será proporcionada pelo juiz e o segundo representa o bem da vida, a vantagem prática pleiteada. Ocorre que, na tutela antecipada, o órgão julgador entrega o bem da vida, a vantagem prática, ou seja, apenas o pedido mediato. Jamais, haverá a entrega do pedido imediato, pois, nesse caso, o juiz já proferirá a sentença, vale dizer, o julgamento antecipado da lide.

Santos Ferreira (2010, p. 13) afirma que na tutela cautelar visa-se assegurar a eficácia (prática) do processo de conhecimento ou de execução, não havendo concessão do próprio bem da vida almejado, enquanto na tutela antecipada não se antecipa o provimento judicial em si (que definirá a relação jurídica), nem apenas se assegura o resultado; o que se verifica é a antecipação dos efeitos do provimento definitivo, o que é a representação do bem da vida almejado pelo autor, concedendo-se no presente o próprio bem da vida que só provavelmente seria obtido no futuro.

Assim, enquanto na tutela antecipada se proporciona à parte a própria fruição do direito pleiteado, entregando, na verdade, o pedido mediato formulado pelo autor, na tutela cautelar, nada disso é feito, o juiz apenas fornece uma medida que venha garantir o resultado útil do processo, ou seja, que a tutela seja ao final concedida de maneira concreta e efetiva. Ao fim e ao cabo, a medida cautelar tem apenas o fito de garantir a satisfação do direito discutido no processo dito principal, mas não pode antecipar a decisão sobre o direito material. Essa característica pertence somente às tutelas antecipadas. Ora, se a medida satisfaz, não é cautelar. Esse é justamente o caso da liminar no mandado de segurança.

Portanto, o que caracteriza a tutela antecipada é a satisfatividade, enquanto o que caracteriza a tutela cautelar é a referibilidade, ou seja, deve haver referência a um direito acautelado (Marinoni, 2008, pp.110-112).

Nesse diapasão, tem-se que nas medidas cautelares existe segurança-da-execução e na antecipação de tutela existe execução-para-segurança. (Baptista da Silva, 1987, p. 392).

Enfim, pode-se afirmar que tanto a tutela antecipada quanto a cautelar, como, ainda, as tutelas provisórias de urgência possuem em comum a finalidade de evitar que a passagem do tempo e a morosidade venham corroer o direito almejado pela parte, seja possibilitando a própria fruição, seja garantindo que o processo tenha um resultado útil e eficaz, mesmo que a entrega do direito demore razoavelmente até que o processo termine.

No regime do CPC revogado, as tutelas antecipadas e cautelares eram diferenciadas também quanto ao *fumus boni iuris* e *periculum in mora*.

No tocante ao *fumus boni iuris* a diferença era estabelecida em função da redação do artigo 273 do CPC de 73 que exigia prova inequívoca da verossimilhança das alegações, o que não era exigido para as cautelares. Assim, o *fumus* exigido para a tutela antecipada era mais robusto, forte e veemente do que aquele exigido para a concessão de medidas cautelares. Quanto ao *periculum in mora*, a diferenciação tinha origem no artigo 273, II do CPC revogado, o qual previa a concessão da tutela antecipada independentemente da urgência ou do risco na fruição do direito. O requisito nesse caso, era a existência de direito evidente.

A diferenciação entre as tutelas de urgência no regime do CPC/73 era importante não somente pela dificuldade que sempre houve de caracterizá-las, mas, principalmente, diante da jurisprudência, controvertida quanto à possibilidade de a admissão da fungibilidade entre elas ser via de mão dupla.

Muitos entendiam que haveria possibilidade apenas da chamada "fungibilidade regressiva", isto é, de antecipação de tutela para providência cautelar, não se admitindo o contrário, ou seja, a "fungibilidade progressiva".[1]

Já no novo CPC, o parágrafo único do art. 305 determina que "caso entenda que o pedido a que se refere o *caput* tem natureza antecipada, o juiz observará o disposto no art. 303", que é o artigo que trata do processa-

[1] Nesse sentido, confira-se: APELAÇÃO CÍVEL – AÇÃO CAUTELAR – MEDIDA SATISFATIVA – FUNGIBILIDADE – IMPOSSIBILIDADE NO CASO – EXTINÇÃO DO FEITO SEM JULGAMENTO DE MÉRITO – REMESSA OFICIAL A QUE SE DÁ PROVIMENTO – APRECIAÇÃO DO RECURSO DE APELAÇÃO PREJUDICADA – 1. No caso dos autos a ação cautelar proposta pelos autores, ora apelados, é destinada a implementar reajuste salarial mediante a aplicação imediata do percentual de 84,32% resultante da variação do índice de IPC de março de 1990 nos seus vencimentos a partir do mês de abril de 1990. 2. Em verdade, a concessão da medida cautelar por sentença importa neste caso na entrega do bem da vida objeto da lide principal, ou seja, o efetivo pagamento do reajuste pleiteado em favor dos Servidores Públicos Federais apelados. 3. Ainda que se pudesse atentar para a possibilidade de aplicação do princípio da fungibilidade entre a medida cautelar e a antecipação de tutela, tal providência só seria aplicável em se tratando de medida cautelar requerida equivocadamente como forma de tutela antecipada, e não o contrário. 4. Remessa oficial a que se dá provimento, restando prejudicada a apreciação do recurso de apelação. (TRF 3ª R. – AC 93.03.054109-0 – (116371) – 1ª T. – Rel. Des. Fed. J. Di Salvo – DJU 14.09.2005 – p. 204)

mento da tutela antecipada, ou seja, receberá a tutela cautelar como tutela antecipada. Assim, temos aqui uma via de mão única invertida. Enquanto no CPC/73 havia previsão para a fungibilidade entre antecipada e cautelar, no novo CPC temos a previsão da fungibilidade entre cautelar e antecipatória. No entanto, em nossa opinião, tanto no regime do CPC/73 como agora trata-se, em realidade, de via de mão dupla. Há espaço para o juiz receber tanto cautelares como antecipadas como, ao contrário, antecipadas como cautelares[2].

No CPC/15, essas diferenças deixam de ter importância, uma vez que tutela cautelar e antecipada estão previstas como tutelas de urgência em contraposição à tutela de evidência, sendo que ambas (antecipada e cautelar) exigem o requisito do *periculum in mora* e também o *fumus boni iuris*, este na mesma densidade independentemente do tipo de tutela de urgência. Não há mais que se averiguar se há mera possibilidade de existência do direito afirmado em juízo, quando se tratar de cautelar, ou a grande probabilidade de o direito ser procedente, no caso da tutela antecipada. A aparência do bom direito será analisada em cognição sumária e não exauriente, sendo totalmente despicienda a preocupação com os graus de intensidade com que ele se apresenta, para fins de distinção entre as formas de tutela[3].

[2] Nesse sentido, Scarpinella Bueno (2015, p.227), ao comentar o art. 305, afirma que "o parágrafo único evidencia a possibilidade de aplicação do art. 303 se o magistrado entender que o pedido tem natureza antecipada. Trata-se, não há porque negar, de um resquício de fungibilidade que, embora de forma invertida, deriva do §7º do art. 273 do CPC atual e que, tanto quanto no direito atual, merece ser interpretado amplamente para albergar, também hipótese inversa, qual seja, a de o magistrado, analisando petição inicial fundamentada no art. 303 ("tutela antecipada"), entender que o caso amolda-se mais adequadamente à "tutela cautelar". Determinando, por isso, a observância dos arts. 305 e ss.

[3] Assim está o enunciado 143 do FPPC: "ficou superada a distinção entre os requisitos da concessão para a tutela cautelar e para a tutela antecipada, erigindo a probabilidade e o perigo de demora em requisitos comuns".

143. (art. 300, caput) A redação do art. 300, caput, superou a distinção entre os requisitos da concessão para a tutela cautelar e para a tutela satisfativa de urgência, erigindo a probabilidade e o perigo na demora a requisitos comuns para a prestação de ambas as tutelas de forma antecipada (Grupo: Tutela Antecipada)

45. O enunciado foi formulado com base na versão da Câmara dos Deputados, aprovada em 26.03.2014; na versão final do CPC-2015, a redação do dispositivo foi alterada. Na redação, final, o termo "tutela antecipada", tal como constava da versão da Câmara, foi substituído por "tutela provisória"; de outro lado, o termo "satisfativa", que constava da versão da Câmara, foi substituído por "antecipada".

De fato, o órgão julgador não deve ficar preso a distinções referentes aos requisitos de *fumus boni iuris* ou *periculum in mora* para decidir pela concessão das tutelas de urgência, cautelar ou antecipada, porquanto o art. 300, do CPC/15 determina que os dois requisitos, quais sejam **a probabilidade do direito** e o **perigo de dano ou o risco ao resultado útil do processo**, devem estar presentes para a concessão de ambas as tutelas de urgência.

Ora, da análise da referida norma, conclui-se que o requerente da medida sempre terá que cumprir esses requisitos. Deve-se ter presente que probabilidade é diferente de possibilidade. Quando se diz que é provável a chance de o direito existir dá-se a ideia de ser maior e mais abrangente que quando se diz que é possível. No sistema do CPC/73, os juízes se contentavam com a mera possibilidade.

Não bastam, de outra banda, meras alegações sem qualquer comprovação. É preciso ter provas robustas do quanto alegado. Se o requerente da medida não tiver prova documental que demonstre a probabilidade de o direito existir, poderá requerer audiência de justificação para produzir provas orais. Assim, não há mais que se perquirir sobre a densidade do *fumus boni iuris* e nem sobre a variação na urgência, como se fazia no regime do CPC/73. Na verdade, essa análise não se faz necessária nem mesmo para aferir se se trata de tutela de urgência ou de evidência.

Para os defensores da teoria da gangorra[4] (SILVA RIBEIRO, 2018, p. 208-211) se houver grave risco de perecimento do direito, seja com relação à fruição, seja quanto à execução, o juiz deveria deferir tutela de urgência, sem averiguar a presença do fumus boni iuris ou se, ao contrário, não houver *periculum in mora*, será caso de o juiz averiguar se estão presentes as hipóteses de concessão da tutela de evidência. Esse entendimento, poderia levar à falsa impressão de que nem sempre tais requisitos deveriam estar presentes, mas não é verdade. Em ambos os casos, deve-se demonstrar o *periculum in mora*, ou seja, risco na fruição do direito ou risco ao próprio

[4] Nesse sentido SILVA RIBEIRO, ensina que "Para que fique bem entendido nosso raciocínio, faz-se analogia com uma gangorra. Numa das pontas, o *fumus boni iuris*; noutra, o *periculum in mora*. Quanto maior for o *periculum*, menos importância se dará ao *fumus* para a decisão acerca da concessão da tutela de urgência. É claro que precisa haver algum *fumus*, ou seja, algum grau de convencimento do juiz da possibilidade de, ao final, reconhecer o direito invocado. Ambos os requisitos devem estar presentes, mas são os dois variáveis ao sabor das particularidades do caso concreto. A conjugação desses dois fatores, caso a caso, é que convencerá o juiz a deferir, ou não, a tutela de urgência.

processo e também a probabilidade. De fato, como o CPC/15 exige sempre a presença da probabilidade do direito, quando se tratar de tutelas de urgência, pelo que não há que se falar em concessão da medida de urgência sem a presença do *fumus boni iuris*. No entanto, entende-se que o órgão julgador poderá usar a proporcionalidade para deferir tutelas provisórias, caso um dos dois requisitos esteja presente ou seja mais forte que o outro. Então, pode ocorrer de um requisito ter a presença mais forte que o outro, mas é fato que ambos os requisitos devem estar presentes.

Por outro lado, acredita-se que ainda remanesce, no sistema do CPC/15, a necessidade de diferenciar tutelas antecipadas das cautelares, porquanto não foi adotado um regime único para ambas, sendo que somente no caso das tutelas antecipadas, há a previsão da estabilização quando se tratar de concessão de forma antecedente, que reste irrecorrida pelo réu. Imagine-se, assim, que a parte tenha requerido tutela cautelar antecedente e o juiz entenda tratar-se de tutela antecipada, concedendo-a dessa forma. O réu é citado e intimado e não recorre porque não vislumbra a estabilização, uma vez que consta que o pedido foi feito de forma cautelar pelo autor. Como não apresenta recurso, o juiz entende que a medida se estabilizou.

A tutela de evidência, na maior parte das previsões do art. 311 do CPC/15, se insere como um dos elementos do sistema de precedentes. Mas, é inegável que ela poderá ser concedida em outras hipóteses não previstas no art. 311, sempre que baseada apenas na altíssima probabilidade de o requerente da medida ter razão, dispensando a demonstração de perigo de dano. Assim, o que se protege é o próprio direito que salta aos olhos, que fica demonstrado pela caracterização das hipóteses previstas em lei, autorizando que o juiz o conceda imediatamente. Mas, a concessão não se dá porque há qualquer perigo de dano, mas apenas para que aquele portador de direito evidente não tenha que esperar por todo o processamento do feito para obter a satisfação de seu pleito.

Como já tratamos em outro trabalho (Aurelli, 2020), é importante lembrar que antes do surgimento da tutela antecipada, já havia previsão de liminares, em procedimentos especiais, que tinham o mesmo escopo de proporcionar a antecipação do direito que restasse evidente. Essas previsões de liminares foram mantidas para os procedimentos especiais previstos tanto no Código de Processo Civil como também em legislações esparsas.

De fato, é preciso ter presente que, quando constar previsão de liminar específica para um procedimento especial, é este que deve ser observado e não o procedimento das tutelas provisórias. O mesmo se diga de procedimentos especiais previstos em lei extravagantes. Isso porque, conforme regra de hermenêutica, a lei geral não revoga lei especial, pelo que a liminar nelas previstas continua a ter seu regramento específico previsto na legislação de regência. Na verdade, o procedimento das tutelas provisórias, constante do CPC/15, será aplicado, nos procedimentos especiais, apenas quando as normas que o regulam sejam omissas, ou seja, quando não houver uma previsão específica de tutela provisória, ou ainda, quando a parte não possuir os requisitos necessários para a concessão específica de liminar.

A questão que surge é saber o que exatamente significa uma liminar. Seria ela diferente da tutela provisória?

Depende. Liminares são sempre tutelas provisórias. No entanto, as tutelas de urgência e evidência, podem ser liminares ou não. O termo liminar vem do vocábulo limiar[5] que significa início, fase inicial, do latim *liminaris*, de *limen* (entrada, soleira, porta) ou seja liminar é toda tutela provisória que é concedida pelo órgão julgador, no início do processo.

Assim, a tutela provisória pode ser liminar se for concedida no início do processo, desde o momento em que o juiz despacha a petição inicial até o término das providências preliminares, o que não ocorre, por exemplo, quando o juiz deixa para analisar a possibilidade de concessão de tutela provisória ou a liminar para depois da contestação. Isto pode ocorrer, tanto de forma antecedente como incidental, mas deve ocorrer, no início do processo. Para ser liminar não é necessário que seja concedida *inaudita altera parte* (ZAVASCKI, 1997, p. 162).

A natureza dessa liminar poderia ser antecipada ou cautelar, como pode, ainda no sistema atual, assumir alguma dessas características. No entanto, continuam a ser chamadas de liminares, porque a previsão constante dos procedimentos especiais, e nas leis esparsas, traz essa denominação. Mas, o fato de se dar o nome de liminar, não impede que sejam tutelas provisórias.

[5] Origem etmológica – latim: *liminãris, e* 'relativo a soleira; inicial. Significado de Limiar.n.m.
1. (Figurado) Começo, início ou prelúdio; fase inicial;
2. (Por. Ext.) Momento ou ponto que representa um limite ou uma fronteira, normalmente inicial, de algo: limiar da loucura;
3. Entrada, ombreira ou umbral; soleira, patamar ou coiceira;
4. (Psicologia) Menor veemência ou intensidade possível que um estímulo pode transmitir e, ainda assim, ser sentido provocando uma excitação. (Etm. do latim: liminãre) in http://www.lexico.pt/limiar/, acesso em 07/06/2023.

Apenas, o procedimento previsto para elas não obedecerá o modelo padrão previsto para o capítulo das tutelas provisórias.

Ressalte-se, ainda, que, pode parecer à primeira vista que muitas das medidas cautelares típicas expressamente nominadas sob a égide do Código de Processo Civil de 1973 tivessem sido suprimidas do texto do atual *Codex*, mas tal não se deu, porquanto, apenas suprimiu-se o capítulo das cautelares nominadas para dar lugar à previsão das tutelas de urgência, cautelares ou antecipadas, de uma forma mais unificada, digamos assim, com requisitos comuns, mas procedimentos diferenciados.

Ao depois, o artigo traz um rol meramente exemplificativo de medidas cautelares que podem ser deferidas pelo juiz.

Assim, a nova sistemática processual, a despeito de não organizar tais tutelas como fizera o texto anterior, não poderia (e não o fez) deixar ao desabrigo as inúmeras situações oriundas dos conflitos familiares desprovendo-as de um atendimento célere e cuidadoso, notadamente diante de contextos em que as tensões, aflições e destemperos não raras vezes são intensos e abalam de forma indelével os agentes familiares, boa parte dos quais vulneráveis ou hipervulneráveis.

Portanto, as tutelas provisórias de urgência, cautelares e antecipadas, antecedentes e incidentes, e, ainda, as tutelas provisórias de evidência suprem a ausência nominativa das outrora cautelares típicas e atípicas do revogado diploma.

Introjetadas essas noções, passemos, pois, a analisar as tutelas provisórias previstas para as ações de família.

2. Das Tutelas Provisórias nas ações de família

Nas ações de família, verifica-se que há alguns procedimentos com previsão expressa de concessão de liminar, com requisitos próprios, que devem ser observados, como se dá, por exemplo, com a liminares nas ações de alimentos e congêneres, assim como também há procedimentos que não trazem nenhuma previsão específica, com esse teor, as quais devem, portanto, conforme regra de hermenêutica, seguir o procedimento previsto no Código de Processo Civil, a partir do art. 294.

Desta forma, no manejo das tutelas de provisórias no Direito de Família, é preciso, primeiramente, verificar se determinada tutela jurisdicional possui (ou não) uma normatização específica para concessão de tutela provisória. Se a resposta for positiva, forçosamente esse é o procedimento a ser adotado para o requerimento da liminar.

É o caso da ação de alimentos, em que o art. 4º, da Lei 5.478/68, contém previsão específica para a concessão dos alimentos provisórios.

Nessa seara, de antemão, é preciso diferenciar alimentos provisórios de provisionais.

Os primeiros são pleiteados com liminar na ação de alimentos e exigem certeza da obrigação alimentar. Já os alimentos provisionais são pleiteados nas hipóteses em que não existe certeza da obrigação alimentar, mas se consubstanciam na urgência de sua concessão. Será preciso provar que o alimentando não terá condições de sobrevivência, caso não receba os alimentos.

Os alimentos provisórios devem seguir o determinado na lei especial que é norma que não está baseada na urgência. De fato, conforme, o Capítulo X que trata das Ações de Família, inserto no Título III (Dos Procedimentos Especiais), no parágrafo único do artigo 693, "A ação de alimentos e a que versar sobre interesse de criança ou adolescente observarão o procedimento previsto em legislação específica, aplicando-se, no que couber, as disposições deste Capítulo". Assim, o procedimento não será alterado pelo CPC/15, permanecendo aquele previsto na Lei de Alimentos.

Assim, o art. 4º da Lei de Alimentos estabelece que, após o recebimento da petição inicial, o juiz fixará os alimentos provisórios. Na mesma decisão que vier a fixar alimentos, o juiz designará dia e hora para a realização da audiência de tentativa de conciliação, instrução e julgamento, determinando seja providenciada a intimação/citação do réu, fixando prazo razoável para contestação. Veja-se que não há prazo definido na lei. É o órgão julgador que deve fixá-lo.

Portanto, para requerer os alimentos provisórios basta demonstrar o trinômio, necessidade do alimentando/possibilidade do alimentante e proporcionalidade entre este e aquele, bem assim, entre as possibilidades dos alimentantes. Não é necessária a urgência. Esta pode até estar presente, mas é totalmente dispensável. Na verdade, a liminar de alimentos provisórios tem natureza jurídica de tutela da evidência.

A liminar de alimentos provisórios não pode ser pleiteada de forma antecedente, mas sim na própria petição inicial dos alimentos. Apesar de ser tutela antecipada, não se poderia falar em estabilização para essa tutela provisória. Isso porque os alimentos podem ser revistos conforme as alterações ocorridas ao longo da passagem do tempo. O devedor pode perder sua força econômica para arcar com a obrigação, bem como, ao contrário, pode ter a situação econômica melhorada e, nesse sentido, deverá pagar mais. Portanto, não há como estabilizar a decisão judicial que corresponde a uma autêntica decisão *rebus sic stantibus*.

Importante ressaltar que em todas as ações que envolvam obrigação alimentar, relativas ao Direito de Família, a liminar a ser deferida é regida pelo artigo 4ª da Lei de Alimentos.

Nos inventários, há uma previsão liminar, também, que consta do art. 647, parágrafo único do CPC que reza que o juiz poderá, em decisão fundamentada, deferir, antecipadamente, a qualquer dos herdeiros, o exercício dos direitos de usar e de fruir de determinado bem, com a condição de que, ao término do inventário, tal bem integre a cota desse herdeiro. Desde o deferimento do exercício dos direitos de usar e fruir do bem, cabe ao herdeiro beneficiário todos os ônus e bônus decorrentes do exercício daqueles direitos. Essa liminar está amparada no art. 1.784 do CC[6]. Aberta a sucessão, a propriedade e posse dos bens transmitem-se aos herdeiros. Tal liminar a ser deferida visa antecipar a entrega a um dos herdeiros do bem da herança atribuindo-lhe os ônus daí advindos como a manutenção do bem. Além disso, estabelece os bônus, como eventuais frutos e rendimentos. A liminar, nesse caso, tem a finalidade, pois, de deferir o direito de usar e fruir os bens inventariados. O herdeiro não pode dispor do bem. Essa liminar afasta a regra inserta no art. 2.020 do CC[7].

Lembre-se, ainda, que, a par das previsões contidas no Código de Processo Civil, não se deve olvidar as leis extravagantes que, a seu modo, igualmente, tutelam, eficazmente, aquelas hipóteses de emergência familiar. Assim, por exemplo, a Lei Maria da Penha, a de Alienação Parental, o Estatuto da Criança e do Adolescente, o Estatuto da Pessoa Idosa, dentre outras.

Importante destacar, nesse passo, que, no bojo acalorado dos conflitos familiares, há casos em que não há apenas urgência; há autêntica emergência.

[6] Referido artigo do diploma civil pátrio abraçou o *droit de saisine* do direito francês segundo o qual a passagem do patrimônio sucessível do falecido para seus herdeiros legítimos e testamentários é automática sem a exigência de qualquer ato por parte desses e até se os mesmos desconhecerem o evento morte ocorrido com o transmissor.

[7] "Art. 2.020. Os herdeiros em posse dos bens da herança, o cônjuge sobrevivente e o inventariante são obrigados a trazer ao acervo os frutos que perceberam, desde a aberturada sucessão; têm direito ao reembolso das despesas necessárias e úteis que fizeram, e respondem pelo dano a que, por dolo ou culpa, deram causa".

Tomando emprestado as expressões empregadas pela Medicina, em que há nítida distinção entre a urgência e a emergência[8], ousa-se insinuar que, no âmbito das ações de família, situações há de emergência, como nas hipóteses em que a mulher é vítima de violência doméstica ou quando um dos membros da família é assolado pela violência intrafamiliar. Assim também nos casos de desaparecimento de filhos menores que se encontram no desfrute da convivência com um dos genitores ou eventuais responsáveis. Haverá igualmente emergência, nos casos de castigos imoderados e abandono material praticados em face dos vulneráveis e/ou hipervulneráveis, como sói acontecer com as crianças, idosos e deficientes.

Assim, os casos em que há emergência requerem, sobretudo, celeridade, pois se está diante de uma situação considerada crítica, deflagrado perigo iminente que demanda intervenção imediata, respaldada na verossimilhança das alegações, e no fundado receio de dano irreparável ou de difícil reparação (urgência contemporânea). Desse modo, podemos considerar emergências, as agressões, maus tratos, sevícia, ou, simplesmente, a prática de violência física (Lei 11.340/06, art. 7º, I); ofensa moral, grave e contínua (Lei 11.340/06, art.7º, II e V); uso indiscriminado de aparatos de tecnologia que expõe conteúdos íntimos e/ou privados (Lei 11.340/06, art. 7º, III e Projeto de Lei 18/2017); dilapidação patrimonial irreversível ou de difícil reversibilidade (Lei 11.340/06, art. 7º, IV); necessidade de cuidados especiais. As emergências podem ser dar com pessoas vulneráveis no bojo familiar, tais como filhos; mulher; idosos; transgêneros femininos.

Essas situações emergenciais também são protegidas por tutelas de urgência, mas necessitam de específicas medidas como suspensão da posse ou restrição do porte de armas; afastamento do lar (Lei 11.340/06, art. 7º, I); proibição de determinadas condutas que implicam no necessário distanciamento entre agressor e vítima ampliada a medida também para

[8] É comum encontrar-se nos nosocômios, clínicas e laboratórios médicos placas sinalizando o atendimento de "emergência". A emergência médica é sempre uma urgência; porém, nem toda urgência médica é uma emergência. Assim, por exemplo, se alguém sofre um acidente e quebra o braço, por exemplo, está-se diante de uma urgência, mas não de um quadro de emergência. O mesmo, porém, não se diga daquele que chega ao hospital com sintomas de infarto ou AVC; nestes casos, o paciente está em estado de emergência médica e precisa de atendimento instantâneo. Parafraseando os termos médicos, tem-se a plena convicção de que na seara do Direito de Família, há situações de urgência; todavia, outros há de autêntica emergência jurídica.

abarcar parentes da vítima; restrição ao direito de visitas ou ao regime de convivência; alimentos provisionais (Lei 11.340/06, art.7º, II e V).

Por outro lado, a urgência revela situação que não pode ser adiada, mas exige a presença de elementos que evidenciem a probabilidade do direito e o perigo de dano ou o risco ao resultado útil do processo (art. 300, CPC). As situações de urgência, no Direito de Família, são protegidas por tutelas de urgência, antecipada ou cautelar.

Conforme o art. 294 do CPC/15, o juiz poderá conceder as mais diversas medidas, de forma cautelar ou antecipada, para proteger o direito da parte, inclusive de ofício. Trata-se de regramento intencionalmente aberto. Na verdade, verifica-se a atipicidade dos meios executivos das tutelas provisórias concedidas.

No âmbito do Direito de Família, o poder geral de cautela e de efetivação também permite a concessão das mais variadas medidas, que se façam necessárias numa dada hipótese. Na verdade, em decorrência de, nessa seara, muitas vezes, estar envolvido direito de crianças e adolescentes, que contam com o tratamento prioritário e integral aos seus direitos, nota-se uma maior inferência oficiosa do órgão julgador sempre atento aos princípios da proteção integral e bem-estar do menor.

Além das liminares típicas, como é o caso dos alimentos provisórios, no âmbito do Direito de Família verifica-se a possibilidade de concessão de medidas atípicas, por exemplo, no arrolamento de bens, em que se pode pleitear a indisponibilidade de determinados bens, ou nos inventários, em que é possível solicitar cautelar de reserva de bens que compõe o quinhão hereditário do suposto ou indigitado herdeiro.

O arrolamento de bens é medida constritiva de bens de que se pode utilizar todo aquele que tenha interesse na sua conservação tendo em vista o risco de extravio ou de dilapidação.

Arrolar é fazer rol, relação, listagem. Além de conhecer os bens, pode também ser determinado seu depósito, caso em que se nomeará depositário.

Os pressupostos do arrolamento de bens são:

a) fundado receio (*periculum in mora*) de que os bens sejam extraviados ou dissipados;
b) interesse do requerente na conservação desses mesmos bens, que emerge da aparência de bom direito (*fumus*). Consiste na existência de direito já declarado ou passível de declaração.

Também podem ser deferidas cautelares, como o sequestro de bens que ainda remanesce no sistema e pode ser pleiteado na área de família quando houver rixa e desavenças fortíssimas entre os envolvidos a ponto de se colocar em risco os próprios objetos da disputa nas partilhas.

Vale ressaltar que a medida cautelar de sequestro difere do arresto, pelas seguintes razões abaixo listadas:

(i) é medida cautelar que tem por objeto resguardar a eficácia de uma execução para a entrega de coisa certa, enquanto o arresto se refere à execução por quantia certa;

(ii) consiste na apreensão de bem determinado, objeto do litígio, para assegurar a entrega em bom estado ao que vencer a demanda, enquanto o arresto consiste na apreensão de bens indeterminados do patrimônio do devedor;

(iii) tem por finalidade conservar a própria coisa que é objeto do litígio, enquanto o arresto visa a conservação do que é suficiente para cumprimento do que é devido;

(iv) há incerteza sobre quem é dono da coisa, já que essa é justamente a matéria discutida na demanda, enquanto no arresto parte-se da certeza da propriedade sobre bens arrestados;

(v) o depositário, normalmente, é um terceiro, enquanto no arresto, em regra, é o devedor.

Os requisitos para a concessão da cautelar de sequestro, por sua vez, são: a) deve haver temor de dano jurídico e interesse na preservação da situação de fato; b) inegável a existência de disputa pela coisa objeto do litígio principal, com fundado receio de rixa ou danificação de bens; c) incide em relação à ação de divórcio ou anulação de casamento, bem como inventário de bens, quando houver risco de dilapidação de bens por um dos cônjuges ou herdeiros

A busca e apreensão de menores, por seu turno, pode ser pleiteada tanto de forma cautelar como antecipada, dependendo se a hipótese retratar requerente que já detém a guarda dos menores, ou não. Assim, será cautelar quando a medida não for suficiente para satisfazer o direito do requerente. Por exemplo, na hipótese de requerimento pelo pai, quando a mãe tenha a guarda, mas estiver agindo com violência em relação aos filhos, não bastará a busca e apreensão dos menores, havendo necessidade de propositura de ação principal de modificação de guarda. Já na hipótese de um pai que leva os filhos em visita, mas não os devolve, bastará a busca e apreensão dos menores, que será o próprio pedido principal, sendo a que a liminar que vier a ser deferida, terá caráter de tutela antecipada.

Os alimentos provisionais, conforme já se falou acima, também remanescem no sistema e são utilizados sempre que inexista certeza na relação jurídica que obriga à prestação alimentar.

A antiga cautelar chamada posse em nome de nascituro, embora não tenha previsão legal, ainda pode ser utilizada para fazer valer os direitos do nascituro, quando do falecimento de seu genitor.

Nas ações de guarda, modificação de guarda ou qualquer outra ação que envolva a necessidade de definir a guarda dos filhos, pode-se requerer tutela antecipada de guarda provisória.

Assim, pode-se pleitear essa medida em qualquer conflito entre os cônjuges ensejando o divórcio, anulação de casamento, reconhecimento e dissolução de sociedade de fato e, enquanto não se decide com qual dos dois ficará (ão) o (s) filho (s) menor (es), cabendo ao juiz atribuir a guarda provisória do (s) filho (s) até decisão final, portanto, quando proferida a sentença no feito principal, já que a eficácia se mantém até o trânsito em julgado.

Pode-se pleitear a guarda provisória, também, em qualquer outra ação que interfira na guarda do menor, como suspensão, destituição ou restrição ao poder familiar.

No caso de terceiro que venha pretender a guarda, o juízo competente é da Infância e Juventude (Lei 8.069/1990-ECA, art. 148). Pode-se requerer também para incapazes sujeitos a tutela. Em regra, o direito de convivência, será deferido provisoriamente àquele que não detém a guarda.

A tutela antecipada, nesses casos, poderá ser concedida em caráter liminar, como tutela antecipada, em ação de regulamentação de visitas (também denominada ação de deliberação de regime de convivência).

O art. 19 do ECA prevê a visitação também por outros parentes que não os genitores. O art. 130 do ECA, por exemplo, prevê, opcionalmente que, quando o agressor for apenas um dos genitores, seja determinada a saída deste e não do menor da moradia comum.

Quanto à legitimidade, tem o próprio menor ou incapaz (art. 9º, I, do CPC), qualquer parente e o MP (art. 155 ECA).

Essa cautelar é proposta como antecedente para destituir ou suspender o poder familiar ou destituição da tutela ou curatela.

Por outro lado, há também a possibilidade de se requerer tutela provisória nos casos de afastamento do menor autorizado a contrair casamento contra a vontade do pai. Nessas hipóteses, quando o nubente é menor de 18 anos, a lei exige a autorização de quem de direito. Em ocorrendo a recusa deve ser obtido o suprimento judicial. Essa situação coloca os familiares em conflito, razão pela qual o juiz pode determinar o afastamento do menor para ficar sob a guarda de terceiro idôneo, autorizando-o a contrair casamento contra a vontade dos pais.

Há nítido caráter antecipatório porque a medida é satisfativa e a eficácia será mantida até o casamento. A legitimidade ativa é dos parentes do menor, MP, o próprio menor assistido por curador.

Concedido o afastamento do menor, cujo local de permanência será estabelecido pelo juiz, a sentença provisional terá eficácia até que se instale a situação jurídica ulterior (casamento). Na eventualidade de não se realizar será ilegítima a permanência fora do lar.

De outra parte, ainda que os pais tenham o direito de ter os filhos em sua companhia (art. 1.634, II, CC), é certo que a submissão de menores ou incapazes a castigos imoderados ou à prática de atos contrários à lei e à moral é causa de perda do poder familiar (1.638, I e III do CC). Trata-se de medida preventiva visando a segurança do menor que não mais pode permanecer em companhia daquele que o castiga imoderadamente ou é induzido à prática de atos contrários à lei ou à moral

Por fim, precisamos tratar das tutelas provisórias relativas à violência doméstica.

A violência doméstica e familiar contra a mulher foi tipificada como crime, ampliando as formas de violência doméstica e familiar, visto que abrange além da violência física, também a psicológica, sexual, patrimonial e moral, independentemente de orientação sexual, conforme artigo 7º da notória Lei Maria da Penha[9], *verbis*:

> Art. 7º. São formas de violência doméstica e familiar contra a mulher, entre outras:
>
> I – a violência física, entendida como qualquer conduta que ofenda sua integridade ou saúde corporal;

[9] Lei Maria da Penha (Lei n. 11.340, de 07 de agosto de 2006). Disponível em: http://www.planalto.gov.br/ccivil_03/_ato2004-2006/2006/lei/l11340.htm. Acesso em: 27 de junho de 2023.

> II – a violência psicológica, entendida como qualquer conduta que lhe cause dano emocional e diminuição da auto-estima ou que lhe prejudique e perturbe o pleno desenvolvimento ou que vise degradar ou controlar suas ações, comportamentos, crenças e decisões, mediante ameaça, constrangimento, humilhação, manipulação, isolamento, vigilância constante, perseguição contumaz, insulto, chantagem, ridicularização, exploração e limitação do direito de ir e vir ou qualquer outro meio que lhe cause prejuízo à saúde psicológica e à autodeterminação;
>
> III – a violência sexual, entendida como qualquer conduta que a constranja a presenciar, a manter ou a participar de relação sexual não desejada, mediante intimidação, ameaça, coação ou uso da força; que a induza a comercializar ou a utilizar, de qualquer modo, a sua sexualidade, que a impeça de usar qualquer método contraceptivo ou que a force ao matrimônio, à gravidez, ao aborto ou à prostituição, mediante coação, chantagem, suborno ou manipulação; ou que limite ou anule o exercício de seus direitos sexuais e reprodutivos;
>
> IV – a violência patrimonial, entendida como qualquer conduta que configure retenção, subtração, destruição parcial ou total de seus objetos, instrumentos de trabalho, documentos pessoais, bens, valores e direitos ou recursos econômicos, incluindo os destinados a satisfazer suas necessidades;
>
> V – a violência moral, entendida como qualquer conduta que configure calúnia, difamação ou injúria.

Assim, a Lei Maria da Penha não será aplicada somente em casos de agressão física, mas também, em casos de violência moral e de dano patrimonial. E isso porque o dano psicológico e a lesão afetiva também são capazes de provocar graves sequelas sob o disfarce da impalpabilidade.

Ademais, com o intuito de facilitar o acesso da vítima à justiça com celeridade, esta lei criou o Juizado Especial de Violência Doméstica e Familiar contra a mulher com competência cível e criminal para abranger as questões de família decorrentes da violência contra a mulher. No entanto, nas comarcas em que não existir a criação da vara especializada, será preciso fazer o requerimento perante a Justiça Criminal comum e, também, realizar pleitos perante às varas de família.

Além disso, a Lei Maria da Penha estabeleceu assistência à mulher em situação de violência doméstica e familiar com medidas integradas de prevenção ou com medidas protetivas de urgência, como, por exemplo, inclusão das vítimas em programas sociais, além de obrigar o agressor à prestação de alimentos, e proibir o agressor de manter contato com a vítima e seus familiares.

Nesta esfera, nos artigos 29 *usque* 32 estão previstas a criação de equipes de atendimento multidisciplinar, integrada por profissionais especializados nas áreas de psicologia, bem como saúde e atendimento jurídico.

Neste sentido, explicam Didier e Oliveira (2017):

> (...) é importante discernir entre (i) a punição do agressor por conta da violência doméstica ou familiar cometida, sanção de que cuida o Direito Penal; (ii) as consequências civis desse ato ilícito e (iii) as medidas que têm por objetivo impedir que o ilícito (violência doméstica e familiar) ocorra ou se perpetue. Essas últimas, conforme se verá, têm nitidamente caráter civil, apresentando-se como espécies de medidas provisionais, razão por que merecem ser estudadas também sob uma perspectiva do Processo Civil.

A Lei Maria da Penha trouxe a possibilidade de concessão de medidas protetivas de urgência à vítima, com o objetivo, conforme já explicitado, de inibir a prática, repetição ou continuação da violência doméstica e familiar.

Tais medidas foram inspiradas nas medidas provisionais previstas no artigo 888 do revogado Código de Processo Civil de 1973, as quais ainda podem ser pleiteadas por intermédio das tutelas provisórias.

Desta forma, os artigos 18 e 19 da Lei Maria da Penha estabelecem importantes medidas protetivas de urgência. O juiz poderá determinar tais medidas de imediato, independentemente de audiência das partes e de manifestação do Ministério Público, devendo este ser prontamente comunicado. O § 2º do art. 19 determina que tais medidas serão aplicadas, isolada ou cumulativamente, e poderão ser substituídas a qualquer tempo por outras de maior eficácia, sempre que os direitos forem ameaçados ou violados. O § 3º do mesmo dispositivo determina que o juiz poderá, a requerimento do Ministério Público ou a pedido da ofendida, conceder novas medidas protetivas de urgência ou rever aquelas já concedidas, ouvido o Ministério Público.

Além disso, no Capítulo II, a Lei Maria da Penha estabelece quais são as medidas protetivas de urgência cabíveis no caso de vítima alegar estar sofrendo violência doméstica e familiar, distinguindo-as entre: medidas contra o agressor (dispostas no artigo 22), em favor da ofendida (dispostas no artigo 23) e as que podem ser fixadas visando resguardar os bens comuns ou próprios da vítima (dispostas no artigo 24). Todas estas medidas têm caráter provisional e visam prevenir a violência familiar e doméstica, constrangimento dos filhos, familiares e testemunhas, dilapidação de bens, bem como qualquer dano consequente, pelo que podem ser concedidas tanto no curso do processo, em tutela antecipada (quando comprovada necessidade) como ao seu final (DIDIER JUNIOR E OLIVEIRA, 2017).

Desta forma, de acordo com o artigo 22, I, da Lei Maria da Penha, é possível o magistrado suspender a posse ou restringir o porte de armas, comunicando o órgão competente, mediante busca e apreensão, multa ou qualquer outra medida coercitiva. Portanto, caso o agressor seja possuidor do direito à posse ou porte de arma de fogo, este direito pode ser suspenso ou restringido, por exemplo, quando não estiver em serviço. Vale ressaltar que caso o agressor não cumpra a determinação judicial cometerá crime de prevaricação ou desobediência.

O inciso II do artigo 22 da Lei Maria da Penha prevê o afastamento do agressor do lar, domicílio ou local de convivência com a vítima, ou o afastamento da vítima, sendo que após seu afastamento o juiz pode determinar a recondução da vítima e de seus dependentes ao respectivo domicílio (artigo 23, I da mesma lei.)

Muito embora o efeito prático seja o mesmo, entendemos que o afastamento temporário do agressor não se confunde com a separação de corpos, prevista no artigo 23, VI, da Lei Maria da Penha. Isso porque, o afastamento temporário tem por objetivo impedir atos de violência, enquanto a separação de corpos visa desconstituir o vínculo jurídico existente entre vítima e agressor.

Ademais, visando coibir a prática ou continuação de atos de agressão, o legislador, por meio do inciso III, do artigo 22 da Lei Maria da Penha, criou a possibilidade de proibição ao agressor de se aproximar da vítima, seus familiares e testemunhas, estabelecendo-se um limite mínimo de distância, bem como de entrar em contato através de qualquer meio de comunicação, e de frequentar determinados lugares.

O juiz poderá, também, restringir ou suspender as visitas do agressor aos filhos menores de idade, com fundamento no artigo 22, IV da Lei Maria da Penha.

O legislador estabeleceu, ainda, a possibilidade de fixação da prestação de alimentos provisionais ou provisórios, de acordo com o inciso V do artigo 22 da Lei Maria da Penha. O valor dos alimentos deverá ser proporcional as necessidades do reclamante, ou seja, compatível com a condição social e dentro dos recursos da pessoa obrigada, de acordo com o §1º do artigo 1.694 do Código Civil. No entanto, nesses casos, não há que se falar em prova de *periculum in mora* ou da necessidade, constituindo forma de reparação pelo mal causado. Será concedido pelo período necessário para a mulher retomar suas atividades. Inclui gastos hospitalares.

Consoante o artigo 23 da Lei Maria da Penha a vítima e seus dependentes poderão ser encaminhados a programas, oficiais ou comunitários, de proteção ou de atendimento, onde poderão receber acompanhamento, inclusive de profissionais, e onde estarão seguros contra futuras agressões. Ainda, poderão ser reconduzidos ao seu respectivo domicílio, após o afastamento do agressor, bem como a vítima poderá ser afastada do lar, sem prejuízo de direitos a bens, guarda dos filhos e alimentos.

Já de acordo com o inciso IV do artigo 23 da Lei Maria da Penha há a possibilidade de o magistrado determinar a separação de corpos.

Por outro lado, o artigo 24, I, da Lei Maria da Penha dispõe que o juiz poderá determinar a restituição de bens que tenham sido subtraídos da vítima, sendo que este dispositivo é cabível em relação a bens particulares da vítima ou bens que integram o acervo comum do casal. Referidos bens poderão ser arrolados por determinação do juiz, inclusive com nomeação de depositário, em caso de dúvida sobre a titularidade dos bens, bem como diante da possibilidade de extravio ou dilapidação, com o objetivo de preservá-los.

Enfim, podemos concluir que as medidas protetivas previstas no artigo 22 da Lei Maria da Penha, estão estabelecidas em rol, meramente exemplificativo, podendo o juiz requisitar, a qualquer momento, reforço policial (art. 22, parágrafo terceiro).

Além disso, é perfeitamente aplicável à hipótese o art. 536 do CPC/15 (art. 22, parágrafo quarto) podendo ser determinadas medidas que assegurem o resultado prático equivalente, como, por exemplo, multa cominatória, busca e apreensão, remoção de coisas e pessoas.

Em todos os casos de violência doméstica e familiar contra a mulher, uma vez registrada a ocorrência, deverá a autoridade policial, entre outras providências, remeter, no prazo de quarenta e oito horas, expediente apartado ao juiz com o pedido da ofendida, ou a requerimento do Ministério Público (art. 19 da LMP), para a concessão de medidas protetivas de urgência a serem aplicadas isolada ou cumulativamente, podendo ainda, serem substituídas a qualquer tempo por outras de maior eficácia (art. 19, § 2º, da LMP).

Por fim, entendemos que a Lei Maria da Penha visa a proteção do gênero feminino, razão pela qual é possível sua aplicação em casos de violência praticada contra homoafetivos, travestis e transexuais.

Nesse sentido, em 2014, a Comissão Especial da Diversidade Sexual do Conselho Federal da Ordem dos Advogados do Brasil emitiu uma nota técnica sobre a aplicabilidade da Lei Maria da Penha à Violência Doméstica contra Transexuais e Travestis concluindo que "aplica-se às situações de violência doméstica e familiar sofridas por transexuais e travestis do gênero feminino as disposições da Lei nº 11.340/2006[10]".

Portanto, sempre que houver uma situação de desigualdade entre as partes, sendo uma delas mais vulnerável, deverão ser aplicados todos os meios capazes de suprir essa necessidade. Nesse sentido, no caso de transgêneros femininos, que se identificam totalmente com a mulher é perfeitamente aplicável a Lei Maria da Penha, independentemente de cirurgia para mudança de sexo ou de mudança de nome no registro civil.

Inegavelmente, as transexuais femininas devem ser incluídas sob a proteção da Lei Maria da Penha, independentemente de ter realizado cirurgia para mudança de sexo, ou processo para troca de nome no registro civil, tendo em vista o princípio da dignidade da pessoa humana, já que a pessoa, nesse caso, se apresenta social e psicologicamente como mulher.

Conclusões

É inquestionável que a atuação na seara da família exige dos profissionais envolvidos não somente uma escuta incondicional, sensibilidade à flor da pele, rapidez de raciocínio, como, sobretudo, habilidade no manejo técnico das ações cabíveis.

Realmente, a utilização escorreita das medidas judiciais competentes é fundamental para garantir uma solução célere e evitar danos muitas vezes traumáticos derivados dos conflitos familiares.

[10] Nota técnica sobre a aplicabilidade da Lei Maria da Penha à Violência Doméstica contra Transexuais e Travestis. Disponível em: http://despatologizacao.cfp.org.br/wp-content/uploads/sites/13/2015/05/03-Nota-t%C3%A9ncica-Maria-da-Penha-para-trans2-1.pdf. Acesso em: 09 de abril de 2017. Tivemos a oportunidade de nos manifestar em igual sentir *in* "Violência Doméstica e Violência de Gênero. Reflexões à Luz da Recente Orientação do Tribunal de Justiça do Estado de São Paulo", Revista Científica Semana Acadêmica, Edição 75, vol. 1, 2015, disponível em: https://semanaacademica.org.br/tag/violencia-domestica-e-violencia-de-genero.

No presente ensaio procurou-se identificar as tutelas manejadas em situações de urgência e emergência (ou urgência contemporânea) deflagradas das relações de conjugalidade, parentalidade e ancestralidade.

Destacou-se, por primeiro, que entre as alterações trazidas pelo Código de Processo Civil atual, tanto na estruturação das ações de família, bem como na das tutelas provisórias, o legislador não se esqueceu de privilegiar o acesso à justiça a todos, especialmente àqueles, vulneráveis e hipervulneráveis, que conclamam por uma resposta rápida e eficaz.

Justamente por isso, a preocupação desse ensaio girou em torno não só de identificar algumas situações em que se faz imprescindível a utilização do pedido liminar, como, especialmente, o manejo das tutelas provisórias, de urgência, cautelares e antecipadas, antecedentes ou incidentais, e, ainda, das tutelas provisórias de evidência,

Lembrou-se, historicamente que, antes mesmo do surgimento da tutela antecipada, inserta ao texto do revogado CPC/73, por meio de reformas pretéritas, já havia previsão de liminares, em procedimentos especiais, que tinham o mesmo escopo, ou seja, antecipar o direito que restasse evidente. Essas previsões de liminares foram mantidas para os procedimentos especiais previstos tanto no Código de Processo Civil como também em legislações esparsas.

Nesse diapasão, destacou-se que, quando constar previsão de liminar específica para um procedimento especial, é este que deve ser observado e não o procedimento das tutelas provisórias. O mesmo se diga de procedimentos especiais previstos em lei extravagantes. Isso porque, conforme regra de hermenêutica, a lei geral não revoga lei especial, pelo que a liminar nelas previstas continua a ter seu regramento específico previsto na legislação de regência. Na verdade, o procedimento das tutelas provisórias, constante do CPC/15, será aplicado, nos procedimentos especiais, apenas quando as normas que o regulam sejam omissas, ou seja, quando não houver uma previsão específica de tutela provisória, ou ainda, quando a parte não possuir os requisitos necessários para a concessão específica de liminar.

Nesse contexto, deu-se visibilidade a distinção entre a liminar e a tutela provisória, assim como também entre a tutela cautelar e a antecipada.

Deveras, com o advento do CPC/15, houve uma sistematização das tutelas provisórias, que nos parece adequada porque trata, em primeiro lugar, de diferenciar as tutelas provisórias, em urgência e evidência (art. 294), e, depois, as tutelas de urgência, em antecipadas e cautelares. Há previsão, também, de um capítulo para a tutela da evidência (art. 311).

As distinções entre referidas tutelas foram apontadas com o intuito de facilitar o uso adequado de cada qual delas na certeza de que tanto a tutela antecipada quanto a cautelar, como, ainda, as tutelas provisórias de urgência possuem em comum a finalidade de evitar que a passagem do tempo e a morosidade venham corroer o direito almejado pela parte, seja possibilitando a própria fruição, seja garantindo que o processo tenha um resultado útil, mesmo que a entrega do direito demore razoavelmente até o processo terminar.

No contexto familiar, enfatizaram-se, dentre outras, as seguintes medidas:

(a) Alimentos provisórios: com pedido liminar derivado da aplicação do art. 4º da Lei de Alimentos; autêntica tutela de evidência
(b) No Inventário: viabilidade de pedido liminar fundado no art. 647, parágrafo único, CPC
(c) Arrolamento e Reserva de bens: medidas atípicas de natureza provisória, cautelares
(d) Busca e Apreensão: medida que pode ser pleiteada tanto de forma cautelar como antecipada, em caráter de urgência (ou emergência)
(e) Guarda Provisória: solicitada, invariavelmente, em tutela antecipada especialmente por envolver o interesse de crianças e adolescentes
(f) Tutelas indicadas pela Lei Maria da Penha: tutelas de urgência, antecipadas ou cautelares; legítimas tutelas de urgência contemporânea em situações de emergência

Não se pretendeu esgotar aqui todas as situações plausíveis do manejo das tutelas provisórias no bojo do Direito de Família; todavia, se essas linhas tiverem ao menos aclarado o assunto e facilitado a identificação das medidas que estão à disposição para proteger os direitos e preservar os interesses recorrentes nesse ambiente já teremos alcançado nosso objetivo.

Referências

AURELLI, Arlete Inês. Tutelas provisórias de urgência no novo cpc: remanesce a necessidade de distinção entre antecipadas e cautelares?. In: Cassio Scarpinella Bueno; Elias Marques de Medeiros Neto; Olavo de Oliveira Neto; Patricia Elias Cozzolino de

Oliveira; Paulo Henrique dos Santos Lucon. (Org.). Tutela provisória no novo cpc. 1a.ed. São Paulo: Saraiva, 2018, v. , p. 52-67.

____Liminares nos procedimentos especiais e o novo Código de Processo Civil brasileiro. REVISTA BRASILEIRA DE DIREITO PROCESSUAL (IMPRESSO), v. 105, p. 39-62, 2019.

____Inadequação do enunciado 500 do Forum Permanente Processualistas Civis: alimentos provisórios não seguem o rito das tutelas provisórias do CPC/15. REVISTA NACIONAL DE DIREITO DE FAMÍLIA E SUCESSÕES, v. 34, p. 28-37, 2020.

BAPTISTA DA SILVA, Ovídio. *Curso de Processual Civil.* 3ª ed, Sérgio A. Fabris Editor, vol. 1, Porto Alegre, 1996

___*Comentários ao Código de Processo Civil. Processo Cautelar.*Sérgio A. Fabris Editor, Porto Alegre, 1976.

DIDIER JUNIOR, Fredie e OLIVEIRA, Rafael. Aspectos Processuais Civis da Lei Maria da Penha. Disponível em: http://www.mpma.mp.br/arquivos/CAOPDH/caop_dh/documentos/Aspectos_Processuais_Civis_da_Lei_Maria_da_Penha.pdf. Acesso em: 27 de junho de 2023.

DINAMARCO, Cândido Rangel. *Regime jurídico das medidas urgentes.* Revista Jurídica, vol 49, n. 286, pp. 5-28. Porto Alegre, 2001.

____ *Nova era do processo civil.* São Paulo: Malheiros Editores, 2004

RIBEIRO, Leonardo Ferres da Silva. Tutelas provisórias. São Paulo: Revista dos Tribunais, 2018.

MARINONI, Luiz Guilherme. Antecipação de *Tutela.* São Paulo: Revista dos Tribunais, 2008.

SANTOS FERREIRA, William. *Responsabilidade objetiva do autor e do réu nas cautelares e antecipadas: esboço da teoria da participação responsável.* Revista de Processo 188, pp. 9-51. São Paulo: Revista dos Tribunais, 2010.

SCARPINELLA BUENO. Cassio. *Novo Código de Processo Civil Anotado.* São Paulo: Saraiva, 2015

ZAVASCKI, Teori Albino. *Antecipação de tutela.* São Paulo: Saraiva, 1997.

9
A IMPORTÂNCIA DO SANEAMENTO COOPERATIVO NAS AÇÕES DE FAMÍLIA

Mônica Cecilio Rodrigues

1. O julgamento conforme o estado do processo

As leis que visam proteger os direitos dos cidadãos revelam os valores de uma nação e estas leis também objetivam resolver os conflitos criados pela resistência ao cumprimento e ao respeito a esses direitos.

Deve-se levar em conta que as normas civis outorgam direitos civis e as normas processuais são ditames dos ritos procedimentais para a proteção desses direitos (Chase, 2014, p. 56).

O conjunto desses ritos que determinam o "modo de proteger, buscar e assegurar" o direito substancial também revela os valores daquele tempo que rege.

Estas normas, podem ser compostas de princípios e regras, e têm como objetivo o caminhar para frente, com vistas a solução, quando buscada através da prestação jurisdicional, ficando o legislador com a nobre função de melhorar essas normas procedimentais, para que possa ser exercida com eficiência a proteção do direito material, levando em conta as suas especificidades. E seguindo este raciocínio, é de se concluir que a legislação processual ditas as normas para o exercício ao direito de ação, de agir.

Então passaremos a discorrer sobre a fase de saneamento do processo, não por desprezo a primeira fase, mas o texto cuida da segunda fase processual, já que o seu mote é o saneamento.

Mitidiero (2021, pp. 184-5) denomina as fases de rota e explica que seriam três as rotas no processo de conhecimento, podendo ser adaptáveis ao longo do procedimento, por isso são lineares, a saber: a curta, a média e a longa. A curta encerraria com a improcedência liminar ou a estabilização da tutela provisória. A média com o julgamento antecipado do mérito. A longa é a que designa audiência de instrução e julgamento, frente a necessidade de produção de prova diversa da documental que já consta do processo.

Continuaremos a tratar, como a doutrina clássica, de fases.

Assim, após a finalização da fase postulatória, ou seja: depois de apresentado o pedido inicial é conferido ao réu o direito de se defender; e, caso seja alegada na contestação fato impeditivo, modificativo ou extintivo do direito do autor será concedido ao mesmo a tréplica, e de igual forma terá também direito o autor de se manifestar em havendo alegação de preliminares que sejam obstáculos a continuidade da regular marcha para se seguir a instrução processual[1].

Depois de cumpridas estas providências preliminares, se for o caso, o juiz proferirá julgamento conforme o estado do processo[2], para que reduza o tempo de duração do processo quando não houver mais necessidade de outras provas além das que já foram produzidas.

O que é reconhecido como "técnica de sumarização do procedimento" (Marinoni, Arenhart e Mitidiero, 2016, p. 224), aplicado ao princípio de adequação da tutela jurisdicional ao direito material, possibilitando ao julgador a análise de todo o processo e verificar a dispensabilidade de produção de outras provas para o deslinde da questão.

O princípio da adequação tem o propósito de adaptar a técnica processual a necessidade do direito substancial tutelado, atendendo as suas especificidades, para que a prestação jurisdicional seja mais efetiva, vez que este princípio está jungido ao princípio do devido processo legal, entendendo ser possível a flexibilização das normas processuais para que se tenha uma prestação jurisdicional mais célere, mas não perdendo a segurança jurídica (Marinoni, 2016, p. 634).

E não haverá necessidade das providências preliminares quando não existir resposta do réu, desde que não caracterize revelia; quando não

[1] Art. 351. Se o réu alegar qualquer das matérias enumeradas no art. 337, o juiz determinará a oitiva do autor no prazo de 15 (quinze) dias, permitindo-lhe a produção de prova.

[2] Art. 353. Cumpridas as providências preliminares ou não havendo necessidade delas, o juiz proferirá julgamento conforme o estado do processo, observando o que dispõe o Capítulo X.

houver defesa indireta; quando não existir irregularidade processual a sanar e quando não houver produção de prova documental na contestação (THEODORO JUNIOR, 2015, p. 820), de qualquer forma se segue o saneamento do processo. Que é um dos três estágios reconhecidos pela doutrina, a saber: postular, organizar, provar e decidir.

O Código de Processo Civil estabelece quatro tipos de julgamento conforme o estado do processo, a saber: extinção do processo; julgamento antecipado de mérito; julgamento antecipado parcial de mérito; e por fim, contido também no mesmo Capítulo X, seção IV, precisamente, no artigo 357, está o saneamento e organização do processo.

Podendo até mesmo o juiz apreciar o mérito sem a necessidade de outra produção probatória, visto que existe nos autos as suficientes para a decisão, artigo 355, inciso II e III e artigo 356, inciso I e II do Código Processual.

A extinção do processo está prevista no artigo 354 do citado Código e diz respeito ao pronunciamento judicial que deverá ocorrer se o juiz entender que poderá sentenciar sem resolver o mérito da causa, nos casos específicos do artigo 485 e seus incisos [3], ou se resolvendo o mérito da causa acolher ou até mesmo de ofício reconhecer a ocorrência de decadência ou prescrição[4], ou homologar o reconhecimento de procedência do pedido ou de reconvenção, ou homologar transação ou renúncia a pretensão ou a reconvenção[5].

A melhor doutrina entende que nos casos em que não houve solução do mérito, como capitulado no artigo 485, a coisa julgada é apenas formal e a sentença é terminativa; já quando houve solução de mérito (artigo 487, incisos II e III) a sentença é definitiva.

[3] Art. 485. O juiz não resolverá o mérito quando: I – indeferir a petição inicial; II – o processo ficar parado durante mais de 1 (um) ano por negligência das partes; III – por não promover os atos e as diligências que lhe incumbir, o autor abandonar a causa por mais de 30 (trinta) dias; IV – verificar a ausência de pressupostos de constituição e de desenvolvimento válido e regular do processo; V – reconhecer a existência de perempção, de litispendência ou de coisa julgada; VI – verificar ausência de legitimidade ou de interesse processual; VII – acolher a alegação de existência de convenção de arbitragem ou quando o juízo arbitral reconhecer sua competência; VIII – homologar a desistência da ação; IX – em caso de morte da parte, a ação for considerada intransmissível por disposição legal; e X – nos demais casos prescritos neste Código.

[4] Art. 487. Haverá resolução de mérito quando o juiz: I – acolher ou rejeitar o pedido formulado na ação ou na reconvenção;

[5] Art. 487. II – decidir, de ofício ou a requerimento, sobre a ocorrência de decadência ou prescrição;

E quando a decisão acontecer apreciando apenas "parcela do processo" o recurso aviado deve ser o agravo de instrumento[6].

O julgamento antecipado de mérito, pode acontecer de parte do pedido ou de todo o pedido que compõe a ação. E as sentenças são proferidas com resolução de mérito, caracterizando por definitivas, quando o juiz entendeu não haver mais necessidade de produção de outras provas ou ao revel onde presumir-se-ão verdadeiras as alegações de fato formuladas pelo autor ou não houver requerimento de prova por parte dele[7].

Atento ao fato de que não poderá o pedido ser julgado improcedente sem que seja concedido ao autor a possibilidade de produção de provas de natureza outra das já constantes nos autos, sob pena de caracterizar cerceamento do amplo direito probatório, como garantia fundamental que é. Sendo terminantemente proibido o indeferimento da produção de prova quando se antecipa a valoração do seu resultado (Taruffo, 1970, p. 77).

A possibilidade de julgamento antecipado de mérito, denominado pela doutrina de integral, só é possível quando verificada a desnecessidade de outras provas para o deslinde da questão. As provas já produzidas são suficientes, não existe fato incontroverso e as alegações de fato não puderem ser provadas. Por isto, exige uma percuciência jurídica do julgador ao optar pelo julgamento antecipado de mérito, sob pena de ensejar nulidade do *decisum*, quer seja do saneador, quer seja decisão final.

De outro lado, também será caso de julgamento antecipado integral do mérito quando exista um convencimento judicial sobre todas as alegações de fato da causa, e jamais pode haver insuficiência probatória, pois então seria caso de aplicação dos artigos 370 e seguintes do Código Processual Civil.

É previsto na lei processual a decisão antecipada parcial de mérito quando um dos pedidos ou a parcela deles se mostrarem incontroversos ou não precisarem mais de outras provas a serem produzidas, e estiverem em condições de imediato julgamento[8].

[6] Art. 354. ...
Parágrafo único. A decisão a que se refere o caput pode dizer respeito a apenas parcela do processo, caso em que será impugnável por agravo de instrumento.

[7] Art. 355. O juiz julgará antecipadamente o pedido, proferindo sentença com resolução de mérito, quando: I – não houver necessidade de produção de outras provas; II – o réu for revel, ocorrer o efeito previsto no art. 344 e não houver requerimento de prova, na forma do art. 349.

[8] Art. 356. O juiz decidirá parcialmente o mérito quando um ou mais dos pedidos formulados ou parcela deles: I – mostrar-se incontroverso; II – estiver em condições de imediato julgamento, nos termos do art. 355.

É possível ocorrer a cisão do julgamento de mérito, ensejando uma sentença parcial, especificamente, para aquele pedido que não exige mais provas para ser decidido.

A lei processual é clara e taxativa neste sentido. O pedido deve se mostrar incontroverso frente aos demais e comportar julgamento imediato, sem necessidade de produção de outras provas. E em caso de revelia não houver requerimento de produção de prova por parte do revel, a tempo.

Por fim, caso não ocorra nenhuma das três hipóteses anteriores, julgamento de extinção do processo, julgamento antecipado de mérito, quer seja integral ou parcial, o juiz deverá sanear o processo, com vistas a organizar para que dê início a fase de instrução processual.

Passemos então para a fase do saneamento processual.

2. O despacho saneador no Processo Civil Brasileiro

Muitos foram os processualistas que escreveram sobre o despacho saneador. E a história do saneamento no processo civil brasileiro marca época quando surge como uma proposta para que o processo se torne mais célere e encurte os artifícios jurídicos, com redução do tempo gasto para a solução da demanda. Portanto, não é de hoje que existe a insatisfação na demora da prestação jurisdicional, mas não esperávamos alcançar o patamar que nos encontramos.

O tempo é um mal congênito do e para o processo, resta a conclusão.

Existem, no Código de Processo Civil, inúmeros exemplos que o julgador realiza de medidas típicas de saneamento processual, antes mesmo dele acontecer e conforme está nominado no artigo 357 do citado Código.

O saneamento processual é um dever do julgador[9], e pode ocorrer durante todo o *iter* processual, a exemplo da emenda a inicial; regularização da representação processual; correção do valor da causa etc.

O julgador deve sempre ter um olhar para os atos que já aconteceram no processo, chamada de visão retrospectiva e para os atos que irão acontecer, visão prospectiva. Nesta fase processual a visão retrospectiva cuida das questões processuais pendentes e a prospectiva da instrução da causa para seguir-se o julgamento.

[9] Art. 139. O juiz dirigirá o processo conforme as disposições deste Código, incumbindo-lhe: IX – determinar o suprimento de pressupostos processuais e o saneamento de outros vícios processuais;

Deve ser observado todos os acontecimentos transcorridos no processo com objetivo de sanar vícios processuais que podem anular o provimento jurisdicional final e quanto ao futuro, predizer e delimitar as questões de fato e de direito que ainda estejam pendentes no processo para seguir-se a instrução probatória.

Quanto as questões de fato, o julgador deve decidir sobre a atividade probatória e os meios admitidos para o seu exercício.

Neste aspecto, o saneamento é compreendido como os atos de que tendem a organizar todo o processo e assegurar os ritos necessários para evitar que ocorra algum desrespeito as garantias processuais, causando nulidade.

Se o julgador não vislumbrar nenhuma ocorrência de extinção do processo, liminarmente; de julgamento antecipado, quer seja total ou parcial, de mérito, a próxima fase é o saneamento e organização do processo, com a apreciação das questões de fato, suas provas e as questões de direito que pontualmente impliquem na solução da lide.

Qualquer questão processual pendente deverá ser objeto de análise e solução para ao depois o julgador delimitar as questões de fato que exigem prova e delimitar as questões de direito importantes que irão influenciar na decisão de mérito, para que não haja nenhuma decisão surpresa.

E neste mesmo despacho, deve haver a especificação da natureza da produção das provas, quer seja ofícios requisitórios, perícia, inspeção judicial e prova oral, compreendendo o depoimento pessoal das partes e ouvida das testemunhas.

3. Os tipos de despacho saneador

Denominado antes de despacho regulador, o saneamento ocorre entre a fase postulatória e a instrutória, e, conclusivamente[10], será decidido qual a questão de direito incide a contenda, qual o fato recaíra a prova, qual a natureza da prova a ser produzida e a divisão do ônus de sua produção.

O Código de Processo Civil de 2015 modificou a técnica de saneamento existente nos Códigos anteriores; e isto é notável quando o despacho saneador tende a buscar a cooperação das partes na fixação dos pontos necessários para que possa prosseguir a ação à fase instrutória, abandonando aquele saneamento solipsista de outrora.

[10] Art. 357. Parágrafo 1º. Realizado o saneamento, as partes têm o direito de pedir esclarecimentos ou solicitar ajustes, no prazo comum de 5 (cinco) dias, findo o qual a decisão se torna estável.

Em vigor o modelo cooperativo de processo, principalmente se atento ao artigo 6º, que cobra a cooperação de todos os sujeito do processo para que a solução justa e efetiva ocorra em tempo razoável; ao artigo 9º, que coíbe seja proferida decisão surpresa, guardada as exceções ali capituladas; ao artigo 139, precisamente, nos incisos VIII e IX, onde serão ouvidas as partes, se assim julgar necessário, sobre os fatos da causa, não incidindo a pena de confesso, para que possa nortear o saneamento na delimitação das questões de fato sobre as quais recairá a produção da atividade probatória[11].

Embora não seja o mote do presente texto é bom trazer a baila a discussão que existe em ser ou não a cooperação um princípio, sofrendo divisão entre doutrinadores esta questão (Mitidiero, 2011, pp. 55-68 e Streck, 2012, pp. 13-34).

São três os tipos de despacho saneador no processo civil, a saber: a) o saneamento solipsista, que acontece na solitude do julgador com o processo, sem participação de qualquer das partes e está prescrito no artigo 357, parágrafo 1º, e concede as partes a possibilidade de pedir esclarecimento ou solicitar ajustes, em cinco dias, e após este prazo estará estabilizada a decisão; b) o saneamento que ocorre por liberalidade das partes e é apresentado por petição ao juiz para homologar, com delimitação das questões de fato e de direito. E resolvida sobre quais as questões de fato recairão a atividade probatória e as questões de direito que entendem ser relevantes para a decisão de mérito; e por último, c) o saneamento cooperativo, também denominado de comparticipativo, que ocorrerá a convite do juiz.

O saneamento contido no parágrafo 1º do artigo 357, deve ser evitado pelo julgador, pois na visão do atual processo civil, onde as partes têm garantida a participação no processo não se justifica um pronunciamento com estas características, pois a preocupação com a eficiência na prestação jurisdicional deve ser de todos, oportunizando assim que colaborem para a fase instrutória do processo.

Para aqueles acostumados ao antigo processo, o saneamento descrito no parágrafo 2º, do artigo 357, pode até ser considerado uma utopia; todavia, a cultura bélica que antes predominava no processo, principalmente, nas lides familiares está mudando de roupagem, cedendo lugar as compo-

[11] Art. 357, inciso II – delimitar as questões de fato sobre as quais recairá a atividade probatória, especificando os meios de prova admitidos;

sições, para evitar lides recorrentes com objetivo de solucionar questões que versem sobre o direito das famílias.

Já na última modalidade de despacho, o julgador convidará as partes a participarem e a cooperarem com o saneamento, podendo até mesmo ocorrer quando a causa não for de complexidade em matéria de fato ou de direito, pois esta análise fica muito subjetiva aos olhos do julgador, portanto, é melhor que sempre oportunize a comparticipação, sob pena de acabar caracterizando decisão surpresa, o que por certo poderá ocorrer nulidade processual.

Quando é dado as partes a oportunidade de fixar os pontos controvertidos, com delimitação das questões de fato, que necessitam ser provadas e especificando os meios que servirão para prová-las, o processo tende a seguir um curso menos litigioso e com mais clareza, afetando até mesmo as delimitações das questões de direito que são relevantes para a decisão de mérito; e, por via de consequência, as partes compreenderão com mais facilidade o resultado.

A participação das partes na fase saneadora oportuniza uma interação no processo para que seja compreendida a necessidade do caminhamento do processo, pondo fim a fase postulatória e com o saneamento iniciando a fase instrutória, com a prova dos fatos relevantes e que foram delimitados e com as questões de direito pertinentes e relevantes para o deslinde da causa, evitando que o processo se arraste por anos, com manifesto prejuízo as partes.

4. A importância do saneamento cooperativo nas ações de família

Os que trabalham na área do direito de família sabem e reconhecem que além dos direitos descumpridos que precipitam a contenda, existe também a questão emocional, com sobrepeso, talvez, muito maior que o próprio direito que se discute. E que este sobrepeso repercute até mesmo na dificuldade ou impossibilidade de um acordo.

Por vezes a dificuldade em se chegar a um acordo existe não em razão do direito discutido, mas dos sentimentos que as partes ainda preservam e se vêm envolvidas, ficando camuflados em brigas estendidas além da própria ação ou quando não utilizam do Poder Judiciário para prolongar a discussão.

Nas questões de família é imperioso que as partes compreendam a necessidade de prova de certos fatos que tem peso vital para o deslinde da questão, quando levada ao Poder Judiciário; e mais, que existe nas normas processuais regras de como se produz e como se faz esta prova. E esta regra é um roteiro que deve ser seguido, tanto pelo autor, quanto pelo réu, sob pena de violar princípios que norteiam a segurança do processo.

E as partes devem ajudar na produção desta prova, com o entendimento de que pode ser mais fácil para uma parte do que para a outra e não dificultando a produção da prova, pois entender que aquele que pode facilmente produzir a prova deve faze-la, tudo com o objetivo de agilizar o fim da demanda.

O processo civil atual possui características muito diferentes das velhas conhecidas por aqueles que defendiam as questões legais de família.

E podemos verificar quando o Código de 2015 eleva as ações de família para procedimentos especiais, com a possibilidade de se utilizar técnicas processuais que objetivam suavizar a contenda, inclusive com métodos apropriados para facilitar a solução do litígio, com o intuito de evitar que familiares voltem a justiça, com ações recorrentes entre partes já muito desgastadas por tantas discórdias.

O campo do direito de família é por demais delicado para que o processo acirre ainda mais os ânimos já exaltados das partes.

O processo não pode aumentar a dificuldade de diálogo entre as partes pelo rito processual que se emprega para a solução do problema.

O processo deve ser a solução e não mais um problema para os envolvidos.

Hoje a desconstituição do casamento, quer seja pelo divórcio ou pela separação, não comporta mais averiguar a culpa; não se exige mais o lapso temporal para a dissolução da sociedade ou do vínculo conjugal, como era antes; hoje o direito substancial permite que o registro de nascimento contenha mais de dois ascendentes; não se denomina mais o gênero da filiação; estes são alguns dos exemplos que podem ser mencionados para perceber a nova roupagem do direito de família.

E dentre estas modificações, apesar de não constar especificamente nos artigos que tratam das ações de família, mas o tipo de despacho saneador que mais adequa ao direito de família é o cooperativo, em razão das questões fáticas que estão sendo ali tratadas e demandarão a necessidade de prova. Pois podem ser muito invasivas as provas e melindrar ainda mais as partes envolvidas, causando constrangimento sem necessidade se houve cooperação para a produção.

O saneamento é o delineamento da rota que irá se seguir para a produção das provas dos fatos alegados, e quanto aos já provados esses não serão mais objeto do saneador.

Os fatos que ainda dependam de prova e as questões de direito que precisam ser delimitadas, estas sim, serão o conteúdo e meta do despacho saneador.

É obvio que quando o direito substancial é modificado as regras do procedimento também sofrem modificações, procurando se adequar as novas exigências das transformações. E podemos perceber isto no direito de família quando não mais se exige o lapso temporal para o divórcio e nem se discute a culpa, restando caracterizado como direito potestativo resta dispensada a produção de provas para a obtenção do decreto do divórcio.

Outro exemplo a ser citado é quando as ações de família envolvem menores e que devem ser feitas provas dos fatos ocorridos com menores, caso da alienação parental. A escuta do menor é diferenciada do depoimento pessoal. Neste caso o Código Processual determina que o juiz deve tomar o depoimento do incapaz acompanhado por especialista[12].

E com mais especificidade, a Lei nº. 13.431, de 2017, estabelece o sistema de garantia de direitos da criança e do adolescente vítima ou testemunha de violência, quando for necessário o seu depoimento como parte ou ouvida como testemunha, a escuta será especializada e o depoimento especial.

Na escuta especializada o órgão de proteção deverá se limitar ao relato sobre a situação de violência, por parte da criança ou do adolescente, do estritamente necessário para o cumprimento da finalidade da prova. E no depoimento especial o procedimento de oitiva de criança ou adolescente vítima ou testemunha de violência perante autoridade policial ou judiciáia deverá estar acompanhado de uma equipe multidisciplinar, para que não ocorra uma violência maior ainda na produção da prova.

Conclusões

É necessário entender a importância de um despacho saneador cooperativo quando se trata da produção da prova nos direitos de família. Devendo as partes serem escutadas pelo órgão decisor, onde será mais bem aquilatado qual é a prova necessária a ser produzida. O despacho cooperativo se caracteriza pela participação efetiva das partes no traçar da produção das provas necessárias para o deslinde da questão posta em juízo. E como este

[12] Art. 699. Quando o processo envolver discussão sobre fato relacionado a abuso ou a alienação parental, o juiz, ao tomar o depoimento do incapaz, deverá estar acompanhado por especialista.

ambiente decisional é diferenciado dos demais ambientes litigiosos, posto ter carga emotiva e a ação ali envolvida pode desaguar em muitas outras, porque o tema é capaz de se tornar recorrente entre as partes, quando saem insatisfeitas com o resultado. Se as partes puderem participar e opinar quanto a produção das provas necessárias para a decisão que buscam isto pode gerar uma satisfação maior e até mesmo um conforto quanto a expectativa da prestação jurisdicional.

Não existe justificativa para ainda ser proferido aquele antigo despacho de gabinete, solipsista, onde o órgão julgador era o detentor das provas. Hoje resta claro que o direito de produzir a prova pode até ser maior e mais importante que o ônus de sua produção; razão de ser fundamental para a parte participar da decisão que delimitará a produção das provas necessárias e também das questões de direito que irão influenciar no deslinde da causa, sob pena de ocorrem decisões surpresas no processo, ocasionando o retorno das partes com novas ações sobre o mesmo tema.

Referências

CHASE, Oscar G. Direito, cultura e ritual. São Paulo: Marcial Pons. 2014.

BUENO, Cassio Scarpinella. *Novo Código de Processo Civil Anotado*. São Paulo: Saraiva. 2015.

CALDAS AULETE. *Dicionário Contemporâneo da Língua Portuguesa*. Rio de Janeiro: Delta, 1958.

CÂMARA, Alexandre. *O Novo Processo Civil Brasileiro*. São Paulo: Atlas, 2015.

DIDIER JUNIOR, Fredie. Curso de Direito Processual Civil – V. 1, Introdução ao direito Processual, parte geral e processo de conhecimento. 25ª Ed., Salvador: Juspodivm, 2023.

________; BRAGA, Paula Sarno; OLIVEIRA, Rafael Alexandria. *Curso de Direito Processual Civil*. 18ª Ed. Salvador: Juspodivm, 2023.

HOUAISS, Antonio. *Dicionário Houaiss da Língua Portuguesa*. Rio de Janeiro: Objetiva, 2009.

MARIONI, Luiz Guilherme. ARENHART, Sérgio Cruz. MITIDIERO, Daniel. Novo curso de processo civil: tutela dos direitos mediante procedimento comum, volume II. São Paulo: Editora RT, 2016

MITIDIERO, DANIEL. *Breves comentários ao novo Código de Processo Civil*. São Paulo: Revista dos Tribunais, 2015.

________. Processo civil. 1ª ed. São Paulo: Thomson Reuters Brasil, 2021.

________. Colaboração no processo civil como prêt-à-porter? Um convite ao diálogo para Lênio Streck. Revista de Processo, São Paulo, v. 194, p. 55-68, abr. 2011.

NERY JUNIOR, Nelson. *Comentários ao Código de Processo Civil*. São Paulo: Revista dos Tribunais, 2017.

STRECK, Lênio Luiz. Um debate com (e sobre) o formalismo valorativo de Daniel Mitidiero, ou "colaboração no processo civil" é um princípio? Revista de Processo, São Paulo, v. 213, p. 13-34, nov. 2012.

TARUFFO. Michele. *Studi sulla rilevanza dela prova*. Padova: Cedam, 1970.

THEODORO JUNIOR, Humberto. *Curso de Direito Processual Civil* – Teoria Geral do Direito Processual Civil, processo de conhecimento e procedimento comum, vol I, 56. ed., ver. atual. e ampl. Rio de Janeiro: Forense, 2017.

10
ASPECTOS POLÊMICOS DAS AÇÕES DE ALIMENTOS E DAS TÉCNICAS PARA SATISFAÇÃO DA OBRIGAÇÃO ALIMENTAR

Arlete Inês Aurelli
Izabel Cristina Pinheiro Cardoso Pantaleão Ferreira

Introdução

Ficamos muito honradas com a oportunidade de participar da presente obra, uma vez que o tema central é de suma importância para todos os operadores do direito, juristas, juízes, advogados, promotores, defensores públicos, professores e estudantes, que atuam no direito de família. Escolhemos tratar especificamente dos aspectos polêmicos da ação de alimentos e correspondentes técnicas de satisfação do direito não somente pela importância fundamental que possui no âmbito do direito de família, já que é a única obrigação que tem assento constitucional (art 5º, LXVII da CF) e autoriza a prisão civil do devedor, além de se tratar de tema que ainda gera muitas discussões e aspectos polêmicos nos tribunais.

Alimentos são os valores devidos para suprir necessidades básicas de alguém que não possui condições de se manter sozinho.

O direito de pedir alimentos, além de estar fundado na Lei nº 5.478/68 também encontra assento na Lei nº 9.278/94, no que tange ao direito entre companheiros, bem como nos artigos 1694 e seguintes do Código Civil.

Os alimentos têm caráter umbilicalmente voltado à necessidade de quem os recebe (Scarpinella Bueno, 2012, p. 413), e, por conta disso, a lei pátria lhe dá tratamento diferenciado e, de certo modo, preferencial. De fato, além de admitir prisão, como meio coercitivo, trata-se de direito que, conforme o art. 1.707 do Código Civil, não admite renúncia[1], nem compensação ou transação, sendo, no entanto, possível, fazer acordo em relação a valores. Não é possível compensar débito alimentar com bens a serem partilhados, por exemplo. Nessa seara, Maria Helena Diniz afirma que:

> "... se se admitisse a extinção da obrigação por meio de compensação, privar-se-ia o alimentando dos meios de sobrevivência, de modo que, nessas condições, se o devedor da pensão alimentícia tornar-se credor do alimentando, não poderá opor-lhe o crédito, quando lhe for exigida a obrigação". (Diniz, 2002, p. 465)

De outra parte, os alimentos, são ditos irrepetíveis, no sentido de serem irrestituíveis, ou seja, não é admitido o ressarcimento e devolução de valores indevidos.[2] Assim, por exemplo, se fosse deferida tutela antecipada para determinar pagamento de alimentos, enquanto perdurasse ação de investigação de paternidade e no final se constatasse que o réu não era, efetivamente, o pai do alimentando, não poderia ele pleitear o ressarcimento pelos valores pagos (Madaleno, Rolf, 2015, p. 357).

No entanto, o Tribunal de Justiça de São Paulo já entendeu que no caso de má-fé na cobrança de alimentos indevidos, pode ser fixada uma indenização, pelos danos.[3]

[1] É preciso ressalvar que, no caso de alimentos para ex cônjuges/companheiros, há julgados admitindo a mútua renúncia, o que impediria futuros pedidos de pagamento de alimentos, conforme se vê no seguinte precedente do STJ: "... Sendo o acordo celebrado na separação judicial consensual devidamente homologado, não pode o cônjuge posteriormente pretender receber alimentos do outro, quando a tanto renunciara, por dispor de meios próprios para o seu sustento. Recurso conhecido e provido. (STJ – Quarta Turma – REsp 254392/MT; Recurso Especial 2000/0033231-3 – Relator Ministro César Asfor Rocha – Julgado em 13/02/2001 – DJ 28.05.2001 p. 163).

[2] Nesse sentido, o seguinte julgado do TJMG: "APELAÇÃO CÍVEL. CUMPRIMENTO DE SENTENÇA. RECEBIMENTO DE VALORES INDEVIDAMENTE Á TÍTULO DE ALIMENTOS.COISA JULGADA.RECONHECIMENTO. RESTITUIÇÃO DE VALORES. IMPOSSIBILIDADE – OS ALIMENTOS SÃO IRREPETÍVEIS.SENTENÇA MANTIDA. Além de reconhecer a ocorrência de coisa julgada nos presentes autos já que o autor ajuizou ação pretérito entre as mesmas partes, pedido e causa de pedir não se pode deixar de lembrar que os alimentos são irrepetíveis, ou seja,não se pode restituir valores recebidos indevidamente porque se destinam à subsistência da pessoa alimentada.(apelação cível 10024100320878001, Rel. Des. Mauro Soares Freitas, publicado no DJU em 01/04/2011 in https://tj-mg.jusbrasil.com.br/jurisprudencia/943206495/apelacao-civel-ac-10024100320878001-belo-horizonte)

[3] A 5ª Câmara de Direito Privado do Tribunal de Justiça de São Paulo fixou indenização no valor de R$ 10 mil para um homem que pagou pensão alimentícia por longo tempo a um me-

A irrepetibilidade dos alimentos não está prevista em lei, tratando-se de princípio unanimemente aceito no direito de família (DIAS, Maria Berenice, 2016, p.556)

1. Obrigação alimentar e o procedimento especial adotado pela Lei nº 5.478/68

Em função desta especialidade do direito, o procedimento previsto pela Lei nº 5.478/68 também é especial porque prevê término do processo em curto espaço de tempo, com poucos atos a serem praticados. De fato, adotou-se o princípio da concentração da causa, pelo qual o maior número de atos e diligências devem ser praticados, em sua totalidade, na mesma ocasião.

É importante observar que o CPC/15, no Capítulo X que trata das Ações de Família, inserto no Título III (Dos Procedimentos Especiais), determina, no parágrafo único do artigo 693, que "A ação de alimentos e a que versar sobre interesse de criança ou adolescente observarão o procedimento previsto em legislação específica, aplicando-se, no que couber, as disposições deste Capítulo.". Assim, temos que o procedimento da Lei nº 5.478/68 não será alterado pelo CPC/15, permanecendo aquele previsto em lei de regência.

A inicial da ação de alimentos deve seguir os requisitos exigidos pelo art. 319 CPC, sendo que o art 189, II determina que tramitará em segredo de justiça. Embora o procedimento da ação de alimentos tenha sido regulado por Lei especial, é o Código de Processo Civil que rege o foro competente e o valor da causa.

De fato, o foro competente para se ajuizar a ação de alimentos, segundo norma inserta no art. 53, II do CPC/15, é o do domicílio ou residência daquele que pede os alimentos. O alimentando, por conveniência, pode optar pelo foro do domicílio do réu, visto que a competência prevista no art. 53 do CPC/15 é relativa.

Quanto ao valor da causa, segundo o art. 292, inciso III do CPC/15, deve ser equivalente à soma de 12 prestações mensais pedidas pelo autor.

nino do qual pensava ser o pai. Após um exame de DNA ter excluído a paternidade, o homem ingressou com ação judicial requerendo a repetição de indébito – devolução do que pagou indevidamente com a pensão mensal – e pagamento por danos morais. Os pedidos foram negados e o autor recorreu da decisão sob o argumento de ter sido traído pela ex-companheira. In https://www.ibdfam.org.br/noticias/5138/Entrevista%3A+a+irrepetibilidade+da+verba+alimentar+X+boa+f%C3%A9, acesso em 15/11/2020.

A tutela jurisdicional prestada na ação de alimentos caracteriza-se por ser de natureza condenatória, sendo que o pedido final será, portanto, de condenação ao pagamento de determinado valor a ser pleiteado, como prestação mensal, até que cesse a necessidade alimentar. No caso de pagamento de alimentos do pai ao filho, o pedido deve ser para que os alimentos sejam pagos até que se complete a maioridade ou até 24 anos, se o alimentando estiver cursando nível superior.

O pedido de condenação ao pagamento de alimentos devem englobar o décimo terceiro salário e o terço das férias, conforme decidiu o STJ, no tema 192.[4] Além disso, há decisões sobre a incidência de outras verbas de caráter remuneratório, como horas extras.[5] Por outro lado, é firme o entendimento do STJ no sentido de que auxílio-cesta-alimentação, diárias devia-

[4] Tema 192 do STJ: A pensão alimentícia incide sobre o décimo terceiro salário e o terço constitucional de férias, também conhecidas, respectivamente, por gratificação natalina e gratificação de férias.

[5] RECURSO ESPECIAL. DIREITO CIVIL E PROCESSUAL CIVIL. DIREITO DE FAMÍLIA. AÇÃO DE ALIMENTOS CUMULADA COM GUARDA E VISITA.CONTROVÉRSIA EM TORNO DE AS HORAS EXTRAS INTEGRAREM A BASE DE CÁLCULO DOS ALIMENTOS. CARÁTER REMUNERATÓRIO. ACRÉSCIMO PATRIMONIAL.
1. Controvérsia em torno de as horas extras integrarem, ou não, a base de cálculo da pensão alimentícia.
2. Inexistência de maltrato ao art. 1.022, incisos I e II, do Código de Processo Civil, quando o acórdão recorrido, ainda que de forma sucinta, aprecia com clareza as questões essenciais ao julgamento da lide.
3. Não ocorrência de afronta ao art. 489, § 1º, do CPC/2015 quando a Corte local pronunciou-se, de forma clara e suficiente, acerca das questões suscitadas nos autos, manifestando-se sobre todos os argumentos que, em tese, poderiam infirmar a conclusão adotada pelo Juízo.
4. Os alimentos devem ser fixados de acordo com o binômio necessidade/possibilidade, atendendo as peculiaridades do caso concreto.
5. Especificamente, quanto às horas extras, há precedente específico da Quarta Turma do Superior Tribunal de Justiça no sentido de que os valores pagos a título de horas extras devem ser incluídos na base de cálculo da verba alimentar, sob o fundamento de seu caráter remuneratório e o acréscimo patrimonial delas advindo consubstancia aumento superveniente nas possibilidades do alimentante (REsp n.º 1.098.585/SP, Relator o Ministro Luís Felipe Salomão, Quarta Turma, DJe 29.8.2013).
6. A Primeira Seção do STJ, por ocasião do julgamento do Recurso Especial n.º 1.358.281/SP, processado sob o rito do art. 543-C do CPC/73, relatoria do Min. Herman Benjamim, reafirmou o entendimento no sentido de que o adicional de horas extras possui caráter remuneratório para efeito de incidência de contribuição previdenciária.
7. Identificada a necessidade dos credores demandantes e o pedido deduzido na petição inicial, deve ser reconhecido que o valor recebido pelo devedor demandado a título de horas

gem, auxílio-moradia, auxílio-transferência e outras ajudas de custo têm natureza indenizatória e não podem integrar a base sobre a qual se aplica o percentual arbitrado para a pensão alimentícia.[6]

O procedimento previsto para a ação de alimentos é constituído das seguintes etapas:

a) PRIMEIRA FASE: Após o recebimento da petição inicial, o juiz fixa os alimentos provisórios (por decisão interlocutória, da qual cabe agravo de instrumento, nos dez dias seguintes à intimação da decisão judicial). No mesmo despacho em que fixou alimentos, o juiz designa dia e hora para a realização da audiência de tentativa de conciliação, de instrução e julgamento (ACIJ), determinando seja providenciada a intimação/citação do réu, fixando prazo razoável para contestação. Veja-se que não há prazo definido na lei. É o órgão julgador que deve fixá-lo. A citação poderá ser feita por via postal com aviso de recebimento (parágrafo 2º do artigo 5º). É por essa razão que, na prática forense, cada juízo tem um processamento

extras integra a base de cálculo dos alimentos fixados em percentual sobre os rendimentos líquidos do alimentante.
8. RECURSO ESPECIAL CONHECIDO E PROVIDO.
(REsp 1741716/SP, Rel. Ministro PAULO DE TARSO SANSEVERINO, TERCEIRA TURMA, julgado em 25/05/2021, DJe 11/06/2021)
DIREITO DE FAMÍLIA. ALIMENTOS. BASE DE CÁLCULO. PERCENTUAL FIXADO SOBRE OS RENDIMENTOS LÍQUIDOS DO DEVEDOR. HORAS EXTRAS. INCIDÊNCIA.
1. O valor recebido pelo alimentante a título de horas extras, mesmo que não habituais, embora não ostente caráter salarial para efeitos de apuração de outros benefícios trabalhistas, é verba de natureza remuneratória e integra a base de cálculo para a incidência dos alimentos fixados em percentual sobre os rendimentos líquidos do devedor.
2. Recurso não provido.
(REsp 1098585/SP, Rel. Ministro LUIS FELIPE SALOMÃO, QUARTA TURMA, julgado em 25/06/2013, DJe 29/08/2013)

[6] RECURSO ESPECIAL. ALIMENTOS. DIÁRIAS. VIAGEM. TEMPO DE ESPERA. VERBAS INDENIZATÓRIAS. PENSÃO ALIMENTÍCIA. BASE DE CÁLCULO. EXCLUSÃO. 1. Recurso especial interposto contra acórdão publicado na vigência do Código de Processo Civil de 2015 (Enunciados Administrativos nºs 2 e 3/STJ). 2. Os alimentos incidem sobre verbas pagas em caráter habitual, quais sejam, aquelas incluídas permanentemente no salário do empregado. A verba alimentar incide, portanto, sobre vencimentos, salários ou proventos auferidos pelo devedor no desempenho de sua função ou de suas atividades empregatícias, decorrentes dos rendimentos ordinários do devedor. 3. As parcelas denominadas diárias e tempo de espera indenizado possuem natureza indenizatória, restando excluídas do desconto para fins de pensão alimentícia, porquanto verbas transitórias. 4. Recurso especial provido. (RESP 1747540, Rel Min Villa Boas Cuevas)

diferenciado nessa fase, ora determinando que a defesa seja apresentada na audiência designada, ora fixando prazo para contestar.

Quanto à liminar, conforme a Lei de Alimentos há um procedimento específico para o seu requerimento e concessão. De fato, o art. 4º da Lei de Alimentos prevê que, após o recebimento da petição inicial, o juiz fixará, desde logo, os alimentos provisórios. Na mesma decisão em que fixou alimentos, o juiz designa dia e hora para a realização da audiência de tentativa de conciliação, de instrução e julgamento, determinando seja providenciada a intimação/citação do réu, fixando prazo razoável para contestação. Veja-se que não há prazo definido na lei. É o órgão julgador que deve fixá-lo. A liminar concedida na ação de alimentos, foi nomeada de alimentos provisórios. Nesse caso, deve haver prova pré-constituída da qualidade de credor, ou seja, deve haver prova documentada que confira certeza da obrigação de alimentar. Um exemplo seria a certidão de nascimento para provar que o requerente é filho do autor da ação. O fumus é bem mais robusto, portanto. Não há que se falar em alimentos provisórios, quando ainda há necessidade de ação de investigação de paternidade para provar que o requerente de alimentos é filho do réu. Nesse caso, teremos a hipótese dos alimentos provisionais, que são fundados na urgência e devem ser deferidos quando não há certeza da obrigação alimentar. Nesse caso, serão fundamentos no art. 300 e seguintes do CPC/15. Além disso, os alimentos provisórios são baseados na evidencia do direito, pelo que tem por base o mesmo trinômio necessário para a concessão dos alimentos definitivos, que são a necessidade do alimentando, a possibilidade do alimentante e a proporcionalidade, ou seja, o requerente deve alegar e provar a sua real necessidade de receber os alimentos, bem como deverá demonstrar que o requerido possui condições materiais de fornecer os alimentos pleiteados. Portanto, a liminar a ser concedida nas ações de alimentos é totalmente baseada na prova da existência da obrigação alimentar, bem como na prova do trinômio necessidade/possibilidade e proporcionalidade, que serão examinados com mais profundidade abaixo.

Portanto, para a concessão da liminar na ação de alimentos não há que se falar em necessidade de provar a existência de periculum in mora. A urgência é relativizada; Mesmo que não esteja presente a urgência, o pai será condenado a pagar alimentos ao filho, a não ser que demonstre sua real impossibilidade de fazê-lo. Assim, os alimentos provisórios constituem-se, claramente, espécie de tutela da evidência.

Conforme o § 1º do art. 13 da Lei 5.478/68, os alimentos provisórios fixados na inicial poderão ser revistos a qualquer tempo, se houver modificação na situação financeira das partes. Por outro lado, o §2 do art. 13 da Lei 5478/68 os alimentos fixados retroagem à data da citação, sendo que o § 3º do mesmo dispositivo legal determina que os alimentos provisórios serão devidos até a decisão final, inclusive o julgamento do recurso extraordinário. Dessa forma, os provisórios são devidos desde a citação até a data do transito em julgado. Pode-se dessa forma, executar alimentos provisórios juntamente com os definitivos.

Além disso, os alimentos provisórios devem ser pleiteados incidentalmente, eis que o art. 4º da Lei de alimentos determina que o juiz analisará o cabimento da liminar de alimentos provisórios, quando despachar a inicial. Portanto, ainda que se pudesse dizer que a inicial de que trata o art. 4 poderia ser o pedido apresentado em caráter antecedente, é evidente que a estabilização prevista no capítulo das tutelas provisórias antecipadas antecedentes é incompatível com a concessão de alimentos, pela própria natureza da obrigação de alimentar. De fato, trata-se de obrigação de trato continuado que pode vir a ser modificar com a passagem do tempo. Justamente por isso a obrigação alimentar não se coaduna com a estabilização. Ora, se houver modificação no binômio necessidade/possibilidade os alimentos serão revistos, seja para exonerar o devedor da obrigação, seja para rever o valor para aumentar ou reduzir. Assim, não há que se falar que a decisão que fixou os alimentos provisórios ficará estável somente podendo ser revista se for proposta ação de revisão, prevista nos §§ 1º e 3º do art. 304 do CPC/15. Portanto, entendemos ser equivocado o Enunciado 500 do FPPC que reza: "**500. (art. 304) O regime da estabilização da tutela antecipada antecedente aplica-se aos alimentos provisórios previstos no art. 4º da Lei 5.478/1968, observado o §1º do art. 13 da mesma lei. (Grupo: Impacto nos Juizados e nos procedimentos especiais da legislação extravagante).**

b) SEGUNDA FASE: Na audiência de tentativa de conciliação, instrução e julgamento, não havendo acordo entre as partes, defere-se ao réu a prerrogativa de apresentar defesa escrita ou oral.

A ausência do autor à audiência determina o arquivamento do processo e, a do réu, importa em revelia, além de confissão quanto à matéria de fato (artigo 7º). Autor e réu comparecerão à audiência acompanhados de suas testemunhas, três no máximo apresentando, nesta ocasião, as demais provas. Proposta a conciliação e sendo esta recusada, o juiz tomará o depoimento pessoal das partes e das testemunhas (parágrafo 2º, artigo 9º).

c) TERCEIRA FASE: Terminada a instrução, poderão as partes e o Ministério Público aduzir alegações finais, em prazo não excedente a 10 minutos para cada um (artigo 11). O Juiz proferirá sentença, que conterá suscinto relatório do ocorrido na audiência (parágrafo único do artigo 11). Da sentença caberá recurso de apelação no efeito devolutivo (artigo14).

A obrigação legal, voluntária ou indenizatória de prestar alimentos pode ser fixada por intermédio de sentença transitada em julgado, proferida em ação de alimentos; em acordo homologado judicialmente, seja em ações de estado, seja porque foi confeccionado com a finalidade de fixá-la. Também é preciso delimitar que tipo de alimentos podem ser objeto tanto da ação de alimentos, como do procedimento de execução, estabelecido tanto pela Lei de alimentos, como pelo código de processo civil. Como dito acima, o CPC/15, no Capítulo X, que trata das Ações de Família, inserto no Título III (Dos Procedimentos Especiais), determina, no parágrafo único do artigo 693, que "A ação de alimentos e a que versar sobre interesse de criança ou adolescente observarão o procedimento previsto em legislação específica, aplicando-se, no que couber, as disposições deste Capítulo." Assim, entendemos que podem ser pleiteados e executados pelo presente procedimento, as seguintes espécies de obrigação alimentar:

a) Relações de parentesco (CC 1694-1710), inclusive alimentos avoengos;
b) Matrimônio (CC 1568, Lei de Divórcio art. 19 a 23 e 29;
c) Gravídicos- Lei nº. 11.804/2008;
d) União Estável – art. 1º da Lei 8.971/1984;
e) Tutela (CC arts. 1728-1766);
f) Doação (CC arts 557, inciso IV);
g) Legado específico (CC 1924-1928);
h) Lei Maria da Penha (Lei 11.340/2016 alterada pela Lei 13.827/19).

Os alimentos indenizativos, previstos no art. 1930 do Código Civil, estão excluídos desse regime porque para alimentos dessa natureza, há previsão específica para a execução, no CPC/15, artigos 528 a 533, sendo que, além de constituição de capital, também é perfeitamente possível, utilizar alguns regramentos, como penhora de bens de família e salários. No entanto, em nosso sentir, somente os alimentos oriundos do direito de família autorizam a prisão civil, conforme determinam tanto o Pacto de São José da Costa Rica e a Carta Magna, além de ser essa a orientação jurisprudencial a respeito[7]. É que os alimentos indenizativos são fixados de acordo com o prejuízo material ou moral causado pelo devedor dos mesmos. Não se aplica o binômio necessidade/possibilidade, pelo que a inadimplência pode não decorrer da má-fé, mas sim pela falta de recursos.

Da mesma forma, entendemos que, apesar de os honorários advocatícios assumirem caráter alimentar, em razão da previsão expressa constante do §14 do art. 85 do CPC/15, a execução dos mesmos não admite prisão.[8] No entanto, entendemos que tanto os alimentos indenizativos como os decorrentes de honorários advocatícios possibilitam o uso das técnicas previstas para a execução de alimentos, decorrentes do direito de família, como por exemplo, a possibilidade de penhora de bens de família, salários e congêneres.[9] Além disso, conforme o art. 521, I, do CPC/15, a caução prevista no art. 520, IV, para possibilitar o levantamento de depósito em dinheiro e a

[7] impossibilidade de concessão de alimentos indenizatórios provisórios (AgRg nos EDcl no REsp 1.230.877/MA, DJe de 09.11.12) absoluta impossibilidade de prisão civil do devedor desses alimentos (HC 182.228/SP, DJe de 11.03.11). Além disso, em setembro de 2020, a Quarta Turma do Superior Tribunal de Justiça (STJ) concedeu habeas corpus para revogar a prisão civil de um devedor de alimentos, em caso no qual a obrigação alimentar – de caráter indenizatório – foi imposta em decorrência de ato ilícito. **Para os ministros, que acompanharam a Relatora Ministra Isabel Galotti, a única hipótese de prisão por dívida admitida no ordenamento jurídico brasileiro é aquela relacionada à pensão alimentícia com origem no direito de família.**

O colegiado reformou acórdão do Tribunal de Justiça do Paraná (TJPR) que havia determinado a prisão do devedor em razão do não pagamento da obrigação alimentar aos filhos de uma mulher vítima de homicídio cometido por ele.

[8] STJ – HABEAS CORPUS HC 385418 MG 2017/0006960-3.

[9] No entanto, o STJ em recente julgado, entendeu que não é possível a penhora de salários na execução de honorários advocatícios. De fato, no REsp 1.815.055, fixou-se o entendimento de que não pode penhorar salário na execução de honorários advocatícios. A Relatora, Ministra Nancy Andrigui de que os honorários advocatícios, apesar de terem natureza de verba alimentar, não podem ser enquadrados como prestação alimentícia – a exemplo daquela destinada à subsistência familiar de vulneráveis. Por isso, no caso da cobrança de honorários, a relatora entendeu que não seria possível afastar ou mitigar a regra da impenhorabilidade dos salários. Assim, diferenciou obrigação alimentar e prestação alimentar. O julgamento não foi unânime e Luis Felipe Salomão entendeu que poderia penhorar salário, por força do caráter alimentar dos honorários.(Súmula 47 STF e art. 85 CPC) in https://www.stj.jus.br/

prática de atos que importem transferência de posse ou alienação de propriedade ou de outro direito real, ou dos quais possa resultar grave dano ao executado, será dispensada, nos casos de execução provisória de crédito de natureza alimentar, independente de sua origem.

Nesse passo, para aprofundar o conhecimento do manejo dos meios postos á disposição para pleitear a obrigação alimentar, entendemos ser interessante tratar da ação revisional de alimentos. Trata-se de ação de conhecimento, que tem como causa de pedir os mesmos fundamentos da ação de alimentos. Na verdade, como a obrigação alimentar é de trato continuativo, pode ocorrer de a situação fática em que se fundamentou a condenação na obrigação de pagar alimentos, vir a se modificar, pelo que a decisão precisa ser revista. Justamente por esse motivo, a sentença que fixa alimentos não faz coisa julgada material.

Dessa forma, modificada a situação fática que embasou a condenação na obrigação alimentar, deve-se propor ação revisional, primando-se pela demonstração da modificação da situação fática. Assim, também na ação revisional de alimentos, é preciso demonstrar a existência do binômio necessidade do alimentando e possibilidade do alimentante, além da proporcionalidade.

O pedido revisional está fundamentado no art. 15 da Lei 5478/68, bem como no art 505, I, do CPC /15. Essa ação possui o mesmo procedimento da ação de alimentos, sendo que a inicial deve obedecer aos requisitos do art. 319 do CPC/15, e o pedido liminar está baseado no trinômio necessidade/possibilidade/proporcionalidade. Deve-se provar a impossibilidade, conforme art. 1699 do Código Civil

Veja-se que a Ação revisional é cabível quando já há fixação de alimentos definitivos por decisão em ação anterior ou em titulo executivo extrajudicial. No caso de fixação de alimentos provisórios basta fazer o pedido revisional por simples petição incidental aos autos da ação de alimentos.

Há que se ressaltar que a Súmula 621 STJ determina que: "Os efeitos da sentença que reduz, majora ou exonera o alimentante do pagamento retroagem à data da citação, vedadas a compensação e a repetibilidade". Assim, verifica-se que se os alimentos forem objeto de ação revisional, o novo valor fixado pelo juízo, valerá desde a citação da ação revisional. No

sites/portalp/Paginas/Comunicacao/Noticias/Temas-repetitivos-com-impacto-em-milhoes-de-processos-estao-na-pauta-do-STJ-em-2020.aspx, acesso em 15/11/2020.

entanto, se a revisão tiver sido determinada enquanto ainda em curso da ação de alimentos, como ocorre, por exemplo, com a reforma da decisão interlocutória que fixou os provisórios, está deverá incidir desde a data da citação.[10]

Com relação ao direito de fiscalizar os alimentos, é certo que o §5º do art. 1583 do Código Civil reza que:

> **Art. 1.583.** A guarda será unilateral ou compartilhada. (Redação dada pela Lei nº 11.698, de 2008).
>
> § **5º** A guarda unilateral obriga o pai ou a mãe que não a detenha a supervisionar os interesses dos filhos, e, para possibilitar tal supervisão, qualquer dos genitores sempre será parte legítima para solicitar informações e/ou prestação de contas, objetivas ou subjetivas, em assuntos ou situações que direta ou indiretamente afetem a saúde física e psicológica e a educação de seus filhos. (Incluído pela Lei nº 13.058, de 2014)

Veja-se que a norma permite e, inclusive, estabelece o dever do genitor que não detém a de guarda zelar e cuidar dos melhores interesses dos filhos, sendo parte legítima para solicitar informações e exigir prestação de contas.[11]

Na verdade, o entendimento doutrinário e jurisprudencial no sentido de ser incabível a propositura de ação de prestação de contas se dá pelo impedimento de que valores indevidos possam ser restituídos ao alimentante. Ora, se os alimentos são irrepetíveis não haveria efetividade na propositura de ação de prestação de contas, pelo rito especial. A condenação no pagamento do saldo devedor seria inútil. Além disso, haveria dificuldade em estabelecer parâmetros em relação a alimentação propriamente dita.

[10] Nesse sentido, está o entendimento do STJ: Direito civil e processual civil. Alimentos. Provisórios. Definitivos. Fixação em valor inferior. Termo inicial. Citação. Fixados os alimentos definitivos em valor inferior ao dos provisórios, retroagirão à data da citação, ressalvadas as possíveis prestações já quitadas em virtude da irrepetibilidade daquilo que já foi pago. Recurso especial provido. (REsp 209.098/RJ, Rel. Ministra NANCY ANDRIGHI, TERCEIRA TURMA, julgado em 14/12/2004, DJ 21/02/2005, p. 169)

[11] Nesse sentido, o entendimento de BERENICE DIAS, (2016, p. 640) entende que o §3 do art. 1583 é expresso em autorizar o genitor que não detem a guarda a exigir prestação de contas, no sentido de pedir informações com o objetivo de fiscalizar, sendo que esse poder fiscalizador seria atinente tanto à guarda compartilhada como unilateral.

No entanto, é perfeitamente possível exigir a prestação de contas com o objetivo de fundamentar pedido revisional de alimentos, ou até mesmo a modificação de guarda, caso o genitor que a detém, esteja utilizando de forma indevida os valores recebidos.

Dessa forma, embora não seja possível propor o procedimento da prestação de contas, pelo rito especial, pode-se usar rito comum para fazer pedido simples de prestação de contas para fiscalizar, demonstrando a má gestão, como causa de pedir. Não se trata de mera suposição ou desconfiança. É preciso fazer prova. Tem que pedir com objetividade.

Na verdade, analisando o acórdão proferido, pelo STJ, no Resp. 1.814.639/RS, verifica-se que restou instaurada divergência jurisprudencial sobre a possibilidade ou não do ajuizamento da ação de exigir contas no bojo da obrigação alimentar. A maioria entendeu, com fundamento no princípio do melhor interesse da criança e sua proteção, que embora não fosse admitida a prestação de contas, como procedimento especial, esta poderia ser determinada, desde que o provedor dos alimentos não buscasse a satisfação de crédito final. Ora, se os alimentos são irrepetíveis não haveria efetividade na propositura de ação de prestação de contas, pelo rito especial. A condenação no pagamento do saldo devedor seria inútil. Além disso, haveria dificuldade em estabelecer parâmetros em relação a alimentação propriamente dita. No entanto, é perfeitamente possível exigir a prestação de contas com o objetivo de fundamentar pedido revisional de alimentos, ou até mesmo a modificação de guarda, caso o genitor que a detém, esteja utilizando de forma indevida os valores recebidos.

Dessa forma, embora não seja possível propor o procedimento da prestação de contas, pelo rito especial, pode-se usar rito comum para fazer pedido simples de prestação de contas para fiscalizar, demonstrando a má gestão, como causa de pedir

Conclui-se, assim, que, na verdade, a determinação constante do precedente, longe de estabelecer divergência de entendimentos, apenas deferiu medida que muito se assemelha com uma ação de produção antecipada de provas, que pode subsidiar ou dissuadir uma ação futura mais ampla, como uma revisional de alimentos ou de fixação de guarda.

É preciso ressaltar, ainda, que a obrigação alimentar também pode ser discutida em ação de oferta de alimentos, a ser proposta pelo alimentante. Nesse caso, é o devedor da obrigação alimentar que, pretendendo ver fixados os parâmetros para a contribuição a que se vê obrigado, propõe a ação e pleiteia a fixação judicial nos limites do seu pedido.

A ação de oferta de alimentos segue o mesmo regramento previsto para a ação de alimentos, com relação à elaboração da petição inicial, requisitos relativos a competência, causa de pedir, pedido, liminar, valor da causa, fases do procedimento, sentença e recurso, sem efeito suspensivo.

É importante tratar, também, dos aspectos processuais dos alimentos chamados avoengos, que são aqueles devidos, de forma subsidiária, pelos avós aos netos. É certo que o art. 229 da Constituição Federal, determina que os pais são responsáveis por sustentar os filhos menores. O art. 1694 do Código Civil, por sua vez, reza que os parentes, os cônjuges ou companheiros podem pedir uns aos outros os alimentos de que necessitem para viver de modo compatível com a sua condição social, inclusive para atender às necessidades de sua educação. Em complemento, o art. 1.696 do código civil determina que o direito à prestação de alimentos é recíproco entre pais e filhos, e extensivo a todos os ascendentes, recaindo a obrigação nos mais próximos em grau, uns na falta dos outros no que é corroborado pelo art. 1.698 do mesmo diploma, que estabelece que" Se o parente, que deve alimentos em primeiro lugar, não estiver em condições de suportar totalmente o encargo, serão chamados a concorrer os de grau imediato; sendo várias as pessoas obrigadas a prestar alimentos, todas devem concorrer na proporção dos respectivos recursos, e, intentada ação contra uma delas, poderão as demais ser chamadas a integrar a lide." Portanto, conclui-se que a obrigação dos avós, quanto a fornecer alimentos para os netos, é subsidiária, ou seja, somente se os genitores não puderem arcar com o sustento dos filhos, e que o avós serão chamados a cumprir a obrigação. Nesse sentido, está a SÚMULA 596 STJ que reza que: "a obrigação alimentar dos avós tem natureza complementar e subsidiária, configurando-se apenas na impossibilidade total ou parcial de seu cumprimento pelos pais."

É importante frisar, assim, que a ação deve ser dirigida primeiramente contra o pai, para, na impossibilidade dele, serem chamados os avós. No entanto, não se exclui a possibilidade de a ação ser proposta contra o pai e o avô, se evidenciado que aquele não tem condições de arcar sozinho com a obrigação alimentar. Os avós são, assim, chamados a *complementar a pensão,* que o pai, sozinho, não pode oferecer aos filhos (CC, art. 1.698). [12]

[12] I. Nos termos da mais recente jurisprudência do STJ, à luz do Novo Código Civil, há litisconsórcio necessário entre os avós paternos e maternos na ação de alimentos complementares. Precedentes. RECURSO ESPECIAL Nº 958.513 – SP (2007/0129470-0), rel min. Aldir

Por outro lado, também há forte discussão sobre a responsabilidade e necessidade de citação, para formação de litisconsórcio necessário, de todos os parentes que estiverem no mesmo grau, em relação aquele que deve ser alimentado.

Por fim, mas não menos importante, temos que tratar dos alimentos gravídicos, que são aqueles valores suficientes para cobrir as despesas adicionais do período de gravidez e que sejam dela decorrentes, da concepção ao parto, inclusive as referentes a alimentação especial, assistência médica e psicológica, exames complementares, internações, parto, medicamentos e demais prescrições preventivas e terapêuticas indispensáveis, a juízo do médico, além de outras que o juiz considere pertinentes, conforme prevê o próprio art. 2º da Lei nº 11.804/2008. Referida Lei dos Alimentos Gravídicos não estabeleceu procedimento específico, porém menciona a aplicação subsidiária da Lei de Alimentos e do Código de Processo Civil. Todavia, existe uma peculiaridade prevista na Lei dos Alimentos Gravídicos porque o art. 7º prevê que o réu será citado para oferecer contestação no prazo de 5 (cinco) dias, ato este que não existe no procedimento especial da Lei de Alimentos.

Assim, o CPC vigente não alterou o procedimento para se requerer alimentos gravídicos, procedimento que deverá observar o que determina o procedimento da Lei de Alimentos, ressalvado o prazo para apresentar a citação[13].

Passarinho Júnior in https://www.stj.jus.br/websecstj/cgi/revista/rej.cgi/atc?seq=13965201&tipo=5&nreg=200701294700&seqcgrmasessao=&codorgaojgdr=&dt=20110301&formato=html&salvar=false. no mesmo sentido: apelação cível ac 95518 rn 2009.009551-8 (tj-rn) juris prudência•26/01/2010•tribunal de justiça do rio grande do norte ementa: ação de alimentos proposta contra os avós paternos. extinção do processo, sem resolução do mérito. carência de ação configurada. ausência de interesse processual (art. 267 , vi, cpc). direito à percepção da verba alimentar reconhecido em sentença já transitada em julgado em ação judicial distinta. obrigação alimentar a ser cumprida pelo genitor dos alimentandos. inexistência de prova no sentido do inadimplemento da verba alimentícia ou da impossibilidade do cumprimento do encargo. precedente do stj. apelo conhecido e improvido

[13] Nesse sentido, Rodolpho Vanucci afirma que "a execução de alimentos gravídicos segue as mesmas regras das demais modalidades de alimentos, sendo que a única diferença para as demais modalidades diz respeito ao título executivo passar a favorecer o menor após seu nascimento. Sendo assim, são permitidas todas as técnicas exaustivamente mencionadas neste trabalho, com exceção do processo de execução, posto que, por se tratar de título executivo judicial, será executado, quando não preferirem o desconto, a expropriação direta e a prisão

Além disso, a parte legitimada a agir em juízo será a mulher grávida e não o titular do direito aos alimentos, que é o nascituro. De fato, no caso dos alimentos gravídicos, como o titular do direito é o nascituro, será a genitora, grávida, que deterá a legitimidade para agir. Trata-se de legitimidade extraordinária, pois estará em juízo em nome próprio, pleiteando direito alheio, que é do nascituro. Tanto é assim que, os alimentos gravídicos que envolvem todas as despesas para uma vida saudável da mãe, durante a gravidez, incluindo despesas de médicos e parto, quando o bebê nasce, passam a integrar as necessidades do filho, e não da genitora.

Nesse sentido, o art. 2º. da Lei própria Lei 11.804/2008, reza que:

> *"Art. 2º. Os alimentos de que trata esta Lei compreenderão os valores suficientes para cobrir as despesas adicionais do período de gravidez e que sejam dela decorrentes, da concepção ao parto, inclusive às referentes a alimentação especial, assistência médica e psicológica, exames complementares, internações, parto, medicamentos e demais prescrições preventivas e terapêuticas indispensáveis, a juízo do médico, além de outras que o juiz considere pertinentes.*
>
> *Parágrafo único. Os alimentos de que trata este artigo referem-se à parte das despesas que deverá ser custeada pelo futuro pai, considerando-se a contribuição que também deverá ser dada pela mulher grávida, na proporção dos recursos de ambos".*

É evidente que o titular dos alimentos gravídicos é o nascituro, sendo que a lei confere a mãe, a legitimidade para reivindicá-los em juízo, conforme art. 2º e 1779 do Código Civil. Na verdade, tendo em vista que a lei emprega o termo "mulher" permite a conclusão de que será a mãe a legitimada, como substituto processual, para pleitear os alimentos que pertencem ao filho.[14] Por fim, o foro competente para os alimentos gravídicos é o da residência da mulher grávida, que é a legitimada extraordinária.

2. A execução de alimentos

Nesta segunda parte de nosso estudo, passaremos agora a tratar das técnicas para satisfação da obrigação alimentar.

Tendo em vista a especialidade da Lei de Alimentos, quando do advento da Lei nº 11.232/05, ainda sobre a vigência do CPC anterior, a qual alterou o

civil, pelo cumprimento de sentença". – *Execução de alimentos do direito de família – um estudo atualizado e sistematizado em vista das recentes reformas legislativas. Ed. Notadez/datadez, 2011, p. 165.*

[14] Nesse sentido, está o entendimento de Machado Costa, 2008, p. 1.225.

processamento da execução em si, a doutrina muito discutiu sobre a possibilidade de sua aplicação nos casos de execução da prestação de alimentos.

Os alimentos, em regra, são constituídos por título executivo judicial, advindo de regular ação de alimentos, cujas características estudamos na primeira parte deste artigo. Contudo, a obrigação de prestar alimentos pode surgir, também, de título executivo extrajudicial, como ocorre, por exemplo, no caso do art. 585 II, CPC, qual seja, a hipótese da escritura pública ou outro documento público assinado pelo devedor; documento particular assinado pelo devedor e duas testemunhas ou instrumento de transação referendado pelo Ministério Público ou por advogados dos acordantes.

Por esse motivo, entendeu-se, na época, que a sentença ou decisão judicial que fixa alimentos deveria ser executada pelo rito do cumprimento de sentença (arts. 475-I e seguintes do CPC/73, então vigente), cabendo a execução por meio do art. 646 e seguintes, do antigo código, apenas para os casos em que os alimentos tivessem sido fixados em título executivo extrajudicial.

Por outro lado, apesar de os artigos 732 e 733 do CPC/73 não sofrerem revogação ou alteração pela Lei nº 11.232/2005, muito se discutiu se os mesmos continuariam a ser aplicados na execução de alimentos. Os que defendiam como THEODORO JR. (2007, p. 416)[15], a não aplicação da Lei nº 11.232/05 sobre a execução de alimentos, afirmavam que o art. 732 do CPC/73, que versava sobre a execução dos alimentos sob pena de penhora, não fora objeto de qualquer alteração, pelo que argumentavam que não foi a intenção do legislador modificar a execução dos alimentos, devendo esta ser realizada por meio de processo autônomo. Com efeito, o art. 732 do CPC/73 reportava-se ao Capítulo IV do Título II do Livro II, ou seja, aos arts. 646 a 724 do CPC/73 e não ao Livro I do Código (Wambier e Talamini, 2010, p. 563)[16].

[15] O autor afirmou, à época, que: "Na hipótese do art. 732 a execução de sentença deve processar-se nos moldes do disposto no Capítulo IV do Título II do Livro II do Código de Processo Civil, onde se acha disciplinada a ''execução por quantia certa contra devedor solvente'' (arts. 646 a 724), cuja instauração se dá por meio de citação do devedor para pagar em 3 dias (art. 652, caput), sob pena de sofrer penhora. Como a Lei n. 11.232/05 não alterou o art. 732 do CPC, continua prevalecendo nas ações de alimentos o primitivo sistema dual, em que acertamento e execução forçada reclamam o sucessivo manejo de duas ações separadas e autônomas: uma para condenar o devedor a prestar alimentos e outra para forçá-lo a cumprir a condenação."

[16] Referidos autores sustentam que o regramento estabelecido para o cumprimento de sentença não se aplica para a execução de alimentos. É que o art. 732 do CPC/73 faz remissão

No entanto, com o advento do CPC/15, como se verá abaixo, essa celeuma se resolveu eis que passou a prever a possibilidade de execução de alimentos tanto por titulo judicial, como extrajudicial. Assim, entendemos ser relevante tratar justamente do impacto do CPC/15 sobre as técnicas constantes da Lei de Alimentos.

Conforme a Lei de Alimentos, a execução de pensão alimentícia pode ser realizada de quatro formas:

1) desconto em folha de pagamento;
2) cobrança de aluguéis ou outros rendimentos– art. 17 da Lei de alimentos;
3) expropriação de bens do devedor;
4) coerção (prisão).

Vejamos, pois, tais hipóteses de execução:

1) Desconto em folha: pode ocorrer em qualquer situação em que o devedor tenha ganho periódico. Somente é admissível para prestações futuras, ou seja, não se destina a executar pensões em atraso. O empregador, ou qualquer funcionário que auxilie o devedor a eximir-se da obrigação, ficará sujeito à pena de detenção de seis meses a um ano. O desconto é ordenado através de ofício, que conterá os nomes do devedor e do credor, a importância a ser descontada e o tempo de sua duração, os dados da conta bancária e a assinatura do juiz.
2) Cobrança de aluguéis ou outros rendimentos: desconto feito através de ofício àquele que tem a obrigação de pagar o rendimento, o qual não poderá descumprir a determinação, sob pena de detenção acima referida.
3) Expropriação de bens do devedor: procedimento igual ao da execução por quantia certa contra devedor solvente.
4) Coerção – Execução mediante pena de prisão: meio de execução indireta que visa forçar o devedor a adimplir a obrigação. Não tem caráter punitivo. Trata-se de pressão psicológica. É medida excepcional, prevista no artigo 5º, inciso LXVII da CF.

ao capítulo IV, do Livro II do Código, isto é, aos artigos 646/724, não se aplicando, portanto, a nova estrutura de cumprimento da sentença, delineada nos arts. 475-I e 475-J do CPC/73.

Os artigos 16 e 18 da Lei de Alimentos estabeleciam uma gradação, quanto aos modos de executar os alimentos. O modo preferencial seria o desconto em folha de pagamento. A prisão civil seria determinada somente em último caso, como alternativa ao malogro das demais técnicas, sendo vedada sua aplicação para alimentos pretéritos. Essa é a opinião majoritária na doutrina.[17]

Ocorre que o artigo 1072, V do CPC/15 contém previsão para a revogação dos artigos 16 a 18 da Lei de Alimentos, que tratam da gradação dos meios de se satisfazer o direito do credor.

O art. 16, do referido diploma legal, foi revogado porque o legislador pretendeu que a execução de alimentos deveria seguir o rito previsto no CPC/15.

De fato, conforme visto acima, no Capítulo X, do CPC/15, que trata das Ações de Família, inserto no Título III (Dos Procedimentos Especiais), o parágrafo único do artigo 693 prescreve que *"A ação de alimentos e a que versar sobre interesse de criança ou adolescente observarão o procedimento previsto em legislação específica, aplicando-se, no que couber, as disposições deste Capítulo."*. Referida norma, trata do procedimento da ação de alimentos, mas a execução da obrigação alimentar, deverá ser regida pelo CPC/15, que estabelece um procedimento específico para o cumprimento da sentença (arts. 525 a 533), colocando uma pá de cal sobre a discussão sobre se as alterações da lei processual poderiam ser aplicadas nesse tipo de tutela. O mesmo regramento é imposto para a execução de alimentos fixados em título executivo extrajudicial, cuja previsão consta dos arts. 911 a 913 do CPC/15.

O Código vigente, ao trazer essa previsão, também põe um ponto final na discussão sobre se a execução de alimentos com pedido de prisão estaria limitada às hipóteses de título executivo judicial. O parágrafo único do artigo 911 é expresso no sentido de se poder aplicar o quanto previsto no art. 528 e seus parágrafos o que inclui a decretação de prisão ao executado pela falta de pagamento das três últimas prestações vencidas e as vincendas.

[17] Por todos, Wambier, Almeida e Talamini (2010, p.566) afirmavam: "A ordem de escolha do meio de execução a ser adotado não aparece nitidamente no código, mas resta clara com a análise da sequência dos arts. 16 a 18 da Lei de Alimentos. Há, portanto, certa gradação na preferência do legislador pelos modos de executar a prestação alimentícia, devendo os meios mais drásticos (prisão ou expropriação) ser reservados apenas para a hipótese de frustação dos modos anteriores segundo opinião que tem prevalecido.";

Daí se conclui que é possível requerer a execução, com pedido para decretação de prisão do devedor, nos casos de não pagamento de alimentos previstos em escritura pública de divórcio.

A dúvida que surge, então, seria se a revogação dos artigos 17 e 18 teria se dado para suprimir a possibilidade de penhora sobre créditos originários de aluguéis de prédios ou de quaisquer outros rendimentos do devedor.

Numa leitura mais apressada seria essa conclusão possível. No entanto, sistematicamente essa conclusão se revela absolutamente equivocada. Ora, a especialidade do crédito não permite concluir que o legislador queira suprimir formas de se obter a efetividade da tutela. Jamais a conclusão poderia ser essa. Na verdade, a vontade do legislador, nos parece é a de colocar uma pá de cal na discussão sobre se haveria uma gradação em relação às técnicas de obtenção da efetividade da tutela, como prega a maioria da doutrina. O legislador quis deixar patente que para obrigar o devedor a cumprir a obrigação alimentar, o magistrado poderá escolher, dentre os mecanismos previstos aquele mais adequado às necessidades do caso concreto, aquele que seja capaz de melhor tutelar o direito aplicável à espécie pelo magistrado.

O exequente, então, poderá optar pelo desconto em folha, se o executado for funcionário público, militar, diretor ou gerente de empresa, bem como empregado sujeito à legislação do trabalho, conforme o art. 529, mas também terá a opção de requerer a execução, pelo pedido de prisão, ou ainda, pela execução por quantia certa. Assim, o CPC/15 trouxe a previsão expressa de que o desconto em folha é apenas uma opção, mas não a primeira, de recebimento do crédito. Nesse caso, o juiz, então, oficiará à autoridade, à empresa ou ao empregador, determinando, sob pena de crime de desobediência, o desconto a partir da primeira remuneração posterior ao executado, a contar do protocolo do ofício.

Assim, a melhor interpretação a ser dada para a revogação dos dispositivos da Lei de alimentos, acima citados, visando a especialidade desse tipo de tutela, é a de que não existe gradação entre tais técnicas, mas sim, para propiciar a efetividade da tutela, deve-se aplicar aquela que melhor se atingiria o fim almejado que é o efetivo e rápido recebimento dos alimentos.

Nesse sentido, foi editado o Enunciado 484 do FPPC – Forum permanente dos processualistas civis, que reza: "(art. 1.072, V) A revogação dos arts. 16 a 18 da Lei de Alimentos, que tratam da gradação dos meios de satisfação do direito do credor, não implica supressão da possibilidade de penhora sobre créditos originários de alugueis de prédios ou de quaisquer outros rendimentos do devedor. (Grupo: Execução)."

Enfim no CPC/15, há um Capítulo específico que tratará "*Do cumprimento da sentença que reconheça a exigibilidade de obrigação de prestar alimentos*", O art. 525 diz que o executado será intimado pessoalmente para pagar em 3 dias. O devedor poderá: pagar, provar que já pagou ou apresentar justificativa da impossibilidade de efetuá-lo.

A mesma previsão consta da execução por título extrajudicial, inserta nos artigos 911 e segs. Assim, o art. 912 prevê a possibilidade de se pleitear desconto em folha de pagamento no caso de o devedor ser funcionário público, militar, diretor ou gerente de empresa, bem como empregado sujeito a legislação do trabalho.

Tanto para o cumprimento de sentença, como na execução por título extrajudicial que fixa a obrigação alimentar, o procedimento é o mesmo, ou seja, se o devedor, citado, não pagar, não fizer a prova de que o efetuou ou se não apresentar justificativa, o juiz mandará protestar o pronunciamento judicial, aplicando-se, no que couber o disposto no art. 517, que contém a mesma previsão para as decisões transitadas em julgado. Assim, criou-se uma nova forma de protesto judicial.[18] A dita previsão representa um avanço no sentido de criar mais uma forma de possibilidade a efetividade da tutela, mas, por outro lado, também preserva a lealdade e boa-fé processuais, determinando que o protesto somente seja levado a efeito após decorrer o prazo para o pagamento. Para efetivar o protesto, o exequente deverá providenciar a competente certidão de inteiro teor da decisão, que deverá ser fornecida pelo cartório do Juízo competente, no prazo de 3 dias. Caso o exequente queira cancelar o protesto deverá requerer a expedição de ofício para tanto.

Além disso, conforme parágrafo terceiro do art. 525 do CPC/15, caso o executado não efetue o pagamento ou não seja aceita a justificativa por ele apresentada, o juiz decretará a prisão, pelo prazo de um a três meses. Essa

[18] A previsão do protesto judicial está conforme a orientação jurisprudencial, notadamente do STJ no sentido de permitir o protesto de decisões judiciais. Nesse sentido, está o acórdão prolatado pela 3ª Turma do STJ, nos autos do Recurso Especial nº 750.805-RS, no qual se decidiu que "a sentença condenatória transitada em julgado, é título representativo de dívida", subsumindo-se, assim, na previsão legal do art. 1º da Lei nº 9.492/97, bem como que "é possível o protesto da sentença condenatória, transitada em julgado, que represente obrigação pecuniária líquida, certa e exigível.".

prisão será em regime fechado, devendo o preso ficar separado dos demais presos, conforme o parágrafo quarto da referida norma. Como visto acima, por se tratar de medida coercitiva, o cumprimento da pena não exime o executado do pagamento das prestações vencidas e vincendas. Paga a prestação alimentícia, o juiz suspenderá o cumprimento da ordem de prisão.

Importante ressaltar que **o** §7º do art. 525 do CPC/15 determina que o débito alimentar que autoriza a prisão civil do alimentante é o que compreende até as 3 (três) prestações anteriores ao ajuizamento da execução e as que se vencerem no curso do processo.

Desta forma, na hipótese de execução de alimentos em atraso, por mais de três meses, o exequente deverá propor execução de alimentos, pedindo prisão, somente para os últimos três meses e todas as vincendas e, fazer outro pedido, por execução por quantia certa, para as parcelas atrasadas, anteriores aos três últimos meses. Conforme decisão do STJ, proferida pela 4ª Turma. REsp 1.930.593/MG[19], em que foi Relator o. Ministro. Luis Felipe Salomão, julgado em 9/8/22, essas duas execuções podem ser cumuladas num único procedimento sob o entendimento de que a cumulação "visa atender aos fins sociais e exigências do bem comum, com promoção da dignidade da pessoa humana para tutela do direito do credor, nos termos fixados no art. 8º do Código de Processo Civil." No entanto, entendemos que essa não seria a forma mais adequada porquanto o procedimento ficaria mais moroso, violando o principio da duração razoável do processo.

Por outro lado, entendemos que o parágrafo oitavo do art. 528 é expresso em determinar que, no caso de execução provisória da sentença ou da decisão liminar que fixa alimentos, não caberá o pedido de prisão do devedor. Note-se que o legislador usa o termo "desde logo" o qual é sempre utilizado quando se trata de liminares, tutelas e decisões provisórias.

O art. 913 do CPC/15 deixa aberta ao exequente a opção por outras formas de tutela jurisdicional a fim de satisfazer o crédito alimentar a que tem direito. Assim, o exequente, no lugar de optar pelo pedido de prisão poderá optar pela execução por quantia certa, na forma estabelecida nos arts. 824 e seguintes.

Ressalte-se que, ante a especificidade do direito aqui tratado, a concessão do efeito suspensivo à impugnação ao cumprimento de sentença,

[19] https://processo.stj.jus.br/jurisprudencia/externo/informativo/?acao=pesquisar&processo=1930593&livre=@docn&operador=e&b=INFJ&thesaurus=JURIDICO&p=true&tp=T

ou aos embargos à execução por título extrajudicial, que forem ofertados pelo devedor, não terão o condão de impedir o levantamento do dinheiro, nas hipóteses em que a penhora recair sobre dinheiro. Natural, diante do caráter alimentar da dívida.

Uma inovação vinda com o CPC/15 é a previsão constante do parágrafo terceiro do art. 529, no sentido de que o débito executado poderá ser descontado dos rendimentos ou rendas do executado, de forma parcelada, nos termos do caput do referido artigo, contanto que somado à parcela devida, não ultrapasse cinquenta por cento de seus ganhos líquidos. Se não for cumprida a obrigação, haverá penhora (art. 530). Esse procedimento se aplica tanto aos alimentos definitivos como em relação aos provisórios, por força do disposto no art. 531 e também em face do art. 525, que é expresso ao se referir também à decisão interlocutória que fixa alimentos. No caso de alimentos provisórios ou definitivos concedidos por sentença ainda sujeita a recurso, o processamento se dará em apartado, devendo-se propor execução autônoma. No caso de alimentos definitivos o cumprimento da sentença será efetuado nos mesmos autos.

Outra novidade é aquela constante do art. 532 no sentido de que a litigância de má-fé caracterizada pela conduta procrastinatória do executado, em cumprir a obrigação que lhe cabe, causará a ocorrência de delito de abandono material, a ser apurada pelo Ministério Público.

Se os alimentos forem fixados por conta de ato ilícito, dita o art. 533 do CPC/15 que o exequente poderá requerer que o executado constitua capital para que a renda assegure o pagamento mensal da pensão. Esse capital poderá ser representado por imóveis ou direitos reais sobre imóveis, títulos de dívida pública ou investimentos bancários e ficarão impenhoráveis e inalienáveis enquanto durar a obrigação, constituindo-se em patrimônio de afetação. O capital poderá ser substituído por desconto em folha ou por fiança bancária ou real. Resta saber se é preciso tentar a constituição do capital primeiro ou se o credor preferir já pode pedir o desconto em folha ou a fiança. Entendemos que pode ser opção do credor.

O art. 833, §2º do CPC/15 incluiu na lista de bens penhoráveis, para fins de pagamento de prestação alimentícia, os vencimentos, os subsídios, os soldos, os salários, as remunerações, os proventos de aposentadoria, as pensões, os pecúlios e os montepios, bem como as quantias recebidas por liberalidade de terceiro e destinadas ao sustento do devedor e de sua família, os ganhos de trabalhador autônomo e os honorários de profissional liberal, que são absolutamente impenhoráveis para as execuções dos demais créditos. Também permite a penhora de bem de família bem como da quantia depositada em caderneta de poupança, ainda que o valor seja inferior à cinquenta salários mínimos mensais. Além disso, poderá ser permitido o levantamento imediato do montante penhorado, ainda que seja concedido efeito suspensivo à impugnação.

Uma questão que surge seria se haveria possibilidade de efetuar o pedido de parcelamento previsto no art. 916 do CPC/15. Entendemos que, pelo objetivo da norma, que é possibilitar a efetividade da tutela, a satisfação do crédito, que muitas vezes não ocorre porque o devedor não tem condições de arcar com o valor da dívida de uma só vez, entendemos que nada há que impeça que essa técnica possa ser utilizada na execução de alimentos por título extrajudicial. O mesmo não se poderá afirmar com relação ao cumprimento de sentença de alimentos, por força do §7º do mesmo art. 916 que veda tal incidência.

Por fim, deve ser ressaltado que, na execução de alimentos podem ser pleiteadas as medidas executivas atípicas, nos termos do art. 139, inciso IV do CPC/15, eis que, na defesa do valor vida o órgão julgador pode deferir as mais variadas medidas sub-rogatórias, coercitivas e mandamentais, ainda que não previstas em lei.

Conclusões

Após breve análise, concluímos que as boas inovações trazidas pelo CPC vigente encerraram as discussões havidas sob a égide do Código anterior, o que é positivo para o alimentando, e cuja prática vem demonstrando que o normativo atual é relevante e importante para a efetividade da prestação da tutela jurisdicional da obrigação de prestar alimentos.

Em nosso entendimento, a normatização inserta no CPC/15 é benéfica ao credor de alimentos, possibilitando o alcance da efetividade da tutela de forma mais célere em muito pela clara orientação no sentido de desestimular a prática de atos protelatórios por parte do devedor. De outro lado, nota-se que o CPC/15 procurou também preservar e privilegiar a boa-fé e a lealdade processuais evitando a violação ao direito de defesa do devedor.

Referências

COSTA, Machado Antônio Cláudio da. *Código de processo civil interpretado:artigo por artigo, parágrafo por parágrafo*. São Paulo: Manole, 2008.

DIAS, Maria Berenice. *Manual de Direito das Famílias,* São Paulo: Revistas dos Tribunais, 2016.

DINIZ, Maria Helena. *Curso de Direito Civil Brasileiro* – 5º vol. Direito de Família – 17ª ed. – São Paulo: Saraiva, 2002

MADALENO, Rolf. *Curso de direito de Familia,* Rio de janeiro: Forense, 2015

MONTENEGRO FILHO, Misael. *Cumprimento da sentença e outras reformas processuais.* São Paulo: Atlas, 2006

SCARPINELLA BUENO, Cassio. *Curso sistematizado de Direito processual civil,* vol. 3. São Paulo: Saraiva, 2012

THEODORO JR., Humberto. *Curso de direito processual civil.* – v. 2, 41ª ed. atual. Rio de Janeiro: Forense, 2007.

WAMBIER, Luiz Rodrigues, ALMEIDA; Flávio Renato Correia de; e TALAMINI, Eduardo. *Curso avançado de direito processual civil.* 12 ed. rev. atual e ampl. São Paulo: Revista dos Tribunais, 2010.

11
POR UMA MAIOR FLEXIBILIDADE PROCEDIMENTAL NA EXECUÇÃO DE ALIMENTOS

Anselmo Prieto Alvarez
Cristiane Druve Tavares Fagundes

1. Notas introdutórias e colocação da problemática

Questão que sempre foi enfrentada com rigidez tanto pela doutrina quanto pela jurisprudência diz respeito ao procedimento a ser adotado na execução (e posteriormente também no cumprimento de sentença) de alimentos.

Em linhas gerais, em virtude da especialidade do bem da vida protegido por meio dessa tutela jurisdicional, relacionado por vezes à própria subsistência do alimentando, o ordenamento jurídico dá a opção[1] ao exequente de promover a execução por meio de dois procedimentos: prisão ou penhora de bens. Dessa dualidade procedimental, diversas questões surgem e doutrina e jurisprudência oscilam quanto à melhor forma de sua solução.

Uma primeira questão que se coloca advém da *possibilidade de o exequente promover a execução (ou iniciar o cumprimento de sentença) cumulando as técnicas executivas da prisão e da penhora*. A problemática reside em deliberar se o exequente de alimentos está atrelado, de um lado, a optar pela prisão do executado ou pela persecução de seus bens por meio da penhora, ou, de outro lado, se poderia cumular no mesmo feito ambas as técnicas executivas.

[1] Nesse sentido, o artigo 528, § 8º, do CPC/2015, dispõe que, ao lado do procedimento da prisão, "O exequente pode optar por promover o cumprimento da sentença ou decisão desde logo, nos termos do disposto neste Livro, Título II, Capítulo III (...)".

Além dessa questão, há, ainda, outra celeuma relacionada à *execução já promovida pelo exequente com a opção por um dos procedimentos previstos em lei.* Estaria, pois, o exequente fadado a manter-se em uma execução iniciada pelo rito da penhora *ad eternum* ou poderia ele transitar entre essa técnica executiva e outras tantas, tais como prisão, desconto em folha de pagamento, astreintes, etc.

Nesse particular, sempre se entendeu que, na hipótese de optar o exequente por iniciar os atos executivos pleiteando pela prisão do executado como medida coercitiva apta a forçar o cumprimento da obrigação de pagar alimentos, se essa medida restasse inócua, poderia o exequente requerer a *conversão do rito* para penhora de bens do executado[2]-[3].

Se frustrada, no entanto, a adoção de atos de constrição em relação ao patrimônio do executado, o retorno à ordem de prisão, em regra, não se permite. O mesmo se diga na hipótese de o exequente ter iniciado o feito optando por conduzi-lo pelo rito da penhora. Nesse caso igualmente doutrina e jurisprudência sempre foram muito rígidas em flexibilizar as regras procedimentais em prol do exequente, condenando o alimentando a manter-se na realização de atos inócuos de persecução de patrimônio.

O presente artigo tem por escopo analisar se ainda remanesce justificativa para a manutenção de regras procedimentais tão inflexíveis em desfavor do exequente de alimentos, que, por vezes, deve sua subsistência à eficiência dos atos jurisdicionais.

2. Posicionamento doutrinário e jurisprudencial clássicos

Tradicionalmente, as opções procedimentais oferecidas em prol do exequente de alimentos (prisão ou penhora) têm sido aplicadas de forma bastante inflexível. Ou bem o exequente deveria iniciar a busca pela tutela executiva pleiteando penhora ou bem o faria por meio do rito da prisão.

[2] Nesses termos, o CPC/2015 preceitua que “Não cumprida a obrigação, observar-se-á o disposto nos arts. 831 e seguintes” (art. 530).

[3] Entende-se, inclusive, que a conversão não pode ser determinada de ofício. Nesse sentido, observe-se julgado do Tribunal de Justiça do Distrito Federal e Territórios: “Há, contudo, de ser afastada a determinação de ofício de conversão do rito da prisão para aquele atinente à constrição patrimonial, pois compete ao Credor dos Alimentos a escolha do rito previsto no § 3º (prisão civil) ou no § 8º (penhora) do art. 528 do CPC para que seja processado o Cumprimento de Sentença de Alimentos” (AI nº 0708780-18.2020.8.07.0000, 5ª Turma Cível. Rel. Angelo Passareli, j. 28.10.2020).

Não se permitiria, em regra, a cumulação de ritos. E na hipótese de frustração da execução promovida inicialmente pelo procedimento de prisão, deveria haver necessária conversão para o rito da penhora. Uma vez convertido o rito, não haveria volta, não se permitindo o uso da técnica da prisão novamente.

Os tribunais pátrios apresentam inúmeros julgados corroborando tal rigidez.

Quanto à *impossibilidade de cumulação inicial de ritos*, acórdão exemplificativo da rigidez ora aventada foi proferido pelo Tribunal de Justiça de São Paulo[4], em agravo de instrumento de decisão que indeferiu a cumulação dos ritos de prisão e de penhora de bens. Entendeu-se, no caso, que os ritos são distintos, o que inviabilizaria a cumulação por gerar tumulto processual.

Em idêntico sentido, foi proferido acórdão pelo mesmo tribunal mantendo decisão de Primeira Instância que ordenara que o exequente optasse pelo rito da penhora ou pelo da prisão. Entendeu-se pela impossibilidade de cumulação de ritos, afirmando ser inviável ao credor "pleitear a prisão civil e a penhora de bens ao mesmo tempo"[5]-[6].

Quanto à *possibilidade de idas e vindas de técnicas procedimentais quando a execução já se encontra iniciada*, os tribunais pátrios também adotam classicamente posicionamento rigoroso.

Exemplificativamente, acórdão proferido pelo Tribunal de Justiça do Distrito Federal e Territórios[7] ratificou a regra segundo a qual a definição do rito procedimental constitui opção do credor. No entanto, afirmou que, "dentre as medidas possíveis na execução de alimentos pelo rito da prisão civil, não se encontram o bloqueio ou a penhora de bens nem a consulta a dados financeiros do executado, as quais são adotadas no caso de execução pelo rito da constrição patrimonial/penhora". Poderia, portanto, o exequente manter-se no procedimento por ele escolhido ou requerer a conversão de um rito para o outro. Pontificou-se, assim, que "não é possível adotar, no rito da prisão, medidas próprias do procedimento da penhora".

[4] AI 2147718-98.2022.8.26.0000, Rel. Maria Salete Corrêa Dias, j. 17.02.2023.

[5] AI 2177939-98.2021.8.26.0000, Rel. José Aparício Coelho Prado Neto, j. 01.03.2022.

[6] No mesmo sentido, também do TJSP: AI 2119813-55.2021.8.26.0000, Rel. Enio Zuliani, j. 29.07.2021.

[7] AI nº 0726230-37.2021.8.07.0000, 5ª Turma Cível, Rel. Ana Cantarino, j. 13.10.2021.

Note-se que referido posicionamento fulcra-se em uma visão bastante estanque dos ritos previstos em lei: ou bem se seguem as regras previstas para a execução pelo rito da penhora ou bem são seguidas as regras do procedimento pela prisão, havendo, ainda, a possibilidade de conversão para o rito da penhora nessa última hipótese, se a prisão não se mostrar eficaz.

A maior parte da jurisprudência clássica posicionava-se, portanto, no sentido de que não se poderia decretar penhora de patrimônio do executado em feito executivo que se processasse pelo rito da prisão. Observe-se, nesse sentido, o seguinte julgado proferido pelo Tribunal de Justiça do Distrito Federal e Territórios:

> 1 – Inadmissível a decretação da penhora patrimonial no âmbito de Cumprimento de Sentença que se processa pelo rito da prisão, sem o deferimento da prévia e correspondente conversão do rito processual. 2 – *Compete ao Credor dos Alimentos a escolha do rito previsto no § 3º (prisão civil) ou no § 8º (penhora) do art. 528 do CPC para que seja processado o Cumprimento de Sentença de Alimentos. Contudo, há de ser rejeitada a pretensão de que seja adotado rito híbrido que contemple a possibilidade de prisão e de penhora no mesmo.* Cumprimento, ainda que motivada na impossibilidade de encarceramento de devedores de alimentos no período da pandemia do novo Coronavírus (STJ – HC 568.021 – PExt no HC 568.021 – CE), *dado a incompatibilidade dos procedimentos*, conforme já assentado em julgados do TJDFT. Agravo de Instrumento desprovido.[8]

Descartou-se, pois, a possibilidade de adoção um procedimento híbrido que adotasse tanto técnicas de penhora quanto de prisão no mesmo processo executivo de alimentos, fulcrando tal entendimento na incompatibilidade de ritos.

Ademais, em regra, a jurisprudência defendia tal entendimento rígido também aduzindo que, se a execução iniciou com o rito da prisão e posteriormente foi convertida em penhora, teria perdido seu caráter de urgência e atualidade. Logo, não mais se poderia utilizar a prisão quando o procedimento tiver sido convertido.[9]

Igualmente a doutrina ostentou o mesmo posicionamento inflexível. É nesse sentido que ainda se afirma que "escolhendo o credor o cumpri-

[8] AI nº 0716576-26.2021.8.07.0000, Rel. Angelo Passareli, j. 01.09.2021; destaques nossos.

[9] Nesse sentido: TJSP, AI nº 2204415-42.2022.8.26.0000, Rel. Enéas Costa Garcia, j. 17.03.2023.

mento por expropriação, não cabe a decretação de prisão civil"[10] e também que, quando o exequente opta pelo rito da penhora, "o credor não poderá valer-se da coerção pessoal (prisão) para satisfazer o crédito, embora possa valer-se do protesto"[11].

Analisados os panoramas jurisprudencial e doutrinário clássicos, mister se faz questionar se os alicerces de tais entendimentos ainda encontram-se hígidos atualmente.

3. Por uma maior flexibilidade procedimental

O cerne do presente artigo reside em analisar se ainda há fundamentos suficientes para manutenção de um entendimento inflexível quanto ao procedimento por meio do qual tramita a execução ou o cumprimento de sentença que fixa alimentos.

Como premissa inafastável para as conclusões que se pretendem atingir adiante, parte-se do fato de que, em qualquer execução, vige preponderantemente o *princípio do atendimento ao interesse do credor*, segundo o qual a execução realiza-se no interesse do exequente, conforme preceituado pelo artigo 797, do CPC/2015. E assim é pelo fato de que o objetivo da execução é a satisfação do exequente que ostenta um título em seu favor.

Tal princípio tem tanto mais lugar quanto mais se valoriza o bem da vida em discussão na execução. Dessa sorte, quando se tratar de execução de alimentos, ainda mais razão se terá em afirmar que a execução deve ser realizada no interesse do exequente/alimentando. Isto porque muitas vezes preserva-se nesse tipo de execução a própria sobrevivência do credor de alimentos. Não é por outra razão que se admite – à opção do exequente – a prisão civil do devedor da obrigação alimentar!

Ora, como bem doutrinam Wambier e Talamini (2017, p. 706):

> O inadimplemento da prestação alimentar não ocasiona meramente diminuição patrimonial, mas risco à própria sobrevivência do alimentando. O bem jurídico envolvido remete diretamente à dignidade da pessoa humana – um dos fundamentos da República (art. 1º, III, da CF). Daí a necessidade de meios mais eficazes para essa modalidade de execução.

[10] Conforme doutrina de Marinoni; Arenhart; Mitidiero (2015, p. 562).

[11] Nas palavras de Silva (2016, p. 711).

Assim, nas palavras de Araken de Assis (2017, p. 1.362), "o legislador expressou, na abundância da terapia executiva, o interesse público prevalente da rápida realização forçada do crédito alimentar".

Trata-se, conforme pensamos, de um *princípio ainda mais qualificado de atendimento ao interesse do credor*, qualificação extra essa que é fornecida pelo próprio ordenamento jurídico.

Não é outra a razão, por exemplo, do tratamento especial que o *protesto* dos pronunciamentos que fixam alimentos ostenta: ao contrário da regra geral do sistema (art. 517, do CPC/2015), o protesto de tais títulos pode ser ordenado de ofício, além de também poderem ser protestadas decisões provisórias que fixem alimentos (art. 528, § 1º, do CPC/2015). Isso sem falar, por óbvio, na própria legalidade e constitucionalidade da *prisão civil*, nessa hipótese.

Parece-nos, no entanto, que o princípio do atendimento ao interesse do credor merece ter maiores repercussões procedimentais nas execuções de alimentos do que o posicionamento clássico vem tradicionalmente atribuindo.

Assim como se permite que o exequente de alimentos opte pelo procedimento que melhor atenda seus interesses, tal permissão deve ser estendida também para a possibilidade de cumulação inicial de ritos e, ainda, para o uso das mais variadas técnicas executivas, sem a necessidade de estanque conversão procedimental.

Quanto à primeira flexibilização – referente à *cumulação inicial de ritos* –, relevante que se verifique que parte da doutrina já defendia tal viabilidade. Assim, expressamente posicionam-se Tartuce e Dellore (2015, p. 484), ao enfrentarem a questão de o débito alimentar abranger tanto prestações antigas como novas:

> No sistema do Novo CPC, contudo, a sistematização soa facilitadora: há espaço para promover um único cumprimento de sentença que veicule cobrança de prestações antigas e novas. Assim, o exequente sempre será, segundo o art. 528, *caput*, intimado pessoalmente para em 3 dias pagar o débito, provar que o fez ou justificar a impossibilidade de fazê-lo.
>
> O § 1º do art. 528 prevê que, caso o pagamento não seja efetuado, provado ou tenha sua falta justificada, o juiz mandará protestar o pronunciamento judicial. (...)
>
> Até aí, o processo segue da mesma maneira para as prestações novas e antigas. A diferença é apenas a determinação da prisão civil, o que não parece

ser incompatível com a determinação de penhora no mesmo processo. É prudente que o mandado preveja as diferentes consequências para as diferentes prestações.[12]

No mesmo sentido, doutrina Rangel (acesso 21.06.2023) que não há nada que obste o credor de dar início à execução pelo meio exclusivamente previsto para tanto com o objetivo de receber parcelas vencidas há mais de um trimestre, desde que seu requerimento de prisão tenha por pretensão compelir o executado a pagar apenas o débito referente ao trimestre anterior, acrescido das parcelas vincendas. Quanto ao débito restante, lhe restará requerer que o executado-alimentante seja compelido a pagar sob pena de constrição patrimonial.[13]

Ademais, a cumulação inicial de ritos objeto de recente apreciação e convalidação por parte do Superior Tribunal de Justiça, tendo restado decidido que cabe ao exequente a opção por cumular ou não os ritos de prisão e penhora quando do início da execução (ou do cumprimento de sentença).

Nos autos do Recurso Especial nº 1.930.593/MG, julgado em 9.08.2022, a Quarta Turma do Superior Tribunal de Justiça entendeu que devem ser privilegiados o princípio dispositivo e o princípio da disponibilidade dos meios executivos. Se tais princípios já dirimem naturalmente a execução civil, devem os mesmos serem ainda mais privilegiados quando se tratar de verba alimentícia.

Entendeu-se, portanto, pelo *cabimento da cumulação inicial das técnicas executivas da prisão e da penhora no âmbito do mesmo processo executivo de alimentos*. Para tanto, é necessário que não haja prejuízo ao devedor nem ocorra tumulto processual no caso em concreto.

Foram, portanto, estabelecidos critérios para a escorreita cumulação inicial de ritos na execução de alimentos. *In verbis:*

> 3. É cabível a cumulação das técnicas executivas da coerção pessoal (prisão) e da coerção patrimonial (penhora) no âmbito do mesmo processo executivo de alimentos, desde que não haja prejuízo ao devedor (a ser devidamente comprovado) nem ocorra nenhum tumulto processual no caso em concreto (a ser avaliado pelo magistrado).

[12] Em sentido contrário: SILVA; MARTINS (2016, p. 236).

[13] Com o mesmo entendimento, é o Enunciado 32 do IBDFAM: "é possível a cobrança de alimentos, tanto pelo rito da prisão como pelo da expropriação, no mesmo procedimento, quer se trate de cumprimento de sentença ou de execução autônoma".

4. Traz-se, assim, adequação e efetividade à tutela jurisdicional, tendo sempre como norte a dignidade da pessoa do credor necessitado. No entanto, é recomendável que o credor especifique, em tópico próprio, a sua pretensão ritual em relação aos pedidos, devendo o mandado de citação/intimação prever as diferentes consequências de acordo com as diferentes prestações. A defesa do requerido, por sua vez, poderá ser ofertada em tópicos ou separadamente, com a justificação em relação às prestações atuais e com a impugnação ou os embargos a serem opostos às prestações pretéritas.

5. Na hipótese, o credor de alimentos estabeleceu expressamente a sua "escolha" acerca da cumulação de meios executivos, tendo delimitado de forma adequada os seus requerimentos. Por conseguinte, em princípio, é possível o processamento em conjunto dos requerimentos de prisão e de expropriação, devendo os respectivos mandados citatórios/intimatórios se adequar a cada pleito executório.

Todos os sujeitos da relação processual foram contemplados pela referida decisão. Assim, ao *exequente* cabe especificar, em tópico próprio, a sua pretensão procedimental em relação aos pedidos formulados. Deve, portanto, de forma clara e objetiva, indicar quais parcelas estariam submetidas ao rito da prisão e quais estariam subsumidas ao procedimento da penhora.

De forma a concretizar a necessária ampla defesa ao devedor, deverá o *juiz* ordenar a expedição de mandado de citação/intimação com expressa e destacada previsão das diferentes consequências jurídicas de acordo com as respectivas prestações.

Por sua vez, o *executado* deverá ter plena viabilidade de defesa, a qual poderá ser ofertada em tópicos ou separadamente, sempre mediante a apresentação de justificação em relação às prestações atuais e, ainda, com a impugnação ou os embargos a serem opostos às prestações antigas.

Parece-nos que referida decisão atende com saciedade ao necessário resguardo do direito de defesa do devedor: não pode ser o mesmo prejudicado em seu contraditório e ampla defesa, devendo, pois, ser observados os prazos e instrumentos de profícua defesa. Outrossim, também o direito do exequente de optar pelo procedimento que melhor lhe atenda – o que inclui a viabilidade de cumulação de técnicas executivas – estará preservado.

A análise da existência de tumulto procedimental – elemento que por décadas foi utilizado como fundamento para se negar a cumulação de ritos

– não pode ser realizada, segundo entendemos, de forma abstrata. Em outras palavras, a existência de tumulto procedimental não se pressupõe; ao contrário, deve ser comprovado nos autos. Sem referida prova irrefutável não poderá o juiz indeferir a cumulação inicial de procedimentos na execução de alimentos. Dessa forma, jamais poderá o juiz indeferir o processamento do feito no início de sua tramitação, vez que ausente qualquer indício de real e efetivo tumulto processual.

No sentido do quanto ora defendido, foi proferido acórdão pelo Tribunal de Justiça de São Paulo[14], reformando decisão de primeira instância que se limitara a indeferir a pleiteada cumulação de ritos, sem apontar qualquer razão jurídica para tanto, facultando apenas a conversão procedimental. Não fizera, ainda, nenhuma menção concreta a eventual tumulto processual. Ressaltou-se, pois, a necessária análise do pedido de cumulação à luz do caso concreto.

Parece-nos, portanto, que, no que diz respeito à viabilidade de cumulação inicial dos procedimentos de prisão e de penhora, andou bem o Superior Tribunal de Justiça, no julgado mencionado.

Inclusive, após referida decisão, observa-se uma maior aderência dos tribunais locais a um posicionamento um pouco mais flexível na referida temática, apesar de ainda não se poder afirmar que se trata de um posicionamento majoritário.

Exemplificativamente, acórdão proferido pelo Tribunal de Justiça de São Paulo[15] expressamente fez menção ao julgado acima referenciado e concluiu pelo cabimento da cumulação inicial de ritos na execução de alimentos, vez que ausente qualquer demonstração de tumulto processual.

Igualmente entendendo pela cumulação inicial de ritos, julgado proferido pelo Tribunal de Justiça do Rio de Janeiro[16] posicionou-se no sentido de que a norma processual prevê diversos meios coercitivos para o cumprimento da obrigação alimentar, dentre eles, a prisão e a penhora de bens, os quais podem ser cumulados, observados os requisitos pertinentes a cada qual. Assim, entendeu-se pela possibilidade de decretação da prisão civil em relação apenas às dívidas de parcelas alimentares dos últimos três meses da apresentação do cumprimento de sentença e as vincendas

[14] AI nº 2243093-29.2022.8.26.0000, Rel. Miguel Brandi, j. 16.12.2022.

[15] AI nº 2307130-65.2022.8.26.0000, Rel. Fernando Reverendo Vidal Akaoui, j. 13.04.2023.

[16] AI nº 0033241-91.2022.8.19.0000, Rel. Eduardo Antonio Klausner, j. 26.10.2022.

após tal momento. Por outro lado, a penhora de bens é pertinente para as dívidas decorrente de obrigações alimentares anteriores ao mencionado período ou, ainda, no caso de manutenção da inadimplência, mesmo após a prisão ser efetivada.

No mesmo sentido, também da lavra do Tribunal de Justiça do Rio de Janeiro[17], entendeu-se pela possibilidade de cumulação, mencionando expressamente o julgado do Superior Tribunal de Justiça, salientando-se que dessa forma se prestigiam os "princípios da efetividade e da celeridade processual, inexistindo no Código Processual vigente qualquer dispositivo que impeça" a cumulação.

Mas ainda são localizados julgados em sentido contrário, mantendo o posicionamento clássico de inadmissibilidade de cumulação inicial de ritos na execução de alimentos. Nesse sentido, exemplificativamente, cita-se julgado do Tribunal de Justiça de São Paulo[18], no qual manteve-se o indeferimento da cumulação inicial de ritos sob o argumento de que tal cumulação "faria transmudar a natureza da execução, suprimindo-lhe um importante predicado de que conta o credor, que é a possibilidade de obter a prisão civil do executado".

Em idêntico sentido, da lavra do mesmo tribunal, observa-se acórdão entendendo pela impossibilidade de cumulação do rito da prisão e expropriação de bens nos mesmos autos em virtude da suposta ausência de previsão legal[19]. Outro julgado da mesma corte ainda faz menção ao fato de que o "recente entendimento adotado pela Quarta Turma do C. STJ (...) não é vinculante, nem tampouco unânime"[20].

De toda sorte, entendemos que o posicionamento externado pelo Superior Tribunal de Justiça, no REsp nº 1.930.593/MG, coaduna com toda a principiologia que rege a matéria, vez que dá primazia aos princípios do dispositivo, da disponibilidade e do atendimento ao interesse do credor. Todos esses princípios restam certamente qualificados pelo bem da vida protegido na seara alimentar, que é a sobrevida do alimentando.

Importante destacar que a doutrinadora Tartuce (2022, p. 261), adepta do posicionamento ora defendido, traz, ainda, como fundamento para

[17] AI nº 0014536-11.2023.8.19.0000, Rel. Luiz Fernando de Andrade Pinto, j. 27.04.2023.

[18] AI nº 2246774-07.2022.8.26.0000, Rel. Valentino Aparecido de Andrade, j. 19.04.2023.

[19] TJSP, AI nº 2182294-20.2022.8.26.0000, Rel. Pedro de Alcântara da Silva Leme Filho, j. 22.02.2023.

[20] TJSP, AI nº 2016845-73.2023.8.26.0000, Rel. Vitor Frederico Kümpel, j. 29.05.2023.

defesa da possibilidade de cumulação inicial de ritos, o atendimento aos princípios da celeridade, efetividade e economia processual, vez que "(h) á clara contemplação da celeridade pelo ganho de tempo para todos os envolvidos – inclusive o Poder Judiciário, que dispenderá menos tempo com atos processuais, assim como da efetividade".

Coadunamos com referido posicionamento, entendendo pelo cabimento de cumulação no mesmo feito dos procedimentos da penhora e da prisão, cumulação essa que, uma vez devidamente processada, não gerará tumulto processual, mas, sim, otimização na prática dos atos no processo.

É bem de se ver, no entanto, que, no que diz respeito à outra temática objeto do presente artigo, qual seja, *a utilização na mesma execução das mais variadas técnicas executivas, sem a necessidade de conversão de ritos*, não são verificados tantos avanços.

Conforme demonstrado nos itens anteriores, a jurisprudência pátria tem feições extremamente rígidas no que pertine à possibilidade de utilização de técnicas executivas variadas, sem a necessidade de conversão de ritos.

Contudo, para que tal análise seja completa, resta digna de nota a especialidade da jurisprudência erigida durante a pandemia da Covid-19.

A pandemia da Covid-19, além de questões humanas e humanitárias raramente vistas no mundo, também foi capaz de mexer com estruturas muitas vezes milenares do direito. A especialidade do momento que vivenciamos fez com que tivéssemos que repensar inúmeras questões estabelecidas e enraizadas no Direito por diversas décadas.

A questão procedimental da execução de alimentos não fugiu a essa regra. Esse tema poderia nos conduzir a diversas abordagens, tais como a prisão domiciliar do devedor de alimentos ou a inviabilidade de sua prisão em decorrência da crise sanitária pela qual passávamos. Em virtude da limitação do presente artigo, será objeto de análise apenas uma: a possibilidade do uso de diversas técnicas executivas no curso da execução já iniciada, permitindo, pois, idas e vindas procedimentais durante a execução, sem a necessidade de conversão de ritos.

O fato é que se pode notar uma oxigenação no tratamento jurisprudencial da referida temática no contexto da pandemia.

No período de maior recrudescimento da pandemia da Covid-19, houve entendimentos mais flexíveis no que diz respeito às regras procedimentais nas execuções de alimentos. Em regra, todavia, se fazia menção à excepcionalidade do momento.

Assim, por exemplo, o Tribunal de Justiça de São Paulo proferiu acórdão suspendendo a execução da ordem de prisão civil até que fossem cessadas as medidas de isolamento social determinadas pelas autoridades médicas, "sem prejuízo da possibilidade da execução prosseguir por meio de constrição patrimonial"[21]. Em outro julgado, o mesmo tribunal, em feito que tramitava pelo rito da prisão, fixou-se que a excepcionalidade do momento justificava o deferimento do pedido de pesquisa de bens e bloqueio via Bacenjud. E ressaltou que "Apenas deverá ser observado que, caso localizados os valores em nome do Executado, de rigor a revogação da prisão civil"[22].

No mesmo sentido, acórdão também proferido pelo Tribunal de Justiça de São Paulo[23] apreciou hipótese em que a ordem de prisão havia sido suspensa como meio de prevenção do coronavírus e o exequente requereu, portanto, pedido de penhora *online*. Entendeu-se pela possibilidade da tentativa de pagamento por meio de bloqueio de ativos financeiros, devendo ser "(e)ventuais valores penhorados (...) descontados do remanescente, se existente, para decisão sobre o prosseguimento da execução por prisão, futuramente".

Outros julgados, como um caso julgado pelo Tribunal de Justiça do Distrito Federal e Territórios, aduziam a possibilidade de conversão de ritos de maneira transitória. *In verbis:*

> Nessas circunstâncias, as regras de conversão do rito inicialmente proposto da execução de alimentos devem ser aplicadas sob o critério da proporcionalidade, considerando-se o direito a um mínimo existencial por parte do alimentando. 3. *Autoriza-se, de maneira excepcional e transitória, o Magistrado a converter, de ofício, o rito da execução de alimentos, proposto pela custódia civil, para a modalidade da penhora, a fim de garantir a eficácia e a utilidade da satisfação da dívida alimentar, com observância de duração razoável do processo,* mormente quando há o consentimento do Autor, com atos tendentes à localização de passíveis bens do Devedor.[24]

[21] AI nº 2006789-83.2020.8.26.0000, Rel. Maria Do Carmo Honório, j. 08.06.2020.

[22] AI nº 2062135-19.2020.8.26.0000, Rel. João Pazine Neto, j. 30.07.2020.

[23] AI nº 2242814-14.2020.8.26.0000, Rel. Carlos Alberto de Salles, j. 15.12.2020.

[24] AI nº 0708047-52.2020.8.07.0000, Rel. Robson Teixeira De Freitas, j. 05.08.2020.

Assim, desde o início do momento de maior gravidade da pandemia, os tribunais locais já vinham proferindo decisões no sentido de flexibilizar a rigidez procedimental no que diz respeito às técnicas executivas usualmente próprias de um ou outro procedimento.

No Superior Tribunal de Justiça, a Terceira Turma, em acórdão relatado pela Ministra Nancy Andrighi, decidiu que enquanto durasse a pandemia estaria impossibilitada a prisão civil do devedor de alimentos em regime fechado, cabendo ao credor indicar se pretende que a prisão civil seja cumprida no regime domiciliar ou se pretende postergar o seu cumprimento, "sem prejuízo da adoção de outras medidas indutivas, coercitivas, mandamentais ou sub-rogatórias"[25].

Poucos meses após tal decisão, foi proferido pelo Superior Tribunal de Justiça julgado tido como paradigmático nesse tema, entendendo pelo cabimento de, enquanto durasse a impossibilidade de prisão civil do devedor de alimentos, em razão da pandemia da Covid, determinação de penhora de bens em seu desfavor, sem que houvesse a conversão do rito da prisão para o da constrição patrimonial. Pontificou-se que:

> Considerando a suspensão de todas as ordens de prisão civil, seja no regime domiciliar, seja em regime fechado, no âmbito do Distrito Federal, enquanto durar a pandemia do coronavírus, *impõe-se a realização de interpretação sistemático-teleológica dos dispositivos legais que regem a execução de alimentos, a fim de equilibrar a relação jurídica entre as partes.*
>
> 3.1. Se o devedor está sendo beneficiado, de um lado, de forma excepcional, com a impossibilidade de prisão civil, de outro *é preciso evitar que o credor seja prejudicado com a demora na satisfação dos alimentos que necessita para sobreviver, pois ao se adotar o entendimento defendido pelo ora recorrente estaria impossibilitado de promover quaisquer medidas de constrição pessoal (prisão) ou patrimonial, até o término da pandemia.*
>
> 3.2. Ademais, tratando-se de direitos da criança e do adolescente, como no caso, não se pode olvidar que o nosso ordenamento jurídico adota a doutrina da proteção integral e do princípio da prioridade absoluta, nos termos do art. 227 da Constituição Federal. Dessa forma, *considerando que os alimentos são indispensáveis à subsistência do alimentando, possuindo caráter imediato, deve-se permitir, ao menos enquanto perdurar a suspensão de todas as ordens de prisão civil em*

[25] HC 645.640/SC, Rel. Nancy Andrighi, DJe 26.03.2021.

decorrência da pandemia da Covid-19, a adoção de atos de constrição no patrimônio do devedor, sem que haja a conversão do rito.[26]

Ou seja, o Superior Tribunal de Justiça entendeu que – enquanto durasse a pandemia do coronavírus – poderiam ser adotados atos de constrição patrimonial, sem a necessidade de conversão do rito. E assim o fez, em atenção à doutrina da proteção integral do menor e do princípio da prioridade absoluta de seus interesses. Em alguma medida, atentou-se igualmente para o interesse do exequente de alimentos, parte que mais sofre com medidas protelatórias nas execuções alimentícias, por necessitar de tais valores para sua sobrevivência.

Posteriormente ao referido acórdão, diversas decisões monocráticas foram lançadas no Superior Tribunal de Justiça, ratificando referido entendimento. Assim, o Ministro Paulo de Tarso Sanseverino permitiu a adoção de atos de constrição do patrimônio do alimentante, enquanto perdurasse a suspensão das ordens de prisão civil, sem a conversão do rito de execução[27].

Mesmo fenômeno também se deu nos tribunais locais, com inúmeras decisões adotando posicionamento mais flexível, inclusive com citação expressa do acórdão proferido pelo Superior Tribunal de Justiça.

Assim, exemplificativamente, observe-se julgado do Tribunal de Justiça de Minas Gerais, que, fazendo expressa referência, ao "excepcional momento pandêmico e da suspensão das prisões de devedores de alimentos", autorizou a realização de atos expropriatórios, sem que fosse imediatamente convertido o rito da prisão civil para o da execução ordinária de alimentos. Assim, "Demonstrados o inadimplemento continuado da obrigação alimentar, a impossibilidade da decretação da prisão civil e a urgência advinda da própria natureza dos alimentos, defere-se a adoção de medidas constritivas voltadas à satisfação da dívida, sem a conversão do rito"[28]-[29].

Houve, contudo, decisões que, mesmo reconhecendo a possibilidade de atos constrições em execuções que tramitavam pelo rito da prisão, fizeram

[26] REsp 1914052/DF, Rel. Min. Marco Aurélio Bellizze, Terceira Turma, j. 22.06.2021; destaque nosso.

[27] Decisão monocrática, Processo nº 2022/0032779-9, Rel. Paulo de Tarso Sanseverino, j. 17.03.2022.

[28] AI nº 2010284-64.2021.8.13.0000, Rel. Moacyr Lobato, j. 17.02.2022.

[29] No mesmo sentido: TJSP, AI nº 2093553-38.2021.8.26.0000, Rel. Carlos Alberto de Salles, j. 10.08.2021; TJSP, AI nº 2043614-89.2021.8.26.0000, Rel. Carlos Alberto de Salles, j. 10.08.2021.

observação no sentido de que, caso o resultado da penhora fosse frutífero, deveria "a requerente providenciar o desmembramento da dívida alimentar, executando parte dos alimentos de acordo com o rito da penhora, parte nos termos do rito que admite o decreto prisional"[30].

Não se tratou, no entanto, de entendimento pacífico, tendo sido possível localizar diversos julgados mantendo a impossibilidade de aplicação de técnicas executivas diversas das que deram origem ao início da execução.

Nesse sentido, exemplificativamente, foi proferido julgado pelo Tribunal de Justiça de São Paulo, no qual o exequente pretendera, em virtude da suspensão do cumprimento da prisão decretada, por força da pandemia, que se procedesse à penhora e bloqueios de bens do devedor. Manteve-se, no mencionado acórdão, decisão de Primeira Instância que indeferira tal requerimento, sob o argumento de impossibilidade de cumulação de execuções. Ademais, haveria risco de tumulto processual, em especial pela penhora de bens para cumprimento apenas parcial do débito[31].

O fato é que, em regra, durante o período mais grave da pandemia do coronavírus, entendeu-se pela viabilidade da utilização de técnicas inerentes ao procedimento de penhora em autos que tramitavam pelo rito da prisão. E o mais relevante: em muitos julgados, sem que tal viabilidade importasse em necessária conversão definitiva de ritos.

Tratou-se de momento certamente dotado de extrema especialidade, mas cujas premissas podem e devem, segundo pensamos, ser estendidas para além do período pandêmico.

Note-se que os fundamentos determinantes (ou a *ratio decidendi*) trazidos à baila pelo julgado paradigmático do Superior Tribunal de Justiça, em essência, não se limitam ao período pandêmico.

Como visto, aventou-se a possibilidade de serem adotados atos de constrição patrimonial em execução que se iniciara pelo rito da prisão, sem a necessidade de conversão procedimental. Fundamentou-se referido entendimento na proteção integral do menor e do princípio da prioridade absoluta de seus interesses. A razão de ser, portanto, da flexibilização procedimental autorizada no julgado não está adstrita ao período pandêmico. Ao contrário, a relevância do bem da vida protegido na seara

[30] TJSP, AI nº 2063924-19.2021.8.26.0000, Rel. Clara Maria Araújo Xavier, j. 15.07.2021.

[31] AI nº 2183324-27.2021.8.26.0000, Rel. Alcides Leopoldo, j. 23.08.2021.

alimentar – manutenção e sobrevivência do alimentando – persiste igualmente em tempos de suposta "normalidade sanitária".

Além disso, também os princípios que regem a matéria são igualmente atendidos: dispositivo, disponibilidade e atendimento ao interesse do credor, jamais se olvidando que se trata de um credor qualificado pela premência da verba objeto da execução. E tal realidade não persiste apenas na pandemia!

Não se pode olvidar que, quando se fala em alimentos, está-se tutelando, em última análise, o próprio direito à vida constitucionalmente protegido. Isto porque, conforme precisa lição de Abelha (2016, p. 420), "o 'direito à subsistência' é corolário daquilo que podemos chamar de direito à vida".

Segundo pensamos, portanto, não há fundamentos para que a flexibilidade procedimental autorizada pelo julgado de que se trata seja limitada única e exclusivamente ao período da pandemia do coronavírus.

Parece ajudar na solução dogmática da celeuma ora instalada trabalhar com a noção de *técnicas executivas* ao invés de *procedimentos executivos estanques e incomunicáveis*.

Em regra, a execução de alimentos configura-se em uma execução para pagamento de quantia certa, qualificada pelo bem da vida protegido (sobrevivência do alimentando). Justamente por isso, foram estabelecidas regras especiais.

Tais regras especiais, segundo doutrina de Abelha (2016, p. 424), referem-se a "técnicas de expropriação diferenciadas, técnica de coerção da prisão civil, procedimento processual executivo diferenciado etc., variando a incidência de cada técnica de acordo com a situação jurídica material apresentada".

Justamente pela relevância do bem da vida protegido, as regras executivas especiais podem ser utilizadas de acordo com o interesse e a disposição do exequente.

Sobre as técnicas executivas na execução de alimentos, doutrina Roque (2021):

> No cumprimento de sentença que reconhece obrigação de prestar alimentos legítimos e voluntários, o CPC relaciona as seguintes técnicas: (i) determinar o protesto do pronunciamento judicial (art. 528, § 1º), inclusive de ofício; (ii) decretar a prisão civil do executado (arts. 5º, LXVII, CRFB/1988 e 528, § 3º); (iii) proceder à penhora e expropriação de bens do executado (art. 528, § 8º); desconto em folha de pagamento (art. 529, caput) e descontos

dos rendimentos ou rendas do executado (art. 529, § 3º). 4.1. O rol, todavia, não é taxativo, pois, de acordo com o art. 139, VI, o juiz tem o poder de determinar todas as medidas indutivas, coercitivas, mandamentais ou sub-rogatórias necessárias para assegurar o cumprimento de ordem judicial, inclusive no que tange a prestações pecuniárias. (...) 4.2. Não há impedimento, assim, para que seja cominada a aplicação de multa periódica (astreintes) contra o executado. Se é possível decretar até mesmo a sua prisão civil, não há razão para que seja vedada medida muito menos gravosa, como a imposição de multa.

Dessa forma, não nos parece que esteja o exequente fadado a manter-se em uma execução pelo procedimento de penhora sem qualquer perspectiva de adimplemento da obrigação pelo exequente, sendo que há possibilidade de, com o passar do tempo, outras medidas se mostrem mais efetivas e adequadas ao caso concreto.

Todas as técnicas executivas, via de consequência, podem ser adotadas pelo juiz a requerimento do exequente, independentemente de qual tenha sido o procedimento inicialmente apresentado. E mais: a concessão de tais requerimentos independe, ainda, da conversão de ritos, vez que essa técnica engessa a efetividade da busca pela satisfação do crédito alimentar.

Em sentido muitíssimo similar ao ora defendido, Rangel (acesso em 21.06.2023) doutrina que, no CPC/2015, resta apenas um procedimento executivo de cunho alimentar, com diversas técnicas processuais, configurando-se a prisão e a expropriação de bens apenas duas delas.

Logo, podem ser deferidas pesquisas de bens em nome do devedor de alimentos ainda que se trate de execução de alimentos iniciada por meio da técnica da prisão, sem importar em conversão de ritos. O mesmo se diga quanto a protesto do título[32] e até mesmo medidas fulcradas no artigo 139, IV, do CPC/2015, tais como apreensão de passaporte, suspensão de CNH[33], etc.

[32] Na execução de alimentos, é possível o protesto e a inscrição do nome do devedor nos cadastros de proteção ao crédito (Jurisprudência em Teses nº 65, STJ – REsp 1469102/SP, j. 8.3.2016).

[33] "(...) Determinada a intimação dos exequentes para requererem o que de direito, sob pena de extinção do feito (fl. 118), pediram a suspensão da habilitação de veículo automotor do executado até o pagamento do débito alimentar (fl. 121), decisão de acolhimento do juízo singular ora questionada (fls. 122/124). Com o devido respeito, não vislumbro verossimilhança nas alegações dos impetrantes, porque, em princípio, a determinação judicial de suspensão da

Questão mais delicada diz respeito à possibilidade de se utilizar a técnica da prisão em autos que se iniciaram (ou mesmo posteriormente se converteram) pelo rito da penhora. Parece-nos que a única limitação para o uso da técnica coercitiva da prisão estaria na disposição legal que autoriza a prisão civil do devedor para dívidas restritas até as três últimas prestações e as que se vencerem no curso do processo (art. 528, § 7º, do CPC/2015).

Não se trata, contudo, de uma impossibilidade: ainda que o feito esteja tramitando pelo rito da penhora e bens não tenham sido localizados, nos parece que há possibilidade de que o exequente requeira a prisão do devedor, nos próprios autos da execução já iniciada. Basta que limite tal requerimento às três últimas prestações e as que se vencerem daquele momento em diante.

Vale como reforço de argumentação a assertiva de Tartuce (2022, p. 266), que, a despeito de ter sido realizada no contexto da análise da cumulação inicial de procedimentos, é igualmente aplicável na presente seara:

> A prisão civil e a expropriação são mecanismos cujos pleitos podem ser cumulados no procedimento do cumprimento de sentença da obrigação alimentar. Não há incompatibilidade absoluta entre as técnicas, mas apenas restrição quanto ao número de parcelas que pode ser exigida sob pena de prisão.

Outrossim, não convence o repisado fundamento da perda do caráter de premência dos alimentos utilizado para se negar ordem de prisão para processos que tramitam há mais tempo. Ora, se o pedido e a ordem de pagamento ficarem restritos às três últimas parcelas e às que se vencerem a partir desse momento, tal óbice estará superado.

O que não se pode admitir é que se conforme com uma eterna busca infrutífera de bens, ao arrepio do interesse do alimentante que depende da verba executada para sua sobrevivência.

habilitação para dirigir veículo automotor não ocasiona, data venia, ofensa ao direito de ir e vir do paciente (art. 5º, XV, da CF). Isso porque o paciente insofismavelmente segue podendo ir e vir, desde que o faça a pé, de carona ou de transporte público. Esposar compreensão em sentido distinto significa dizer que os não-habilitados a dirigir não podem ir e vir, inverdade absoluta. Desnecessário dizer mais." (TJRS, Habeas Corpus n. 70072211642, 8ª Câmara Cível, voto condutor do rel. Des. Ricardo Moreira Lins Pasti, j. 23.03.2017).

Ademais, segundo pensamos, a previsão contida no artigo 528, § 8º, do CPC/2015, não se configura em vedação à mescla de técnicas ora defendida. Disciplina referido artigo que o exequente pode optar por promover o cumprimento da sentença desde logo pelo rito da penhora, *caso em que não será admissível a prisão do executado*". Segundo pensamos, não se trata de uma vedação *ad eternum*, mas, sim, apenas uma consequência lógica de o exequente ter-se valido a princípio da técnica da penhora.

Sobre a interpretação que deve ser dada ao referido dispositivo, doutrina Bueno (2016, p. 458):

> O § 8º do art. 528 merece ser interpretado no sentido de que cabe ao exequente optar pela adoção das regras relativas ao cumprimento de sentença (arts. 523 a 527). Neste caso, não será admissível a prisão do executado, porque o executado será intimado para pagar em quinze dias sob pena de multa e sem prejuízo da nova fixação dos honorários advocatícios (...).

Em sentido similar, posicionam-se Wambier e Talamini (2017, p. 708):

> Se o exequente não requerer o emprego da prisão civil, o juiz determinará o processamento da execução com o emprego de meios sub-rogatórios (...). Nesse caso, não incidirá a prisão civil, se houver o descumprimento do mandado executivo (arts. 528, § 8º, e 913).

E não incidirá a prisão civil pelo único fato de que se deu início à execução (ou ao cumprimento de sentença) pleiteando-se a penhora de bens.

Segundo entendemos, não parece, no entanto, haver vedação para, posteriormente, se requerer a medida coercitiva da prisão (ou mesmo qualquer outra técnica colocada à disposição do exequente).

Ademais, o próprio legislador previu ao tratar de alimentos, no artigo 1.701, parágrafo único, do Código Civil, que "Compete ao juiz, se as circunstâncias o exigirem, fixar a forma do cumprimento da prestação". Há, portanto, segundo pensamos, campo para que o juiz, a requerimento do exequente, faça uso de todas as técnicas executivas previstas no ordenamento jurídico, visando à satisfação do credor de alimentos.

No sentido ora defendido, posicionam-se Wambier e Talamini (2017, p. 708):

> Nada impede que o credor, em um primeiro momento, não peça o emprego da prisão civil e depois, diante do insucesso da execução por meios sub-roga-

tórios, peça a adoção da medida coercitiva. O mesmo vale para o desconto em folha: ainda que não pleiteado de início, pode depois ser adotado, a pedido do exequente, diante do fracasso dos mecanismos tradicionais.

Não vislumbramos, portanto, óbice para a utilização das mais variadas técnicas executivas, independentemente do procedimento por meio do qual se iniciou a execução de alimentos.

Defendendo idêntico posicionamento, doutrina Tartuce (2021, p. 169) que "a combinação de técnicas é viável a partir do reconhecimento de que multifacetadas iniciativas processuais podem ser intentadas em contemplação da dignidade da pessoa necessitada de alimentos".

Importante destacar que os próprios fundamentos utilizados pelo REsp nº 1.930.593/MG acima analisado, que versa sobre a possibilidade de cumulação inicial de ritos, podem ser utilizados para ratificar a tese ora defendida. Se a parte exequente pode validamente cumular na mesma peça inicial os ritos da prisão e da penhora, desde que o faça de forma precisa e destacada, e não ocorra tumulto processual, igualmente no curso do processo, as mais variadas técnicas podem ser igualmente utilizadas, desde que se destaque precisamente a qual período se refere o requerimento realizado.

No exato sentido do quanto ora defendido, observe-se o seguinte julgado do Tribunal de Justiça de São Paulo, que menciona, inclusive, o entendimento esposado pelo REsp nº 1.930.593/MG:

> AGRAVO DE INSTRUMENTO – Execução de alimentos, ajuizada pela agravante (filha menor) em face do agravado (genitor) – *Decisão que indeferiu o pedido de prisão do alimentante, sob a justificativa de alteração do rito para o de constrição de bens – Insurgência da exequente – Cabimento – Ausência de pedido expresso para a conversão do rito inicialmente eleito para reger o cumprimento de sentença (art. 528 do CPC) – Possibilidade de cumulação das medidas executivas de coerção pessoal e de expropriação no âmbito do mesmo procedimento executivo, na cobrança de dívida alimentar – Inteligência do REsp 1.930.593/MG* – Inviável a alteração de rito ex oficio – Réu que deve ser intimado para pagar a dívida sob pena de prisão – Decisão reformada.[34]

[34] AI nº 2304060-40.2022.8.26.0000, Rel. Miguel Brandi, j. 03.03.2023.

Prestigia-se, dessa forma, os princípios dispositivo, da disponibilidade e principalmente do atendimento ao interesse do credor de alimentos.

Oportuno destacar, no entanto, que a jurisprudência pátria é extremamente refratária em adotar a ora defendida flexibilidade procedimental.

Exemplificativamente, julgado proferido pelo Tribunal de Justiça do Paraná[35] manteve o indeferimento do pleito de renovação de ordem de prisão em processo que havia sido convertido ao rito da penhora. Em linhas gerais, a execução de alimentos havia sido iniciada pelo rito prisional e posteriormente convertida para o rito expropriatório, vez que o exequente havia requerido bloqueio de valores do FGTS do devedor. Pleiteou-se, então, renovação do mandado de prisão, o qual fora indeferido em Primeira Instância, em virtude da conversão de ritos. Tal decisão foi, então, mantida pelo Tribunal, aduzindo-se a impossibilidade de cumulação do rito de prisão com o rito de penhora.

Referido entendimento é, inclusive, reafirmado há décadas pelo Superior Tribunal de Justiça[36], sob o fundamento de que, optando o exequente pelo prosseguimento da execução mediante o rito da penhora, inadmissível seria a ameaça de imposição de prisão civil. Em outras palavras, caberia ao credor optar pelo tipo de execução que deseja. Contudo, "requerendo a execução por penhora, não cabe a decretação de prisão; a contrário senso, decretada a prisão, não se deve conceder a penhora sem que haja a conversão do rito"[37].

Parece-nos, no entanto, que a conversão estanque e rígida de ritos gera prejuízos inestimáveis ao credor de alimentos, vez que se vê limitado na possibilidade de utilização das variadas técnicas executivas postas em seu favor pelo sistema. Sendo assim, defende-se, pois, a possibilidade de adoção irrestrita das mais diversas técnicas executivas em benefício do exequente de alimentos, que necessita dessa verba para sua sobrevivência.

Dessa sorte, entendemos que o ordenamento jurídico deve ser repensado visando à maior efetividade possível na busca da satisfação do crédito alimentar. E assim deve ser tanto para possibilitar a cumulação inicial de ritos de prisão e penhora como também para viabilizar a utilização de téc-

[35] AI nº 0062227-44.2019.8.16.0000, Rel. Sigurd Roberto Bengtsson, j. 09.09.2020.

[36] RHC 14.993/CE, Rel. Min. Castro Filho, j. 05.02.2004.

[37] STJ, Decisão monocrática 751267, processo nº 2015/0174083-5, Rel. Marco Aurélio Bellizze, j. 11.09.2015.

nicas executivas variadas independentemente do rito inicial escolhido pelo exequente, sem necessidade estanque conversão procedimental.

Referências

ABELHA, Marcelo. *Manual de Execução Civil.* 6 ed., Rio de Janeiro: Forense, 2016.

ASSIS, Araken de. *Manual da Execução.* 19 ed., São Paulo, Revista dos Tribunais, 2017.

BUENO, Cassio Scarpinella. *Manual de Direito Processual Civil.* 2 ed., São Paulo: Saraiva, 2016.

MARINONI, Luiz Guilherme; ARENHART, Sérgio Cruz; MITIDIERO, Daniel. *Novo Código de Processo Civil Comentado.* São Paulo: Revista dos Tribunais, 2015.

RANGEL, Rafael Calmon. Apontamentos sobre o rito de cumprimento da sentença de alimentos. Disponível em https://rkladvocacia.com/apontamentos-sobre-o-rito-de--cumprimento-da-sentenca-de-alimentos/: Acesso em: 21 jun. 2023.

ROQUE, André. *In* DELLORE, Luiz; e outros. *Comentários ao Código de Processo Civil.* São Paulo: Grupo GEN, 2021. E-book. ISBN 9786559640232. Disponível em: https://app.minhabiblioteca.com.br/#/books/9786559640232/. Acesso em: 09 de maio de 2023.

SILVA, Beclaute Oliveira. *Código de Processo Civil Comentado.* (CÂMARA, Helder Moroni (coord)). São Paulo: Almedina, 2016.

SILVA, Marcos Luiz da, MARTINS, Aluísio de Sousa. Do cumprimento da sentença que condena em prestação de alimentos no novo código de processo civil. In: CAÚLA, Bleine Queiroz; OLIVEIRA, Olívia Marcelo Pinto de; VASQUES, Roberta Duarte (Orgs.). *A família no direito*: novas tendências. Rio de Janeiro: Lumen Juris, 2016.

TARTUCE, Fernanda. Cumulação de requerimentos de prisão e penhora no cumprimento da sentença que fixa alimentos. *Revista Eletrônica Direito e Sociedade,* Canoas, v. 10, n. 1, p. 257-268, abr. 2022, p. 257-268.

____. Cumulação de Técnicas Executivas, Alimentos e Pandemia (STJ, REsp 1.914.052/DF). *Revista Nacional de Direito de Família e Sucessões* nº 45 – Nov-Dez/2021, p. 166-172.

TARTUCE, Fernanda; DELLORE, Luiz. Execução de Alimentos: do CPC/1973 ao Novo CPC. *In:* Lucas Buril de Macêdo, Ravi Peixoto e Alexandre Freire (Org.). *Novo CPC doutrina selecionada: execução.* Salvador: Juspodivm, 2015, p. 473-491.

WAMBIER, Luiz Rodrigues; TALAMINI, Eduardo. *Curso Avançado de Processo Civil.* 16 ed., São Paulo: Revista dos Tribunais, 2017.

12
IMPACTO DA ALTERAÇÃO DA DECISÃO QUE FIXOU ALIMENTOS, NA EXECUÇÃO PROVISÓRIA INICIADA

Flávia Alessandra Naves da Silva

1. Introdução

A pensão alimentícia nem sempre apresenta enfrentamento pacífico quanto a sua aplicabilidade e alcance, certamente porquanto trate do sustento de um ser humano em sua fase de crescimento e desenvolvimento e, em algumas oportunidades, é paga que serve ao esteio e manutenção de vida minimamente condigna a outra pessoa já adulta. Essa obrigação decorre do dever legal que pais e responsáveis têm de prover os alimentos necessários para garantir a subsistência e bem-estar dos filhos ou de outros dependentes.

Observando esse propósito, necessário vertermos atenção as intercorrências e impactos da alteração da decisão que fixou alimentos na execução provisória iniciada, em compasso com a nossa legislação e demais fontes de direito, notadamente quando as vertentes de retroatividade da decisão definitiva e o ajustamento do crédito alimentar, com o que, a fixação de alimentos em um processo judicial iniciado pelo estabelecimento de provisórios, para além de garantir que a parte que precisa da prestação possa receber uma quantia durante o andamento do feito, atinja adequado alinhamento jurídico com o quanto resulte da decisão definitiva produzida.

A legislação brasileira dispõe que a pensão alimentícia deve ser paga sempre que houver necessidade e possibilidade, ou seja, quando o alimentando não dispuser de meios para prover o próprio sustento, considerando-se uma razoável presunção de necessidade ao alimentando menor ou incapaz, e o alimentante possuir condições financeiras para suportar o pagamento. O valor da pensão alimentícia pode ser estabelecido judicialmente ou por acordo entre as partes, reprisando-se deva ser fixado com base nas necessidades do alimentando e nas possibilidades do alimentante.

É importante ressaltar que a pensão alimentícia não se limita ao sustento básico, mas abrange também despesas com saúde, educação, vestuário, lazer e outras necessidades que possam contribuir para a vida do alimentando. Ademais, a pensão alimentícia pode ser concedida tanto para filhos menores de idade como para maiores incapazes ou outros dependentes econômicos, nos mais diversos níveis de parentalidade ou de elo decorrente do término da conjugalidade.

Apesar de ser uma obrigação legal, muitas vezes a pensão alimentícia não é cumprida pelos alimentantes, o que pode acarretar prejuízos significativos para o alimentando e para a sociedade em geral. Estudos apontam que a falta de pagamento da pensão alimentícia pode levar a problemas de saúde, alimentação inadequada, abandono escolar e até mesmo agravar a situação de vulnerabilidade social em que muitas famílias já se encontram, sendo imperioso ponderar também que a inadequação em sua fixação, acima de significar perdas factíveis ao alimentando, adiciona, se o caso, quando em movimento judicial desmedido, pautado na estipulação de aporte que não possa ser suportado pela efetiva capacidade econômica do alimentante, situação de extremado agravamento e desemparo, o que resultará no final, prejuízo para ambos os lados da obrigação.

Para garantir o cumprimento da obrigação alimentar, o ordenamento jurídico brasileiro prevê medidas coercitivas, como a prisão civil do devedor, a penhora de bens, restrição de documentos e a inclusão do nome do devedor nos cadastros de inadimplentes. Afora isso, é possível recorrer à mediação e conciliação para buscar soluções amigáveis e evitar a litigiosidade, ou ao menos, não a delongar.

É de se ter que os contornos aparatados na legislação, sobretudo no quanto toca a ordem constitucional e aos Códigos Civil e Processual vigentes, bem como a legislação especial afeta ao tema, fluem como verdadeiras ferramentas para a ampliação de proteção e garantia de todos, importando denotar a viabilidade de outros espaços jurídicos habilitadores de maior sentido na aplicabilidade de decisão definitiva face à decisão provisória e seu tempo de efetividade.

Assim, essencial se proceda para a construção de estruturas sólidas, que possam conduzir a todos bom aproveitamento das praxes legais e judiciais, de modo que se exerça, com plenitude, o princípio constitucional do acesso à justiça, nominado de direito de ação ou princípio da inafastabilidade da jurisdição, tendo por esteira a reivindicação de direito e atuação ampla do Estado para que todos os lados engendrados pela obrigação alimentar possam ser legítima e justamente atendidos.

Vale evidenciar, que no atual estado de vivências expostas no campo jurídico brasileiro, não é possível se permeie o esgotamento do tema, mas, nos é permitido aqui inferir análises e reflexões que teçam melhor segmento para factual segurança jurídica.

2. Alimentos: mecanismos legais para manejo

O tratamento dado pelo direito pátrio no tangente a percepção dos alimentos, não obstante possa parecer de aplicabilidade geral e irrestrita e, por vezes, até mesmo de fácil consolidação, tem demonstrado um acúmulo de inúmeras dificuldades aos que precisam movimentar a propositura e condução de medidas judiciais, sobretudo quanto as formas de modificação de aporte anteriormente fixado, ou ainda, nas causalidades que surgem da necessária interpretação dos termos de decisões judiciais que, ao longo do tempo tomem por condão inteligência diversa.

Com isso, temos que o ordenamento jurídico brasileiro, ao trazer certa diversidade de esteio legislativo, tratando de diluir o pensionamento alimentício entre o Código Civil, o de Processo Civil, bem como em legislação especial de objeto exclusivo, corrobora instrumentos que vislumbrem na condição do alimentando a vulnerabilidade precisa para que o sistema jurídico o absorva como ente a quem deva ser entregue o mínimo para a detenção e exercício pleno da dignidade da pessoa humana.

Sobre essa plenitude absoluta traduz Fernanda Tartuce (2023) que "o tratamento normativo privilegiado dado aos alimentos se justifica pelos valores que o ordenamento procura resguardar: vida com dignidade, urgência e solidariedade são os principais fundamentos do direito aos alimentos".

Neste espeque, vale cotejar que a pensão alimentícia está assentada em uma diversidade de princípios da ordem constitucional, especialmente quando tratamos de direito concernente a filhos menores de idade ou incapazes e a ex-cônjuges ou ex-companheiros que não possuam condições financeiras para se manterem, instituto que se apoia em corolário ungido pela família como base da sociedade e, por conseguinte, a exponenciação do dever da família, da sociedade e do Estado para que assegure a proteção à criança, ao adolescente e aos que possam ser alocados nesta condição de dependência.

Mais do que nunca, a pensão alimentícia tem uma função social relevante, pois busca garantir a dignidade e o sustento daqueles que não possuem meios de subsistência por conta própria, eis que o Código Civil vigente considerou seja a prestação de alimentos um dever entre parentes, cônjuges ou companheiros, nos termos do quando esculpido no art. 1.694, com supedâneo ao exercício de modo compatível com a sua condição social.

Vislumbrando melhor exatidão aos preceitos aqui delineados, encontramos valiosa lição ministrada por Yussef Said Cahali (2013), em absoluta consonância com o digesto normativo epigrafado, quando significa o termo *alimentos* para o direito, professando que "o conteúdo de uma pretensão ou de uma obrigação, vem a significar tudo o que é necessário para satisfazer aos reclamos da vida; são as prestações com as quais podem ser satisfeitas as necessidades vitais de quem não pode provê-las por si; mais amplamente, é a contribuição periódica assegurada a alguém, por um título de direito, para exigi-la de outrem, como necessário a sua manutenção".

Por tudo isso, a prestação alimentícia e o dever que dela decorre, compõem respectivamente os lados de uma mesma moeda, protegida pelo manto da Constituição Federal, um direito fundamental que deve ser respeitado e cumprido, garantindo o bem-estar das pessoas que dela dependem e a proteção à família, como instituição fundamental para o desenvolvimento.

Esse direito e seu cumprimento, estabilizam a manutenção cotidiana de cada um de seus titulares, com origem principal nas relações familiares, havendo de ser conduzida a fixação, a partir do binômio sobre o qual se assenta, devendo ser esse evidenciado em todas das fases de atribuição de valores, quer de início, quando das tratativas liminares, quer no momento de sua fixação em caráter definitivo.

O pagamento de obrigação alimentícia deve ser conduzido por meio de ação avistada nos procedimentos previstos em legislação específica (a exemplo da Lei de Alimentos e da Lei de Alimentos Gravídicos), nos termos do parágrafo único do artigo 693 do Código de Processo Civil.

Estabelecido o pensionamento e, descumprida a obrigação, a exigibilidade deve ser postulada por meio dos seguintes institutos: a) cumprimento de sentença provisório (título judicial); b) cumprimento de sentença definitivo (título judicial); e c) execução de título extrajudicial, todos mediante procedimentos específicos, que podem ser pinçados pela parte interessada e em conformidade com o débito em azo, restando ainda a possibilidade de imposição de medida restritiva de liberdade por decretação de prisão civil, penhora de bens e, até mesmo restrição de certos direitos, a exemplo do bloqueio de CNH ou passaporte.

Outro ponto relevante a ser observado, está assentado na necessária intimação pessoal do devedor, que não pode ser substituída pela remessa de intimação ao patrono constituído nos casos de fixação em fase mais ordinária, ou quiçá por meio eletrônico.

A exigência que instrumentaliza esse formato de cientificação tem por fito não permitir sejam as graves implicações decorrentes do inadimplemento do devedor, que poderá ser submetido à prisão civil, levadas a efeito em circunstância duvidosa na tomada de conhecimento dos fatos, quando poderá até mesmo alegar nulidade do passo ordenado de modo e sequência diversos do previsto na norma jurídica, podendo, em caso excepcional, ser procedimentada a intimação por carta com aviso de recebimento no mesmo endereço dos autos, qual deve ser recebida pela parte sem sombra para equívocos e, ainda, quando esgotados todos os meios e não localizado o devedor, emanada a intimação pela via editalícia, tudo no sentido de permitir possam ser continuados os atos processuais viáveis para prosseguimento do feito.

A decisão que estabelece o *quantum* alimentar, quer provisórios, quer os fixados em sentença ainda não transitada em julgado se processa em autos apartados, nos termos do cumprimento disposto pelo art. 531,§1º, do CPC, no entanto, o cumprimento definitivo da obrigação de prestar alimentos será processado nos mesmos autos em que tenha sido proferida a sentença, conforme § 2º, do mesmo artigo, mas, o Tribunal de Justiça de São Paulo, por força de provimento de sua competência, estabelece seja postulado qualquer pedido de cumprimento em autos apartado, distribuído em meio eletrônico, onde será atribuída numeração própria a um "novo" processo, qual precisa ser instruído com as peças processuais mínimas para compreensão da questão e o leque que o compreende, especialmente o título executivo, memorial descritivo e atualizado do débito, documento das partes e procuração (Prov. CG 16/2016, Comunicado CG 438/2016 e Comunicado Conjunto CG 464/2016), o que denota a vertente necessidade de averiguar-se em cada Tribunal, sua forma de organização.

Quaisquer que sejam as modalidades, sentença ou decisão judicial, as medidas judiciais dessa natureza devem ser distribuídas junto as Varas da Família, onde serão continuadas com pertinente segredo de justiça, conforme estabelecido pela norma processual (art. 189, II, do CPC).

Movimentadas as medidas judiciais à disposição das partes, para a regência da prestação alimentar e atribuição de seu valor, o cenário que se enfrenta é de múltiplas hipóteses, com concretude em momentos diferentes do percurso processual, de modo que é possível se tenha no processo a determinação de valores descoincidentes, onde primeiro valha um, depois outro e mais ao final, até mesmo um terceiro, o que resultará em exigibilidade singularizada, com vertedouro de insegurança jurídica para todos os envolvidos, com que a instabilidade do resultado aparentemente previsto será condutor da maior ou menor ativação dos sujeitos da demanda alimentar, que terão em mãos créditos de montantes diversos, mais ou menos favoráveis, a depender da leitura, e isso precisa ser evitado e estabilizado.

3. Efeitos da sentença de alimentos: retroatividade

A retroatividade da sentença de alimentos ainda apresenta inúmeras controvérsias na prestabilidade dos efeitos da decisão judicial, o que gera debates entre juristas para a aferição correta de sua extensão.

Contudo, para dimensionarmos o ponto que deva ser aquilatado a uma sentença de alimentos, precisamos firmar a diversidade entre o conceito de sentença, e sua alocação na condição de espécie do gênero decisão judicial, considerando impactante para a questão em azo observar que o estabelecimento da pensão também pode ocorrer, de início, por imposição de uma decisão de caráter interlocutório.

Assim, a prestação alimentar quando atribuída por comando judicial, decorrerá quer de modo provisório (decisão judicial de caráter provisório), quer de modo definitivo (sentença condenatória), onde uma decisão determina o valor que um dos pais ou responsáveis deve pagar ao outro para garantir a subsistência dos filhos menores e incapazes, ou ainda, como já destacado, de um cônjuge ou companheiro para outro, quando do término da conjugalidade, isso porque, o encargo alimentar estabelecido em juízo, avistada a natureza jurídica do instituto, tem necessária urgência, donde decorrerá a atribuição da obrigação por meio de tutela provisória, que poderá perdurar até o advento da sentença com comando terminativo.

Nesta toada, nas demandas alimentares, é comum que se tenha de defrontar, cada qual ao seu tempo, ao menos duas decisões no curso dos mesmos autos, além da possível assunção de decisão que pode advir de ação revisional, em que também haja a provável convivência com outras duas decisões, uma representando nova determinação de provisórios no âmbito revisional e, por conseguinte, a alteração que possa ser conjeturada na ilação da sentença ao final desta ritualística processual, fatores conducentes ao questionamento de qual seja o valor devido e, desde onde e até quanto seja considerado o marco inicial e o final das decisões exaradas.

A esse marco dá-se o nome de retroatividade da sentença de alimentos, donde sua eficácia tem se mostrado como um tema incerto no direito brasileiro, com dependência às circunstâncias específicas de cada caso, por vezes a despeito do comando contido na vívida Lei de Alimentos (Lei n. 5.478/1968), que já tratou dos efeitos da decisão que fixa o crédito alimentar, aduzindo pela anterioridade do valor até o ato citatório (art. 13, § 2º), quando explicita que em qualquer caso, os alimentos fixados retroagem à data da citação.

Esse sentido tem sido ventilado por parte da jurisprudência emitida em nossos tribunais, mormente em tratativas recentes fixadas pelo Superior Tribunal de Justiça (STJ), onde há a imposição de irrepetibilidade dos valores que tenham sido pagos, ou vedação no que tanja a compensação de aporte pago a maior[1].

Na mesma acepção, há muito já se manifestou o Supremo Tribunal Federal (STF), em jurisprudência que consolida ser possível a fixação de alimentos provisórios em ação de revisão, por exemplo, desde que circunstâncias posteriores demonstrem alterado o binômio necessidade/possibilidade, hipótese em que o novo valor estabelecido ou a extinção da obrigação devem retroagir à data da citação[2].

Neste contexto, fato que merece fortalecimento, infere-se das hipóteses que a imposição judicial da prestação se faça a partir de erro ou equívoco na fixação, balizado em evidente incorreção quando da atribuição do valor, o que pode ocorrer especialmente na análise probatória da

[1] STJ, EREsp 1.181.119/RJ, 2ª Seção, Rel. Min. Luis Felipe Salomão, DJe. 20.06.2014; STJ, REsp 1.676.874/SP, 3ª Turma, Rel. Min. Paulo de Tarso Sanseverino, DJe. 04.09.2017; STJ, AgInt em REsp 1911598/SP, 2ª. Seção, Rel. Min. Antonio Carlos Ferreira, DJe. 13.08.2021.

[2] STF, RHC 58.090/RS, Rel. Ministro Soares Muñoz, DJ de 10.10.1980 e RE 86.64/MG, Rel. Min. Rafael Mayer, DJ 25.5.1979.

necessidade ou capacidade financeira realizada com imprecisão, ou até mesmo por mote de presunção, pautada à mingua de informação, o que se vê muito quando da decisão emitida em sede de liminar. Não raro nesses momentos, o suporte detido é de baixa ou nenhuma visibilidade, não se tem a renda realmente percebida, supondo-se o melhor caminho para não deixar à deriva o alimentando, o que pode defluir quantia maior ou menor do que a que deva ser admitida.

Temos ainda a aprovação de enunciado de súmula n. 621 pela 2ª Seção do Superior Tribunal de Justiça, ocorrida em 12 de dezembro de 2018, cujo propósito é encerrar uma longa discussão da jurisprudência da Corte. O Tribunal firmou sua posição a respeito da retroatividade da sentença de alimentos até a data da citação para todas as hipóteses, repetindo conteúdo legal já existente, estabelecendo o seguinte enunciado: "Os efeitos da sentença que reduz, majora ou exonera o alimentante do pagamento retroagem à data da citação, vedadas a compensação e a repetibilidade".

O enunciado aprovado atua em consonância com a determinação prevista no art. 926, do Código de Processo Civil (CPC), objetivando a uniformização de jurisprudência buscada pela norma processual, tudo porque parte do STJ não concernia na aplicação de retroatividade dos alimentos à data de citação para as sentenças de redução[3] ou de exoneração de alimentos[4], admitindo-se entretanto, a retroatividade em casos de majoração, com a convivência de pesos e medidas diferentes, para panoramas jurídicos que precisam sim ter tratamento equivalente e equânime.

A edição do enunciado em questão tenciona solucionar o estado de insegurança jurídica que se amoldava na diversidade de decisões, alguma editadas à margem do que a Lei de Alimentos já tratava, rumando para

[3] Ação de separação judicial. Alimentos provisórios. Redução operada pela sentença. Cálculo do valor do débito. Precedentes da Corte. 1. Considerando os precedentes da Corte, o valor dos alimentos provisórios é devido desde a data em que foram fixados até a data em que proferida a sentença que os reduziu. 2. Recurso especial conhecido e provido, em parte. (REsp 662.754/MS, Rel. Ministro CARLOS ALBERTO MENEZES DIREITO, 3ª. TURMA, j. 22/03/2007, DJ 18/06/2007).

[4] AGRAVO REGIMENTAL EM RECURSO ESPECIAL – AÇÃO DEEXONERAÇÃO – ALIMENTOS – REDUÇÃO DA PENSÃO ALIMENTÍCIA – EFEITOS PROSPECTIVOS – PRECEDENTES – REFORMATIO IN PEJUS- VEDAÇÃO – RECURSO ESPECIAL A QUE SE NEGA SEGUIMENTO. (AgRg no REsp 1181119/RJ, Rel. Ministro MASSAMI UYEDA, 3ª. TURMA, j. 13/09/2011, DJe 23/09/2011).

campos opostos, determinando critério a ser seguido por todos os tribunais e órgãos de primeira instância, com métodos diversificados.

A despeito de parecer ter rota encaminhada, existe um movimento de juristas criticando o enunciado de súmula n. 621, aduzindo inclusive pela sua inconstitucionalidade, dado que neste posicionamento, a retroatividade da decisão pode estimular o descumprimento da paga e, por conseguinte, o inadimplemento do alimentante, entendendo esse grupo pela injunção de extrema vulnerabilidade ao alimentando, conduzindo o devedor a aguardar uma decisão final, para pagar aporte diverso e menor do que aquele primitivamente fixado, máxime possa observar que a análise da prova venha a lhe ser favorável e, ainda, considerando a vedação de repetição ou compensação daquilo que tenha anuído em quitar, podendo parecer ser mais vantajoso não pagar.

Contudo, Rolf Madaleno (2022), leciona que há prática de injustiça ante a impossibilidade de restituição dos alimentos, quando notadamente indevidos, por considerar infração ao princípio do não enriquecimento sem causa, de maneira que estruturas devam ser ofertadas para elidir o abuso, sendo imperioso admitir que a paga a maior realizada ao alimentante vulnerabiliza o alimentando.

Caio Mário da Silva Pereira (2012) já moldava que a sentença prolatada em ação de alimentos faz coisa julgada apenas formal, de modo a viabilizar reformada sempre que se verifique modificação na situação financeira do alimentante ou do alimentando, tratando aqui de aparato revisional, que pode e deve ser habilitado em outras circunstâncias onde exista a necessidade de ajustamento do valor:

> "Tem-se dito que a sentença, proferida em ação de alimentos, não faz coisa julgada. A expressão não significa que lhe falta definitividade resultante do esgotamento de todos os recursos (coisa julgada formal). Mas é certíssimo, no sentido de que se sujeita a reexame ou revisão, independentemente de esgotamento de todos os recursos.
>
> Com efeito, sobrevindo mudança na situação financeira de quem os supre, ou de quem os recebe (art. 1.699, CC), poderá o interessado reclamar ao juiz, e este, julgando-o provado, determinará a majoração ou redução do quantum devido, adequando-o ao requisito da proporcionalidade já focalizado (n. 426, supra). Poderá, mesmo, exonerar o devedor, se as circunstâncias o aconselharem. O art. 15 da Lei n. 5.478/1968 expressamente estabelece o princípio da revisibilidade."

Portanto, ao ponderar a casuística, vital haja assentimento de que, observada a falha no estabelecimento do valor da prestação, com condenação ao adimplemento de montante indistintamente maior do que o devido, a determinante de que o alimentante continue a arcar com os custos, por vezes em risco de perda ou perecimento de seu próprio patrimônio e sanidade financeira, impondo-se seja admitida a retroatividade da decisão que reconhece o erro, para retificação do aporte e convergência do débito.

A esse entendimento há necessidade de aplicação da via obliqua, quando seja aferido equívoco na fixação minorada a partir de provas coletadas durante o feito, de modo irregular ou de apreciação descuidada, retroagindo neste caso também o novo aporte até o momento da citação, quando majorado, com simetria da importância total a ser exigida do devedor, figurando como melhor solução para esta circunstância, não se admita a decretação imediata de prisão civil do obrigado por conta desta atualização, jungindo-se a exigibilidade da diferença apenas ao rito de constrição patrimonial naquele aporte que superar as hipóteses onde já se viabilize medida restritiva de liberdade. A prisão civil, como à saciedade já podemos avistar em nosso sistema, é a última *ratio*, praticada tão somente com o objetivo de coação do devedor, a propósito da dívida mais imediata, autorizada até as três prestações anteriores ao ajuizamento da execução e as que se vencerem no curso do processo (art. 528/CPC), sugerindo-se o afastamento do cômputo da eventual diferença apurada na majoração quanto aos débitos vencidos.

Temos de trazer à colação, estarmos lidando com dois momentos processuais diversos: aquele onde se determina alimentos em demanda de início para seu estabelecimento; e, aquele em que seja indispensável a adoção de medida que revise o aporte anterior transitado formalmente em julgado.

Premente se diga que, em caso de demanda que vislumbre a revisão de alimentos, novos questionamentos se impõem, dada o axioma que para esta última análise, as condições detidas pelas partes, particularmente a possibilidade do devedor, sofreram alteração depois de estabelecida a expensa, decorrendo o propósito de reajuste do valor, representadas em geral pelo decréscimo da renda com o desemprego, ausência de trabalho e outros vencimentos. Não se trata propriamente de equívoco na fixação, mas de ingerência de fato novo, com condição para modificar ou extinguir direitos.

Em ambos os cenários, o que se tem, até que sobrevenham os efeitos de uma sentença, é a atribuição de encargo ao alimentante, que precisará manter a continuidade do depósito do valor que ficou definido na ação de alimentos, ainda que de forma provisória, ressalvado conte com tutela de urgência, que lhe antecipe possibilidade diversa, restando sujeito a todos os gravames legais em caso de inadimplemento, inclusive prisão.

A lição que se extrai da retroatividade, firmada em lei e por ora espelhado em entendimento sumulado, com acréscimos jurisprudenciais, em posição que também acompanhamos, é que transitada em julgado a sentença que modifique o valor da prestação, seja em processo inaugural, seja em ação revisional (e/ou exoneratória), onde o resultado alcançado represente a redução do valor e, por qualquer motivo, não tiverem sido pagos os alimentos, os efeitos respectivos serão retroativos à citação, por força do disposto no art. 13, § 2º, da citada lei de alimentos, não sendo cabível a execução de verba afirmada como não devida. Nesta senda, o que eventualmente não tenha sido pago, passará a ser exigido com base no novo valor, valendo mesmíssima interação de retroatividade para majoração e exoneração.

De outro feita, não pode prosperar a tese de que uma possível decisão que reforme a tutela dada inicialmente sirva de estímulo à inadimplência, argumentos já refutados nas razões de voto outrora prolatadas pela Min. Nancy Andrighi no REsp n. 209.098/RJ[5], fundamentalmente por se manterem presentes todas as medidas judiciais à disposição do alimentando como mecanismos de constrição e de coação, que sejam capazes de elidir comportamento inadequado do alimentante, tratando também não se prosperar a ideia de que os alimentos provisórios integrem o patrimônio do alimentando, com apropriação do entendimento de que os alimentos não podem ser restituídos pelo credor, viabilizando a adoção da primazia efetiva da realidade e do esquadro probatório legitimamente produzido.

[5] ALIMENTOS. EXECUÇÃO. FIXAÇÃO. DEFINITIVOS. Os alimentos provisórios foram fixados em patamar superior ao dos definitivos e não foram pagos, fato que respaldou a execução lastreada no valor desses alimentos provisórios. Diante disso, a Turma, ao prosseguir o julgamento, entendeu que o valor dos alimentos definitivos é devido desde a citação (art. 13, § 2º, da Lei n. 5.478/1968), prevalecendo o valor dos provisórios quanto às prestações já quitadas, isso diante do princípio da irrepetibilidade. Ressaltou-se que, conforme a jurisprudência dominante, somente na hipótese de julgar-se improcedente o pedido do alimentando há a extensão dos efeitos dos alimentos provisórios até o trânsito em julgado da decisão. Precedente citado do STF: RE 71.498-RJ, DJ 18/8/1971. REsp 209.098-RJ, Rel. Min. Nancy Andrighi, julgado em 14/12/2004.

A retroatividade dos efeitos da sentença desemboca em significantes vertentes, isso porque, majorados os alimentos, nasce um crédito repentino a ser imposto ao alimentante, com o qual terá de arcar, mesmo que tenha ordenado todos os pagamentos anteriormente fixados pelo tempo de duração do processo até a definição, aporte esse que assumirá a condição de diferença entre o primitivamente determinado e a condenação efetivamente devida e, se reduzidos, ou até mesmo exonerados, criam situação de certo proveito econômico ao devedor, com o que, mesmo vedada a repetição, poderá articular o cumprimento da obrigação nos moldes delineados para sua percepção de renda.

O maior desafio apresentado quando se trata do instituto da retroatividade, está no decurso de tempo entre o início e o final do processo, qual pode levar meses e até mesmo anos, arremessando muito para cima ou muito para baixo a exigibilidade de adimplemento, nos mostrando que a estrutura desse direito precisa externar melhor segurança jurídica, parecendo ser preciso reconhecer que o vagar no exercício ativo de jurisdição condense punição àquele que espera, o que não pode ser admitido, como brilhantemente ilustrado por Cândido Rangel Dinamarco (2003), citando Chiovenda, onde destaca que "a demora para obter a satisfação do direito através do processo não deve reverter em dano a quem precisou valer-se deste para obter a satisfação".

Assim, se o devedor é submetido ao acréscimo do débito, com a majoração, desde a citação, a redução precisa seguir o mesmo caminho.

Conclusões

Na construção de um direito tão pulsante quanto o dever de alimentar e o suporte de manutenção de vida que dele decorre, tem-se que a hiper vulnerabilidade a que está frequentemente exposto o alimentando, acaba por nos conduzir a sintonizar movimentos que o privilegiem e, essa é a estrutura do nosso sistema jurídico. Entretanto, o conjunto de regras precisa representar justa vestimenta a todos os envolvidos e, para isso, uma vez aprovada norma jurídica de regência, é dever das outras fontes de direito tecer a aplicação do espírito pretendido pela norma, com produção de equilíbrio e efetiva justiça, o que nos conduz a infirmar o efeito *ex tunc* da sentença condenatória, no tocante a prestação de alimentos, que pode ser modificada pelo próprio Poder Judiciário.

Portanto, a atuação com brevidade a partir do Poder Judiciário, é o melhor mote a evitar prejuízos para todos os envolvidos, isso porque, quão menos moroso seja o andamento do processo, menor será o efeito de escolher o inadimplemento como via, não sendo eficaz valer-se do não pagamento para aferição de benefício. Convém considerar que a agilidade na marcha processual também beneficia as partes nas contingências acerca da majoração, dado que revelará mais rápido pagamento de importância com maior atingimento das necessidades detidas ou a exigência deste novo valor pelo alimentando, reduzindo ainda o risco de composição de soma impagável pelo alimentante.

Urgente reconhecer que a aplicação da retroatividade dos efeitos da sentença de alimentos solapa o risco de convivência com enriquecimento sem causa, desestimulado e fortemente vedado no ordenamento jurídico pátrio, quando reconhecido no julgamento definitivo a redução da paga mensal, como consequência da prova colhida nos autos, evitando maior perecimento de direito do alimentante, que já terá, ao menos por certo interregno, entregado montante maior frente ao avistado em sua capacidade financeira.

Ainda que saibamos que o caminho a ser percorrido pelo alimentando na busca da pensionamento possa ser penoso, imprescindível reconhecer como potencialmente problemática a condição do devedor nas demandas alimentares em que se busque redução do valor, inclusive sem contar com o afastamento do cerceamento de sua liberdade, dado que as medidas de coerção são mantidas incólumes durante o trâmite processual, salvaguardada a concessão de efeito suspensivo para o constrangimento.

Nesta esfera, os recursos legais precisam ser empenhados para obtenção de congruente satisfação e, a natureza fundamental dos alimentos encontra na irrepetibilidade sua própria significação, garantido seu consumo pelo alimentando e dispensa de devolução ou compensação.

O entendimento do enunciado de súmula n. 621, ainda que recebido por alguns como controverso, acaba por solucionar a teia de divergências surgidas no judiciário, com elemento capaz de espraiar importante comando a ser seguido pelos tribunais inferiores, restando concluir que a posição tomada pelo STJ promove um apelo na redução dos debates e submissão do fato à norma, onde a eficácia da sentença alcance o feito desde o início, representado pela citação válida, para qualquer caso (redução, majoração ou exoneração), atribuindo igual tratamento as partes, com seus pertinentes reflexos, o que se evidencia mais acertado, ao menos para o momento.

Referências

BONFIM, Cleidiane Araújo Ferreira Mendes. **Prática das ações de alimentos e direito de família,** 3ª. ed., São Paulo, Memória Forense: 2019.

CAHALI, Yussef Said. **Dos alimentos,** 8ª. ed., rev. e atual., São Paulo, Revista dos Tribunais: 2013.

DELLORE, Luiz. **O que acontece com o devedor de alimentos no novo CPC?** GenJurídico, São Paulo. Disponível em: http://genjuridico.com.br/2015/10/27/o-que-acontece-com-o-devedor-de-alimentos-no-novo-cpc/. Acesso em: 03/02/2023.

DIAS, Maria Berenice. **Alimentos aos bocados – direito, ação eficácia e execução,** 4ª ed., São Paulo, Editora Juspodivm: 2023.

DIAS, Maria Berenice. **Manual de Direito das Famílias: De Acordo com o Novo CPC,** 15ª ed., São Paulo, Editora Juspodivm: 2022.

DINAMARCO. Cândido Rangel. **Instituições de direito processual civil,** 3ª ed., v. 3, São Paulo, Malheiros: 2003.

GONÇALVES, Carlos Roberto. **Direito Civil Brasileiro: Direito de Família,** 14ª ed., v. 6, São Paulo, Saraiva: 2017.

MADALENO, Rolf. **Direito de Família,** 12ª ed., Rio de Janeiro, Forense: 2022.

MADALENO, Rolf. **O cumprimento da sentença e exceção de pré-executividade na execução de alimentos.** Porto Alegre. Acesso: https://www.rolfmadaleno.com.br/web/artigo/o-cumprimento-da-sentenca-e-a-excecao-de-pre-executividade-na-execucao-de-alimentos. Acesso em 20/12/2022.

PEREIRA, Caio Mário da Silva. **Instituições de Direito Civil: Direito de Família,** 20ª ed., Rio de Janeiro, Editora Forense: 2012.

PEREIRA, Rodrigo da Cunha. **Princípios fundamentais para o direito de família**. Belo Horizonte, Del Rey: 2006.

TARTUCE, Fernanda. **Processo civil no direito de família: teoria e prática,** 7ª ed., Rio de Janeiro, Editora Método: 2023.

TEIXEIRA, Ana Carolina Brochado; TEPEDINO, Gustavo (org.). **Fundamentos do Direito Civil: Direito de família,** v. 6, Rio de Janeiro, Forense:2020.

TEIXEIRA, Ana Carolina Brochardo. **Família, guarda e autoridade parental**. Rio de Janeiro, Renovar: 2005.

13
AS MEDIDAS EXECUTIVAS ATÍPICAS APLICADAS AO DIREITO DE FAMÍLIA: DIREITOS SENSÍVEIS EXIGEM SANÇÕES MAIS INTENSAS, NÃO NECESSARIAMENTE SUBSIDIÁRIAS

Rogerio Licastro Torres de Mello

1. A atividade jurisdicional: sua crise não apenas é de tempo, mas também é de resultados

Não é exatamente nova ou inédita a preocupação da comunidade jurídica com incapacidade crônica do Poder Judiciário de dar a devida vazão aos reclamos e pretensões que lhe são aviados pelos jurisdicionados, nas mais diversas áreas do Direito.

De fato, o fator "tempo de duração processual", por se apresentar demasiado em níveis inadmissíveis, acabou por se converter em um dos pontos de entrave da atividade jurisdicional que mais demanda a atenção dos legisladores e dos 'operadores do Direito' de um modo geral.

O drama temporal do processo, conforme sobredito, não é novo, a ponto de ser clássica – e ainda atualíssima-, a lapidar frase cunhada por Ruy Barbosa em sua célebre Oração aos Moços, proferida em 1921 (há 102 anos, portanto): "*Justiça* atrasada não é *Justiça*, senão injustiça qualificada e manifesta." (Ruy Barbosa em Oração aos Moços, 1921).

Pese alguns possam imaginar que o fardo temporal carregado com sacrifício pelos que esperam tutela jurisdicional perfaça fenômeno recente, bem sabemos que não o é, muito ao contrário: é algo antigo, incomodamente antigo.

E, na esteira dessa arraigada crise cronológica por que passa a atividade jurisdicional, seu veículo principal (o direito processual, e aqui cogitamos do direito processual civil) tem experimentado ao longo dos anos diversas alterações legislativas que se concentram, essencialmente, na profilaxia da demora que inquina a jurisdição.

Não se nega que foram e são interessantes formas de se fomentar a abreviação do tempo processual (i) a criação da possibilidade de julgamentos monocráticos em segundo grau faz total sentido em um sistema que deu bastante importância aos precedentes (e já se caminhava para tanto, ainda que com maior timidez, sob a vigência do CPC/73), (ii) a instituição do julgamento de improcedência liminar do pedido (art. 285-A do CPC/73 e art. 332 do CPC/2015), (iii) a tentativa de institucionalização e de estímulo à conciliação e à mediação como forma de solução de conflitos, (iv) a possibilidade de julgamento fracionado do mérito (CPC/2015, art. 355), dentre muitas outras iniciativas legislativas,

O ponto a ser ponderado, porém, é o seguinte: apenas com relação ao aspecto temporal é que identificamos problemas na atividade jurisdicional?

Ou também em termos de resultados práticos, de efeitos (leia-se: efeitos concretos oriundos de um processo judicial), experimentamos, também, aguda crise jurisdicional?

Somos da convicção de que, para além da questão cronológica (demora excessiva no tramitar dos feitos), vivenciamos também intensíssima crise quanto à capacidade de o processo civil entregar os resultados concretos que dele se esperam.

E, tratando-se de óbices quanto à entrega de resultados práticos por parte da atividade jurisdicional, evidentemente devemos depositar nossa atenção na modalidade processual que mais diretamente está vinculada à concretização de direitos: o processo de execução.

Como é de conhecimento geral, se por intermédio do processo de conhecimento se colima somente a produção de um juízo de definição acerca de uma relação jurídica, é apenas por via da atividade executiva que este acertamento da situação jurídica torna-se realidade palpável para as partes.

O direito, em termos de bem da vida que deve ser fruído por aquele que o detém, só se torna algo real para o jurisdicionado por intermédio do processo executivo, o que nos permite dizer que a execução é o conduto por via do qual o direito se converte em realidade prática, sensível e aproveitável por seu titular.

Assim, afigura-se evidente que, à vista da notória deficiência de efetividade que se verifica quanto ao processo de execução, sabidamente incapaz de produzir os resultados que dele se esperam, faz-se necessário que o processo executivo seja dotado de mecanismos que o convertam em potente meio de concretização de direitos.

Dito isso, passou a ser evidente a preocupação do legislador processual civil não apenas dotar o direito processual de elementos que tornem o processamento de uma causa mais célere: além de veloz, o processo precisa ser também eficaz, no sentido de permitir que a parte vencedora experimente concretamente os efeitos de sua vitória.

Agilidade e eficácia: esse o duo de fatores que todos almejam em se tratando de expectativas relacionadas ao exercício da atividade jurisdicional.

2. Por um processo executivo mais contundente

O processo de execução é, no mais das vezes, a última barreira entre o jurisdicionado e o bem da vida a que faz jus e cuja fruição lhe foi subtraída ou prejudicada pela outra parte.

É por intermédio do processo executivo que o direito, outrora em estado etéreo, por assim dizer, ganha ares de concretude, de realização.

Se para nós, técnicos nas coisas do Direito, é possível entrever justiça em um pronunciamento judicial somente cognitivo, para a parte da relação processual a justiça, em termos reais, vem ao mundo por intermédio do processo de execução.

Destarte, por representar o momento processual em que o direito se convola em realidade tangível para o jurisdicionado, o processo executivo não pode servir de palco para que continue a trafegar a violação a direitos praticada pela parte derrotada, ou para que esta prossiga em sua má conduta, privando a parte credora de acessar seu direito.

Todo processo executivo infrutífero representa em si uma pequena tragédia social: a relação conflituosa não foi pacificada, a incolumidade do direito não foi restabelecida, a sanção em virtude do descumprimento de determinada norma não foi posta em prática.

Assim, à custa de décadas de espera, finalmente o direito processual civil, por via do CPC/2015, parece haver adotado orientação no sentido de atribuir maior contundência, maior agudez à execução: no art. 139, IV, do CPC/2015, foi estabelecido o chamado poder geral de coerção do órgão jurisdicional (o qual, com certa timidez, já se entrevia no CPC/73 após as reformas parciais pelas quais este passou nos anos 1990 e 2000).

Trata-se de um movimento correto de todo, pois municia o órgão jurisdicional de maior empoderamento para que faça valer, com força e contundência, seus pronunciamentos decisórios.

Tornaremos ao assunto em outro tópico deste artigo.

A seguir, trataremos de algumas modalidades de direitos que se apresentam mais sensíveis e relevantes, do que decorre que a incapacidade do processo executivo de produzir resultados pode ser ainda mais grave, mormente se o direito que se pretende executar é dotado de essencialidade e relevância mais intensas.

3. A necessidade de maiores atenção e cuidado a determinadas categorias de direitos

Há direitos que se afiguram mais sensíveis que outros direitos, seja por conta da maior sensibilidade ou acentuada hipossuficiência de seus titulares, seja por força do caráter essencial que lhes é atribuído, ou mesmo em virtude da somatória de todos esses fatores.

A título de exemplificação, tomemos os direitos relacionados às crianças e aos adolescentes.

Como é sabido, o Estatuto da Criança e do Adolescente representa significativa mudança de parâmetros relativamente à legislação que precedentemente se aplicava aos menores de idade, em termos de dar-lhes protetividade.

Consoante abalizadas palavras já publicadas a respeito, a entrada em vigor do ECA *"significou uma total ruptura com a legislação anterior que tratava da questão menorista – Código de Menores – Lei nº 6697, de 10 de outubro de 1979 – posto que adotou como referencial doutrinário o Princípio da Proteção Integral em direção oposta ao princípio da situação irregular que vigorava na legislação revogada."*[1]

Ainda de conformidade com a exposição de autores que se dedicam profissionalmente à questão dos menores e do arcabouço que lhes deve servir de proteção legal, temos as seguintes doutrinas que se contrapõem, e os respectivos princípios em que estão arrimadas:[2]

[1] Ferreira, Luiz Antonio Miguel, e DOI, Cristina Teranise. https://crianca.mppr.mp.br/arquivos/File/doutrina/protecao_integral_ferreira.pdf. Consulta em 28.03.2023.

[2] Ferreira, Luiz Antonio Miguel, e DOI, Cristina Teranise. https://crianca.mppr.mp.br/arquivos/File/doutrina/protecao_integral_ferreira.pdf.

(I) De um lado, a chamada "Doutrina da Situação Irregular", de cujo conteúdo decorre que os sujeitos de direitos que são menores de idade exclusivamente contariam com a movimentação do sistema de proteção legal em caso estarem inseridos ou vitimizados por circunstâncias consideradas ilegais ou irregulares, sendo que essa irregularidade deveria ser expressamente contemplada por lei. irregular; os demais, não eram sujeitos ao tratamento legal.

(II) D'outra banda, os autores ora citados sabiamente referem-se à "Doutrina da Proteção Integral", que se situa em quadra histórica de progresso no sistema de proteção jurídica destinada aos menores de idade, na esteira de consideráveis avanços representados por diplomas legislativos que se espraiam desde a Declaração Universal dos Direitos do Homem de 1948, passando pela Declaração Universal dos Direitos da Criança e atingindo a Convenção sobre o Direito da Criança da ONU.

Em termos constitucionais, a acima citada doutrina está insculpida no direito brasileiro por intermédio do conhecido art. 227 da CF, no qual se estabeleceu que é *"dever da família, da sociedade e do Estado assegurar à criança, ao adolescente e ao jovem, com absoluta prioridade, o direito à vida, à saúde, à alimentação, à educação, ao lazer, à profissionalização, à cultura, à dignidade, ao respeito, à liberdade e à convivência familiar e comunitária, além de colocá-los a salvo de toda forma de negligência, discriminação, exploração, violência, crueldade e opressão."* (Redação dada pela Emenda Constitucional nº 65, de 2010).

Consulta em 28.03.2023. Informam tais os autores, com acerto: *"Doutrina da Situação Irregular: para essa doutrina, os menores apenas são sujeitos de direito ou merecem a consideração judicial quando se encontrarem em uma determinada situação, caracterizada como "irregular", e assim definida em lei. Havia uma discriminação legal quanto à situação do menor, somente recebendo respaldo jurídico aquele que se encontrava em situação irregular; os demais, não eram sujeitos ao tratamento legal.*
– Doutrina da Proteção Integral: representa um avanço em termos de proteção aos direitos fundamentais, posto que calcada na Declaração Universal dos Direitos do Homem de 1948, tendo, ainda, como referência documentos internacionais, como Declaração Universal dos Direitos da Criança, aprovada pela Assembléia Geral das Nações Unidas, aos 20 de novembro de 1959, as Regras Mínimas das Nações Unidas para a Administração da Justiça da Infância e da Juventude – Regras de Beijing – Res. 40/33 de 29 de novembro de 1985, as Diretrizes das Nações Unidas para a prevenção da delinqüência juvenil – Diretrizes de Riad, de 1º de março de 1988 e a Convenção sobre o Direito da Criança, adotada pela Assembléia Geral das Nações Unidas em 20 de novembro de 1989 e aprovada pelo Congresso Nacional Brasileiro em 14 de setembro de 1990."

Os consumidores são outro exemplo de categoria que carece de proteção jurídica mais contundente e acentuada, proteção esta que se projeta sobre tais titulares de direitos (consumidores) por se presumir serem merecedores de maior atenção legal em virtude de sua preconcebida fragilidade, a ponto de se verem expressamente tratados no inciso XXXII do art. 5º da CF: *"XXXII – o Estado promoverá, na forma da lei, a defesa do consumidor"*.

O direito de propriedade também se insere no rol de direitos que são reputados mais sensíveis (e, portanto, fruidores de maior protetividade legal) por parte do legislador, a ponto de ser contemplado às expressas no caput do art. 5º da CF: *"Art. 5º Todos são iguais perante a lei, sem distinção de qualquer natureza, garantindo-se aos brasileiros e aos estrangeiros residentes no País a inviolabilidade do direito à vida, à liberdade, à igualdade, à segurança e* ***à propriedade****"* (é nosso o destaque em negrito).

No caso do direito de propriedade, a relevância que o ordenamento jurídico lhe confere pode ser aferida à vista da possibilidade de existir, em situações específicas e extremas, até mesmo a autotutela para fins da defesa da posse que muitas vezes é inerente ao exercício do direito de propriedade.[3]

Também na seara do direito ambiental nota-se, à vista da evidente maior sensibilidade de tais direitos aos olhos do legislador, a outorga de mais aguda proteção legislativa.

Defende-se com acerto que, no âmbito do direito do meio-ambiente, aplicam-se os princípios da prevenção e da precaução, o que impacta enormemente na forma de concessão das tutelas provisórias nas demandas destinadas à proteção ambiental.

Nesse sentido, já se disse em sede doutrinária, com evidente acerto, que, *"enquanto nas demais áreas do Direito as medidas de urgência são vistas como excepcionais, uma vez que a eficácia sentencial, como regra, deve partir de um comando decorrente de uma sentença irrecorrível, no Direito Ambiental inverte-se a proposição: a regra deve ser a concessão de medidas preventivas quando requeridas em prol do meio ambiente."*[4]

E, deveras, não poderia deixar de ser diferente: no direito ambiental, uma vez ocorrido o dano (à flora, à fauna, etc), sua reparabilidade é difi-

[3] Nesse sentido, o art. 1.210 do CC: "*O possuidor tem direito a ser mantido na posse em caso de turbação, restituído no de esbulho, e segurado de violência iminente, se tiver justo receio de ser molestado*"

[4] VIEGAS, Eduardo Coral. Princípio da prevenção do ambiente reflete nas tutelas provisórias. CONJUR, acesso em 28 de março de 2023.

cílima, senão impossível, dado que frequentemente é simplesmente inalcançável o retorno ao status quo ante. Imagine-se, por exemplo, o dano ambiental que possa provocar a dizimação de determinada espécie de animal: diante do cenário de risco, a tutela provisória de urgência, e sua respectiva execução, têm que ocorrer não como se o direito posto em debate e sob risco fosse equiparável a um direito individual e patrimonial comum, porém levando-se em conta que se está diante de uma categoria de direitos que se apresenta, por sua própria natureza, mas sensível, frágil e de mais desafiadora proteção.

Neste sentir, considerando-se que nosso CPC está tradicionalmente organizado de modo a conferir proteção a direitos individuais, é necessário que, diante de direitos que não sejam meramente individuais (e o direito ao meio ambiente é um deles), os mecanismos de salvaguarda de direitos postos em situação de risco precisam ter sua aplicação adaptada ao tipo de direito material que visam a proteger.[5]

Por fim, no que interessa para este singelo artigo, tratemos do direito de família: tal categoria jurídica quiçá compreenda as relações mais relevantes e delicadas que os serem humanos podem manter entre si.

Relações conjugais, de companheirismo, de filiação (e de parentesco de um modo geral), de apoio emocional e material recíproco, de guarda, de visitas, deveres envolvendo menores e idosos, enfim, a categoria dos direitos civis individuais em que se apresenta com maior intensidade o componente humano do direito é a do direito de família, em que é sensivelmente mais robusto o impacto das decisões judiciais nas personalidades dos jurisdicionados.

E vem a questão: em termos de processo de execução, é adequado compreender o direito de família, no que toca à execução de decisões a ele relacionadas, como contendo os mesmos contornos dos chamados direitos patrimoniais individuais comuns?

Parece-nos que não. E qual a relevância desta diferenciação? A execução, no âmbito do direito de família, não pode estar adstrita à mesma lógica da subsidiariedade das medidas executivas atípicas que se projeta sobre a execução dos direitos patrimoniais individuais comuns. Tornaremos ao ponto no capítulo 5 abaixo.

[5] Nesse sentido, VIEGAS, Eduardo Coral. Princípio da prevenção do ambiente reflete nas tutelas provisórias. CONJUR, acesso em 28 de março de 2023.

4. A atipicidade das medidas executivas: o panorama legislativo

O legislador processual civil já vinha respondendo, ainda sob a vigência do CPC/1973, aos reclamos da sociedade no que é pertinente à necessidade de introdução de dispositivos legais que tornassem mais contundentes o processo de execução, no sentido de fomentar o máximo possível o cumprimento, pelo devedor, da obrigação a que especificamente se comprometeu junto ao credor.

Em linha com o que se afirma acima, destacamos o *caput* e o parágrafo 5º do art. 461 do CPC, inseridos no CPC/73 pela Lei 8.952/94 e que se destinavam a proporcionar ao órgão jurisdicional o poder de adotar medidas *ex officio* tendentes a, coercitivamente, induzir o devedor a cumprir as obrigações de fazer e de não fazer a que estivessem comprometidos.

Para maior clareza do que ora se afirma, reputamos conveniente a reprodução do caput e do p. 5º supramencionados:

- *Art. 461. Na ação que tenha por objeto o cumprimento de obrigação de fazer ou não fazer, o juiz concederá a tutela específica da obrigação ou, se procedente o pedido, determinará providências que assegurem o resultado prático equivalente ao do adimplemento.*
- *§ 5 º Para a efetivação da tutela específica ou para a obtenção do resultado prático equivalente, poderá o juiz, de ofício ou a requerimento, determinar as medidas necessárias, tais como a busca e apreensão, remoção de pessoas e coisas, desfazimento de obras, impedimento de atividade nociva, além de requisição de força policial.*

Percebe-se o evidente objetivo do legislador reformista do CPC/1973: no âmbito das obrigações específicas (fazer, não fazer e entrega de coisa), em vez da indesejada – e insuficiente – mera conversão em perdas e danos em caso de descumprimento, o que se tencionava por intermédio dos dispositivos legais acima transcritos era municiar o juízo de medidas que, previamente à conversação das obrigações específicas em simples obrigação pecuniária, pudessem compelir o devedor ao fazer, não fazer ou à entrega a que havia se obrigado perante o credor, ou a que havia sido condenado a prestar a este em virtude de decisão judicial.

O ponto a ser observado, contudo, é que o reforço aos poderes do juiz no sentido de conceder-lhe a possibilidade de adoção de medidas de força tendentes a impor ao devedor o cumprimento específico de sua obrigação estava restrito às obrigações de fazer, de não fazer e de entrega de coisa, não se aplicando às obrigações de pagar quantia certa.

Com o advento do CPC/2015, de efeito, deu-se positiva e importante mudança de rumos: ainda que se tenha mantido, de um modo geral, a possibilidade de medidas de execução indireta adotáveis *ex officio* quanto às obrigações de fazer, não fazer e entrega de coisa (CPC/2015, art. 536, p. 1º),[6] o legislador processual civil de 2015 fez mais: criou, dentre os poderes atribuíveis ao órgão jurisdicional, uma espécie de **poder geral de materialização de decisões judiciais**, poder este aplicável não apenas às chamadas obrigações específicas (*facere, non facere, dare*), mas também às obrigações pecuniárias.

Esse poder geral de coerção e de efetivação/materialização das decisões judiciais encontra-se tratado no art. 139 do CPC/2015: *"O juiz dirigirá o processo conforme as disposições deste Código, incumbindo-lhe: IV – determinar todas as medidas indutivas, coercitivas, mandamentais ou sub-rogatórias necessárias para assegurar o cumprimento de ordem judicial, inclusive nas ações que tenham por objeto prestação pecuniária".*

A grande contribuição do art. 139, IV, do CPC/2015 é a seguinte: se outrora o poder de efetivação das decisões judiciais concentrava-se, em termos de lei expressa, nas execuções de tutelas específicas (fazer, não fazer, dar), com o advento do CPC/2015 tal poder tornou-se uma espécie de poder geral de efetivação, aplicável à concretização de toda e qualquer decisão judicial, de ofício, em caráter geral.

E tal poder geral de efetivação de decisões judiciais, do qual as medidas atípicas de coerção/execução são importantes ferramentas, deve projetar-se no direito de família de um modo um tanto diverso do que aquele que sucede com os direitos patrimoniais/materiais de caráter individual comuns, sem o caráter de subsidiariedade que costumeiramente se tem atribuído às medidas atípicas pela jurisprudência, por conta da essencialidade que de ordinário se verifica nas questões jurídicas familiares.

6 *"Art. 536. No cumprimento de sentença que reconheça a exigibilidade de obrigação de fazer ou de não fazer, o juiz poderá, de ofício ou a requerimento, para a efetivação da tutela específica ou a obtenção de tutela pelo resultado prático equivalente, determinar as medidas necessárias à satisfação do exequente.*
§ 1º Para atender ao disposto no caput, o juiz poderá determinar, entre outras medidas, a imposição de multa, a busca e apreensão, a remoção de pessoas e coisas, o desfazimento de obras e o impedimento de atividade nociva, podendo, caso necessário, requisitar o auxílio de força policial."

5. O direito de família e as medidas atípicas de coerção: não necessariamente subsidiárias

É evidente que, de uma forma geral, os cidadãos devem gozar de meios suficientes à proteção de seus direitos. Disso não se duvida e, em realidade, é até mesmo um imperativo normativo decorrente do art. 5º, inciso XXXV, da Constituição Federal.[7]

Não podemos deixar de observar, contudo, que há níveis de relevância que distinguem alguns direitos de outros, o que impacta, obviamente, na construção de uma teia de proteções aos direitos consoante seus patamares de relevância no sistema jurídico.

De modo algum pretendemos apontar que existiria a categoria de direitos irrelevantes e direitos relevantes, e sequer poderíamos fazê-lo. O que se deve apontar é que há categorias de direitos mais sensíveis, mas delicados e significativos que, se ameaçados de lesão ou efetivamente violados, sua reparação ou restauração se mostra intensamente mais desafiadora e dificultosa do que sucede com direitos de outras naturezas.

Nesse sentido, consoante o magistério de Marcelo Abelha Rodrigues, em análise da proteção que se deve conferir ao direito ambiental, faz-se necessário estipular tutelas jurídicas diferenciadas consoante as circunstâncias e características do direito material posto em conflito. Nas palavras de Rodrigues, impende "*diferenciar as técnicas processuais de acordo com as exigências do direito material, especialmente quando o direito material em jogo é o meio ambiente, pelas enormes peculiaridades e pela importância que tem*" (RODRIGUES, 2008, pp. 53 e ss.).

No excerto doutrinário que apresentamos no parágrafo supra, adotou-se o direito ambiental como ponto de sustentação da ideia de que há direitos de tessitura mais delicada que a de outros. De fato, no caso do direito ambiental, justamente em virtude de sua relevância e fragilidade, exista o princípio da máxima proteção, do qual deflui maior facilidade de, por exemplo, concessões de tutelas provisórias conservativas, em comparação com categorias de direitos mais ordinárias, no sentido de comuns e de mais simples reparação em caso de violação, como nos parece ocorrer com os

[7] *Art. 5º Todos são iguais perante a lei, sem distinção de qualquer natureza, garantindo-se aos brasileiros e aos estrangeiros residentes no País a inviolabilidade do direito à vida, à liberdade, à igualdade, à segurança e à propriedade, nos termos seguintes:*
XXXV - a lei não excluirá da apreciação do Poder Judiciário lesão ou ameaça a direito;

direitos inerentes a relações jurídicas estritamente patrimoniais (mútuos bancários, por exemplo).

A própria existência das tutelas jurisdicionais diferenciadas se justifica pela distinção que os ordenamentos jurídicos fazem quanto à maior sensibilidade e essencialidade de alguns direitos em cotejo com outros.

Afora o direito ambiental, podemos alistar diversas outras classes de direitos que se apresentam atribuídos de maior relevância frente a outros (direitos da criança e do adolescente, direito à saúde, etc).

Depositaremos nosso foco de atenção, contudo, ao direito de família, e apresentamos o ponto nodal que nos propusemos a analisar neste singelo artigo: em se tratando de cumprimento ou execução forçada aplicável às relações jurídicas de família, prevalece o caráter excepcional e subsidiário que se pretende atribuir à aplicação das medidas de execução/coerção atípicas decorrentes do art. 139, IV, do CPC/2015?

Parece-nos que a resposta à indagação acima sugerida não admite a genérica e cômoda resposta de que sim, também na seara do direito de família as medidas atípicas de coerção devem ser adotadas apenas excepcionalmente e desde que esgotados os meios tradicionais de, por exemplo, satisfação de créditos (penhora de bens, etc) nas questões judiciais de família de índole patrimonial.

O problema que temos identificado no quotidiano forense é o seguinte: tem-se largamente afirmado, em sede doutrinária e especialmente jurisprudencial, que as medidas atípicas de execução devem ser aplicadas em caráter subsidiário, vale dizer, apenas quando se verificar, no caso concreto, que as medidas típicas não foram hábeis ou suficientes à realização forçada do direito disputado.[8]

[8] À guisa de exemplificação, confira-se a ementa abaixo, de recente julgado do STJ
"(...)
A orientação que vem predominando nas Turmas de Direito Privado do STJ é a de que o juiz pode se valer de medidas executivas atípicas para assegurar o cumprimento de ordem judicial, nas ações que têm por objeto o pagamento de quantia, conforme disposto no art. ***139,*** *IV, do CPC/2015.*
Por possuírem caráter subsidiário, a adoção destas providências atípicas deve observar os requisitos da necessidade, da adequação e da proporcionalidade, vale dizer, apenas estarão autorizadas quando constatada, no caso concreto, a falta de efetividade da medida típica e a presença de indícios de que o devedor vem ocultando o seu patrimônio para frustrar a execução.
6. De acordo com o entendimento do STJ, as modernas regras de processo, ainda respaldadas pela busca da efetividade jurisdicional, em nenhuma circunstância poderão se distanciar dos ditames constitucionais,

De nossa parte, pensamos que, *ab initio* e *prima facie,* sim, as medidas de execução atípicas devem ser subsidiárias, sendo tal subsidiariedade uma espécie de princípio vetor de sua aplicação.

Ocorre, contudo, que tal ideia se aplica perfeitamente às ações judiciais em que se perseguem direitos meramente patrimoniais individuais de índole material e em cujo âmbito já existe uma gama pormenorizada de medidas típicas de concretização de direitos, como sucede, por exemplo, nas ações executivas de quantia certa, em que o CPC alista uma série de atividades de coerção tipificadas que servem de trilha ao credor para que este persiga a satisfação de seu crédito.

O ponto a ser observado, porém, é que há outras situações processuais além da ação de execução forçada nas quais as medidas atípicas de coerção/execução são aplicáveis e não necessariamente podem/devem ser antecedidas do esgotamento das chamadas medidas típicas, seja porque estas simplesmente não existem (não estando alistadas no CPC), seja porque, mesmo que existam, são insuficientes à vista do caso concreto.

Tomemos como exemplo 1 uma ação de busca e apreensão de menores: estando a criança extraviada porque o genitor não a restituiu ao lar materno após o esgotamento do período de visitas, descabe cogitar de esgotamento de um rol prévio de medidas típicas de coerção, simplesmente pois tal rol não existe, do que decorre ser possível ao órgão jurisdicional a adoção de medidas de execução atípicas (ou seja, não previstas em lei) em caráter direto, e não subsidiário, até por conta da relevância do direito em disputa e do risco de extravio de menor!

O exemplo 2 pode ser o seguinte: situação processual reiterada em que um dos cônjuges se vê sob risco de violação à sua integridade física e moral

apenas sendo possível a implementação de comandos não discricionários ou que restrinjam direitos individuais de forma razoável. Precedente específico.

7. A adoção de meios executivos atípicos é cabível desde que, verificando-se a existência de indícios de que o devedor possua patrimônio expropriável, tais medidas sejam adotadas de modo subsidiário, por meio de decisão que contenha fundamentação adequada às especificidades da hipótese concreta, com observância do contraditório substancial e do postulado da proporcionalidade.

8. Situação concreta em que o Tribunal a quo indeferiu o pedido do recorrente de adoção de medidas executivas atípicas sob o fundamento de que não há sinais de que o devedor esteja ocultando patrimônio, mas sim de que não possui, de fato, bens aptos a serem expropriados.

(...)"

(STJ, AGRAVO EM RECURSO ESPECIAL Nº 2160151 – GO, Rel. Min. Paulo de Tarso Sanseverino, j. 15.03.2023)

por conta de posturas violentas do outro consorte. À luz do caso concreto, mormente se for repetitiva a conduta violenta do cônjuge em detrimento do outro, não há que se cogitar de subsidiariedade das medidas atípicas de coerção, muito menos de esgotamento prévio de medidas tradicionais eventualmente aplicáveis (afastamento do lar conjugal, etc). Ao juiz de direito, em situações que tais, deve ser conferida a força e a elegibilidade necessárias em termos de medida atípica que se adotará para a solução do problema que se lhe apresenta, especialmente por conta do bem da vida posto sob risco (integridades física e emocional!), sem que se imponha necessariamente a condição de subsidiariedade a tais medidas.

O exemplo 3 repousa na corriqueira situação do cumprimento de sentença de decisão que fixou alimentos: trata-se de uma modalidade processual (execução) dotada de rol de medidas típicas (o regime da penhora de bens ou o regime da prisão civil), as quais, contudo, podem se apresentar insuficientes de plano, seja porque o devedor de alimentos sabidamente não possui bens, seja porque a prisão civil já foi perpetrada preteritamente e não surtiu resultados. Com efeito, não são raros os casos em que o devedor de alimentos se mostra extremamente recalcitrante e dê azo a sucessivas execuções de alimentos, até mesmo submetendo-se ao período de prisão para que o seu débito alimentar não autorize mais o encarceramento. Em situações como as aqui sugeridas, especialmente em casos de sucessivas execuções ou cumprimentos de sentença de alimentos, não faz o menor sentido que, a cada execução/cumprimento de sentença novo (porque alimentos são obrigações de trato sucessivo), se palmilhe integralmente o rol de medidas típicas para, apenas quando esgotados e frustrados estes, esteja o órgão jurisdicional autorizado à adoção de medidas atípicas de coerção: a sensibilidade e essencialidade do direito posto em disputa (alimentos vitais à subsistência!) parece-nos autorizar que não se cogite de subsidiariedade, mas sim de ampla autonomia do magistrado para que adote de plano as medidas suficientes, ainda que atípicas.

Conclusões

Em conclusão, pontuamos o seguinte: se nas situações ordinárias de índole estritamente patrimonial-material individual funciona adequadamente a ideia de subsidiariedade das medidas atípicas de coerção, no sentido de exigirem, para a sua adoção, o esgotamento das medidas típicas de coerção prevista no ordenamento processual civil, tal modelo não se aplica, em nosso pensar, ao direito de família (bem como a outros ramos de direitos ditos mais 'sensíveis'), seja porque tal subsidiariedade pode se mostrar tragicamente insuficiente no caso concreto, seja porque sequer existam medidas típicas que devam ser precedentemente esgotadas antes das medidas ditas atípicas.

A adoção de medidas de execução atípicas no âmbito do direito de família não necessariamente está adstrita ao caráter de subsidiariedade/excepcionalidade que se lhe tem sido conferido pela jurisprudência, mormente porque, se tal subsidiariedade se amolda confortavelmente à execução de direitos patrimoniais individuais ditos comuns, o mesmo não se dá relativamente à execução forçada de direitos mais graves, mais relevantes, em que a força coercitiva do órgão jurisdicional deve incidir de maneira mais contundente, porque o direito posto em disputa envolve valores humanos mais relevantes.

Direitos mais sensíveis exigem profilaxia arrimada em medicamentos mais amargos, porém que devem ser ministrados de plano, rapidamente, sob pena de o mal se alastrar e tornar-se incurável. É esta a linha de pensamento que, em nosso pensar, deve ser aplicada ao tratamento das medidas atípicas de coerção no direito de família, que não tolera a lógica da subsidiariedade que se aplica aos direitos patrimoniais individuais comuns.

Referências

ALVIM, Teresa Arruda; CONCEIÇÃO, Maria Lúcia Lins; RIBEIRO, Leonardo Ferres da Silva; MELLO, Rogerio Licastro Torres de. *Primeiros comentários ao novo CPC*. 3ª ed., São Paulo: Ed. RT, 2020.

FERREIRA, Luiz Antonio Miguel, e DOI, Cristina Teranise. https://crianca.mppr.mp.br/arquivos/File/doutrina/protecao_integral_ferreira.pdf. Consulta em 28.03.2023.

RODRIGUES, Marcelo Abelha. Processo Civil Ambiental. São Paulo: Editora Revista dos Tribunais, 2008.

VIEGAS, Eduardo Coral. HYPERLINK "https://www.conjur.com.br/2017-fev-11/ambiente-juridico-principio-prevencao-ambiente-reflete-tutelas-provisorias"Princípio da prevenção do ambiente reflete nas tutelas provisórias. CONJUR, acesso em 28 de março de 2023.

14

O INCIDENTE DE DESCONSIDERAÇÃO DA PERSONALIDADE JURÍDICA NO DIREITO DE FAMÍLIA – MUITO ALÉM DAS RELAÇÕES INTRAFAMILIARES

Ricardo Amin Abrahão Nacle
Roberta Dias Tarpinian de Castro

Introdução

A fraude encerra uma constante na história da evolução humana. Diziam os romanos, a propósito, "facta lex inventa fraus". Para os dias atuais, a máxima pode traduzir a ideia de que, onde houver lei, haverá intenção de fraudá-la.

Alvino Lima, nesse contexto, observava que, valendo-se dos atos jurídicos "que a lei disciplina para o exercício regular dos pôderes conferidos pelo direito, indivíduos sem escrúpulos frustram as finalidades lícitas daqueles atos, empregando-os irregular e ilicitamente; procuram atingir finalidades desonestas, antijurídicas, sob o disfarce ou a aparência do emprêgo regular de negócios jurídicos disciplinados e autorizados por lei." (Lima, 1965, pp. 1-2).

Tal enredo não é particularidade de uma área específica do direito. É, com efeito, prática encontrada por toda a extensão do sistema jurídico, inclusive no âmbito do Direito de Família.

E uma das técnicas processuais de que dispõe a lei para desarticular as fraudes realizadas em prejuízo de terceiros é o Incidente de Desconsideração da Personalidade Jurídica (IDPJ).

Será justamente o uso do IDPJ no âmbito do Direito de Família que será objeto da nossa análise nesse ensaio.

O estudo está divido em quatro partes. No item um versaremos sobre os regimes de comunicação patrimonial no casamento/união estável. No item dois será tratado sobre a responsabilidade do cônjuge[1] por dívida adquirida pelo outro cônjuge. No item três discorreremos brevemente sobre o incidente de desconsideração da personalidade jurídica. E, por fim, no item quatro versaremos sobre o manejo do incidente de desconsideração da personalidade jurídica em duas situações específicas: (i) como meio de incluir no cumprimento de sentença o cônjuge, não participante do processo de conhecimento; e (ii) como meio de terceiros provarem fraudes na relação afetiva.

1. Regime de bens

A constituição de uma família, seja pelo casamento, seja pela união estável, implica, salvo as hipóteses nas quais a lei impõe a separação de bens aos constituintes (art. 1.641 do CC), a escolha das regras sob as quais as questões patrimoniais e obrigacionais serão disciplinadas (art. 1.639 do CC). Legalmente, dispomos de quatro regimes patrimoniais dos quais os nubentes poderão se valer: da comunhão universal de bens; da comunhão parcial de bens; da separação total de bens e da participação final dos aquestos. Isso, todavia, não significa a impossibilidade de se escolher um regime híbrido patrimonial, resultante da combinação de regras dos regimes existentes, desde que tal arranjo se estabeleça mediante a celebração de um pacto antenupcial, para o casamento, ou de um contrato de convivência, para a união estável, a representar uma quinta espécie do regime patrimonial.

No regime da comunhão universal de bens, atualmente em desuso, mas que já foi a regra no Brasil até 1977, há ampla comunicação patrimonial em que, salvo poucas exceções legais, tudo que pertence a um dos cônjuges, ainda que tenha sido adquirido antes do casamento ou durante o casamento a título gratuito, passará a pertencer ao patrimônio comum (art. 1.667 e 1.671, CC).

O regime de comunicação patrimonial legal, aplicável em caso de omissão no momento da união matrimonial ou estável, é o de comunhão parcial de bens (arts. 1.658 a 1.666 e 1.725 CC), cuja diretiva estabelece que tudo

[1] Ao longo desse estudo utilizaremos a palavra cônjuge para nos referirmos também a situação do companheiro/companheira (denominação das partes na relação de união estável).

que for adquirido, a título oneroso, após o casamento, por qualquer um dos cônjuges, ainda que apenas em nome de um deles, pertence a ambos, salvo as exceções previstas no art. 1.659, CC.

O regime de separação total de bens, cuja validade reclama a celebração, mediante escritura pública, do pacto antenupcial (art. 1.653, CC), prevê que cada cônjuge manterá seu patrimônio totalmente separado.

Há, ainda, o regime da participação final dos aquestos, por força do qual, a teor do artigo 1.672 do Código Civil, cada cônjuge possui patrimônio próprio, cabendo-lhe, à época da dissolução da sociedade conjugal, direito à metade dos bens explicitamente adquiridos pelo casal, a título oneroso, na constância do casamento. À semelhança da separação de bens, a participação final nos aquestos igualmente exige, por escritura pública, a celebração de pacto antenupcial.

Como dissemos, a par desses quatro regimes, as partes poderão, ainda, celebrar um regime misto ou híbrido, derivado da junção dos modelos legalmente previsto, a exigir, para a sua validade, a celebração de pacto antenupcial por escritura pública, o que podemos dizer, significa uma quinta espécie de regime matrimonial.

Os cinco regimes patrimoniais possíveis não só definem quais serão os bens comuns e quais serão os bens particulares, como também disciplina a forma como tais bens serão administrados e a responsabilidade patrimonial pelas dívidas contraídas durante a união por qualquer uma das partes.

É, portanto, questão que interessa as próprias partes, bem como a terceiros com os quais as partes, conjunta ou isoladamente, vierem a juridicamente se relacionar. Para além da partilha de bens em caso de dissolução do casamento ou da união estável, ou mesmo aos direitos sucessórios do cônjuge sobrevivente, o regime de bens impactará possíveis credores dos contraentes.

Não são raras as situações em que, um dos cônjuges, antevendo o término do relacionamento, apressasse em esconder o patrimônio em nome de pessoa jurídica ou em praticar atos simulados, como a saída de sociedade da qual participa sem nada receber, ou, ainda, deixar de receber dividendos a que faria jus para mantê-los sob a forma de lucro da empresa da qual é sócio. Tais situações, ora de fraude, ora de simulação, são empregadas em prejuízo da parte cabível ao cônjuge ou do valor dos alimentos devidos à prole.

Porém, para além do prejuízo aos integrantes do núcleo familiar, os ilícitos de que falamos poderão afetar, a depender do regime escolhido, a responsabilidade patrimonial frente às dívidas das partes, de modo a reforçar a importância do incidente de desconsideração da personalidade jurídica no Direito de Família.

2. Responsabilidade patrimonial do cônjuge/companheiro

No consciente coletivo tem-se a ideia de que quem deve responder com seu patrimônio em caso de inadimplemento é aquele que, nominalmente, contraiu a obrigação (art. 789, CPC). No entanto, há situações em que terceiros são considerados participantes do negócio jurídico ainda que não tenham atuado ativamente; bem como há situações em que terceiros, alheios à relação obrigacional, respondem com seus patrimônios por dívida alheia (situação de responsabilidade patrimonial secundária).

Identificar se há responsabilidade patrimonial de um cônjuge em relação a dívida do outro cônjuge depende, fundamentalmente, do regime de bens escolhido pelas partes ou imposto pela lei.

Em princípio, se o regime do casamento é de separação total, não há comunicação nem do patrimônio, nem das dívidas. Por outro lado, se o regimento do casamento for de comunhão parcial ou universal de bens, pode haver responsabilidade patrimonial de um cônjuge pela dívida a que o outro cônjuge se obrigou.

Prevê o art. 790, IV, CPC que "São sujeitos à execução os bens: (...) do cônjuge ou companheiro, nos casos em que seus bens próprios ou de sua meação respondem pela dívida". Tal situação representa interferência no negócio jurídico, estendendo a responsabilidade patrimonial para terceiro estranho à obrigação constituída.

A locução "nos casos em que" constante no inciso IV do art. 790, CPC nos remete, invariavelmente, à lei material. Ao verificarmos quais são os casos em que os bens do cônjuge não participante do negócio jurídico responderão pela dívida, notamos ingerência nas características primitivas do negócio jurídico.

As pessoas casadas ou em união estável mantêm todos os direitos inerentes à personalidade, e até mesmo no regime patrimonial em que há grande comunicação patrimonial (comunhão universal) existe independência dos cônjuges para realização de diversos atos da vida. O fato de existir um patrimônio comum entre os cônjuges não significa uma fusão entre as personalidades por eles representada individualmente. Cada cônjuge mantém a característica individual de poder firmar negócios em nome próprio de maneira independente daquele com quem se relaciona, salvo as hipóteses do artigo 1.647 do CC[2]. Da mesma forma, o direito de postular em juízo, excepcionada a hipótese das ações sobre direitos reais imobiliários (artigo 73 do CPC).

O que ocorre é que, devido a vida em comunhão, a lei atribui responsabilidade solidária aos cônjuges (arts 1.644[3] e 1.664[4], CC). Há, em determinadas situações, uma ficção jurídica em que se considera que houve dois contraentes[5] ainda que apenas um tenha participado do negócio jurídico.

No entanto, é importante destacar que essa ficção jurídica não decorre única e exclusivamente do regime de casamento escolhido. É preciso que aquele negócio jurídico que deu origem à dívida tenha sido firmado, ainda que presumivelmente, em benefício do casal (art. 1.643 e 1.663, CC[6-7]), tema do qual nos ocuparemos no item 4.1.

Para este tópico o importante é consignarmos que a situação do art. 790, IV, CPC não é de mera responsabilidade patrimonial, mas sim de coobrigação. E justamente por ser uma situação de coobrigados que entendemos necessidade de ambos os cônjuges serem inseridos no polo passivo do processo de execução ou de conhecimento, viabilizando-se, assim, a constrição do patrimônio pertencente ao cônjuge que não figurou no título executivo.

[2] Art. 1.647. Ressalvado o disposto no art. 1.648, nenhum dos cônjuges pode, sem autorização do outro, exceto no regime da separação absoluta: I – alienar ou gravar de ônus real os bens imóveis; II – pleitear, como autor ou réu, acerca desses bens ou direitos; III – prestar fiança ou aval; IV – fazer doação, não sendo remuneratória, de bens comuns, ou dos que possam integrar futura meação. Parágrafo único. São válidas as doações nupciais feitas aos filhos quando casarem ou estabelecerem economia separada.

[3] Art. 1.644. As dívidas contraídas para os fins do artigo antecedente obrigam solidariamente ambos os cônjuges.

[4] Art. 1.664. Os bens da comunhão respondem pelas obrigações contraídas pelo marido ou pela mulher para atender aos encargos da família, às despesas de administração e às decorrentes de imposição legal.

[5] A mens legis do art. 1.644 é que ainda que uma pessoa só tenha contraído a dívida, como o resultado foi percebido pelo casal, é como se ambos tivessem participado do negócio. Há ingerência no negócio jurídico, em que se considera o casal contraente, ambos devedores.

[6] Art. 1.643. Podem os cônjuges, independentemente de autorização um do outro: I – comprar, ainda a crédito, as coisas necessárias à economia doméstica; II – obter, por empréstimo, as quantias que a aquisição dessas coisas possa exigir.

[7] Art. 1.663. A administração do patrimônio comum compete a qualquer dos cônjuges. § 1º As dívidas contraídas no exercício da administração obrigam os bens comuns e particulares do cônjuge que os administra, e os do outro na razão do proveito que houver auferido.

3. Incidente de desconsideração da personalidade jurídica

Em recente trabalho Rosalina Moitta Pinto da Costa, compara de maneira bastante interessante, a situação do personagem Hercule Poirot, dos livros de Agatha Christie, com o incidente de desconsideração da personalidade jurídica. A autora descreve que o leitor da romancista britânica, fixou-se tanto na peruca de Hercule Poirot, que, foi incapaz de deduzir o óbvio, que o bigode de Poirot era igualmente falso:

> Poirot exibia uma ridícula peruca que desviava imediatamente o olhar e levava o seu interlocutor a concentrar toda a sua atenção naquele ponto. A partir daí, tecendo inúmeras elucubrações sobre o que via, o locutor começava a divagar: **"que peruca ridícula!", "será que não percebe?"**. Nesse processo, não questionava a autenticidade do bigode do inteligente detetive belga
>
> Nosso olhar fixa-se em um ponto, e simplesmente não conseguimos ver o que nos cerca, deixando passar despercebido aquilo que realmente é importante. É o que ocorre, por exemplo, quando a doutrina nega a possibilidade de incidente de desconsideração da personalidade jurídica (IDPJ) nas execuções fiscais, atendo-se tão somente ao termo "desconsideração da personalidade jurídica.[8]

Concordamos com o posicionamento de Rosalina Moitta Pinto da Costa, pois, de fato, a inserção da locução "desconsideração da personalidade jurídica" acaba restringindo a utilização do IDPJ. O intérprete, impressionado com o *nomen iuris* do instituto, acaba por subaproveitá-lo.

Este subaproveitamento manifesta-se de duas formas: (i) utilização do IDPJ apenas nas situações do art. 50 do CC (aplicação da *disregard doctrine*); (ii) não utilização do IDPJ para outras situações de responsabilidade patrimonial excepcional que não decorrem de atos ilícitos, mas que demandam produção probatória para ser estabelecida.

3.1. O uso do IDPJ para casos de desconsideração da personalidade jurídica estranhos ao art. 50 do CC

Nos fixamos tanto na expressão "desconsideração da personalidade jurídica", associando-a à teoria do *disregard doctrine,* que deixamos de perceber

[8] Costa, Rosalina Moitta Pinto da, *Hercule Poirot e o cabimento do IDPJ nas execuções fiscais: o que há em comum?* In https://www.conjur.com.br/2023-jun-06/rosalina-moitta-hercule-poirot-idpj-execucoes-fiscais. Acesso em 20/06/2023.

que, desconsiderar a personalidade jurídica não está indissociavelmente vinculado às questões societárias, tampouco deve se limitar a pessoas jurídicas.

A personalidade jurídica não é algo único. Na verdade, ter personalidade jurídica significa ser detentor de direitos e obrigações. Estes direitos e obrigações variam de pessoa para pessoa, e está presente tanto nas pessoas físicas como nas jurídicas.

O ente abstrato (eg. uma sociedade despersonificada), embora detenha algumas características da personalidade jurídica desde o surgimento informal (eg., agir ativa e passivamente em processos – art. 75, CPC), somente passa a ter separação patrimonial (patrimônio dos integrantes da pessoa jurídica não se confunde com o patrimônio da pessoa jurídica) a partir da personificação (art. 45, CC) quando passa a ser chamado de pessoa jurídica (art. 44, CC). E esta separação patrimonial se manifesta de maneira diversa em cada pessoa jurídica. As pessoas jurídicas limitadas têm, além de separação patrimonial, detém completa autonomia patrimonial, em que, para atingir o patrimônio dos sócios por dívidas da pessoa jurídica, é necessário que se prove atos ilícitos nos termos do art. 50, CC. Já as pessoas jurídicas de responsabilidade ilimitada têm apenas separação patrimonial, mas não completa autonomia patrimonial, de tal modo que o patrimônio dos sócios poderá responder por dívidas da sociedade de maneira subsidiária (art. 790, II, CPC).

Da mesma maneira ocorre com a pessoa física. Um ser humano tem diversos direitos civis assegurados antes mesmo do seu nascimento (art. 20, CC), mas somente passa a existir juridicamente, e poder praticar determinados atos da vida civil, se além de nascer com vida, for registrado.

Assim como nas pessoas jurídicas o grau de separação patrimonial[9] dependerá de escolha do tipo societário (sociedade limitadas e ilimitadas), no ato civil do casamento o grau de separação patrimonial dependerá da escolha do respectivo regime de bens.

Uma pessoa jurídica que esconde seu patrimônio em outra pessoa (física ou jurídica), pode ter a personalidade jurídica desconsiderada para fins

[9] A "separação patrimonial comporta graus, ela não é idêntica e uniforme em todos os casos. Mais acusada nas sociedades anônimas, em que os acionistas não respondem pelos débitos sociais, apresenta-se ao contrário, mais atenuada naqueles tipos societários em que uma categoria de sócios, ou todos eles, respondem pelas dívidas da sociedade." (Comparato, 1977, p. 277).

de responsabilidade patrimonial, e o caminho inverso também é possível (quando a pessoa física esconde seu patrimônio em uma pessoa jurídica).

Dessa forma, parece-nos plenamente possível e sistêmico que, uma pessoa física cujo nome seja utilizado para ocultar os bens de outra pessoa física, tenha a sua personalidade jurídica desconsiderada para fins de responsabilidade patrimonial. Nesse sentido, como observa a doutrina: "A decisão que desconhece a autonomia da pessoa física ou jurídica atinge exclusivamente a eficácia de tal ato e, no episódio levado ao conhecimento do juiz, contorna a fraude, a simulação, a confusão patrimonial, ou o abuso, atos estes perpetrados apenas para desviar bens pertencentes à massa conjugal ou à legítima do herdeiro necessário." (MADALENO, 2023, p. 364).

Da mesma maneira que uma pessoa jurídica limitada, que tem total separação patrimonial assegurada em lei nos termos do art. 49-A, CC, poderá ter seu sócio respondendo com o patrimônio particular se for provado que, na realidade, não há separação patrimonial (um das causas de desconsideração da personalidade jurídica: confusão patrimonial), entendemos possível atingir o patrimônio de um cônjuge, por dívida do outro cônjuge, ainda que o regime de bens seja de separação total, caso fique demonstrado que, tal qual na situação da pessoa jurídica, a separação patrimonial existe apenas no campo da mera aparência.

É nesta toada, a ser detalhada no item 4.2, que dizemos que há um subaproveitamento do IDPJ. O referido mecanismo processual, presente nos arts. 133 a 137 do CPC, também pode atingir outras situações de desconsideração da personalidade jurídica que não apenas a *disregard doctrine*.

A desconsideração da personalidade jurídica, para fins de responsabilidade patrimonial, significa afastamento pontual do direito de ter patrimônio exclusivo e independente sempre que for constado que, na verdade, não existe autonomia real entre as pessoas, que há, de fato, uma simbiose patrimonial entre elas. E essa desconsideração da personalidade jurídica não fica adstrita à personalidade jurídica das pessoas jurídicas, podendo atingir as pessoas físicas.

É possível desconsiderar a personalidade jurídica de uma pessoa jurídica para atingir bens de pessoas físicas (situação mais corriqueira da *disregard doctrine*). Também é possível desconsiderar a personalidade da pessoa física para atingir bens da pessoa jurídica da qual a primeira faz parte (situação muito comum no direito de família: desconsideração inversa da personalidade jurídica). Mas, além dessas situações, também é possível desconsiderar a personalidade jurídica de uma *pessoa jurídica* devedora para atingir bens de outras *pessoas jurídicas* alheias completamente alheias aquela estrutura societária: desconsideração expansiva da personalidade jurídica.

E, se é possível a desconsideração da personalidade jurídica expansiva para atingir terceiros que não tenham qualquer relação societária com a pessoa jurídica devedora, porque não dizer que, também pode a personalidade jurídica de uma pessoa física ser desconsiderada para que o patrimônio por ela formalmente titularizado seja atingido para responder pela obrigação contraída pelo real proprietário daqueles bens ocultados.

Se o casamento for em regime de separação total de bens, o cônjuge que não contraiu a dívida deve responder com seu patrimônio? A resposta ao mencionado questionamento, ao menos de início, é não. Da mesma forma, ao menos em princípio, a empresa X não deverá responder com seu patrimônio pela dívida da empresa Y. Porém, da mesma maneira que a empresa Y pode responder por dívida da empresa X se for provado em IDPJ que há abuso da personalidade jurídica (desconsideração expansiva da personalidade jurídica), o cônjuge não obrigado, ainda que casado em separação total de bens, poderá responder pela dívida do seu cônjuge se provado algum desvio de patrimônio, se provado que os bens titularizados apenas em seu nome foram adquiridos com recursos verdadeiramente pertencentes ao seu consorte.

Seja qual for o contexto da desconsideração da autonomia patrimonial da pessoa física ou da pessoa jurídica, o importante é o sistema proporcionar, previamente, um ambiente processual em que o terceiro cuja personalidade se pretende desconsiderar possa exercer o seu o contraditório e a ampla defesa. Este ambiente é, indubitavelmente, o IDPJ.

O IDPJ consiste em instrumento processual que vai além do art. 50 do Código Civil. Consiste no cenário processual mais adequado para a demonstração de toda e qualquer situação de fraude e/ou simulação que conduza à ampliação da responsabilidade patrimonial.

3.2. O IDPJ como meio de atribuir responsabilidade patrimonial excepcional que não decorre de atos ilícitos

Há responsabilidade patrimonial excepcional sempre que o responsável patrimonial não constar no título executivo. Para se estabelecer tal condição é preciso, inevitavelmente, a produção de provas.

Possuem legitimidade passiva em processo de execução os responsáveis patrimoniais, daí por que, embora a legitimidade passiva na execução seja tratada de maneira expressa no art. 779, CPC, é possível extrair, também do art. 790 do CPC, outros possíveis executados.

Há os legitimados que constam no título executivo (art. 779, I e IV, CPC); há aqueles cuja legitimidade passiva requer apenas a constatação de uma condição pessoal facilmente verificável por documentos no momento do ingresso da ação (art. 779, II, III, V, CPC); e há os casos em que a legitimidade passiva exige a prévia demonstração de determinadas circunstâncias.

O responsável tributário que não consta no título executivo deve responder com seu patrimônio se os créditos correspondentes a obrigações tributárias resultarem de atos praticados com excesso de poderes ou infração à lei, ao contrato social ou aos estatutos (art. 135, CTN). Para constatar se houve ou não excesso de poder é necessário dilação probatória. Não se trata de aplicação da *disregard doctrine*, mas notadamente de responsabilidade patrimonial excepcional que requerer instrução probatória. No entanto, ainda na seara tributária, há os termos do art. 134, CTN em que responsabilidade patrimonial de terceiro está ligada a uma condição pessoal. No caso do art. 134, CTN há prescindibilidade de instrução probatória. Vejamos que tanto no caso do art. 134 como do art. 135 do CTN há *responsabilidade patrimonial excepcional* (os responsáveis não constam no título executado), no entanto, nos casos do art. 135, CTN há necessidade de um ambiente para se estabelecer o contraditório e ampla defesa para robusta produção probatória.

A inversão do contraditório, em que, primeiramente, se insere no polo passivo da execução o suposto legitimado e somente depois se assegura a ele provar que não deve ser considerado responsável patrimonial, seja por meio de embargos de terceiro ou embargos à execução, somente é possível se houver expressa autorização legal, tendo em vista que nosso sistema, ordinariamente, preconiza o contraditório prévio.

Por exemplo, a responsabilidade patrimonial do cônjuge não participante do negócio jurídico, se casado em comunhão universal ou parcial de bens, decorre da lei (presunção de que há coobrigação), daí por que, em tal hipótese, há inversão do contraditório e a prova de que não é situação de coobrigação se perfaz por meio de embargos de terceiro ou embargos à execução, como será detalhado no item 4.1. De igual maneira ocorre com a responsabilidade patrimonial do art. 790, V, CPC (alienação em fraude à execução), em que caberá ao novo executado (adquirente de bem do executado inicial) provar que não deve responder por aquela execução.

A possibilidade de inverter o contraditório deve constar na lei. Se o executado não consta no título executivo, tampouco há na lei expressa autorização para inversão, o contraditório deve ser prévio. Nesse caso, antes de inserir o responsável patrimonial no polo passivo da execução, deve ser provada a circunstância que conduza à responsabilidade patrimonial daquele que não constou do título executivo e a quem a lei não atribuiu solidariedade. E o ambiente para este contraditório prévio, como dissemos, é o IDPJ.

4. IDPJ no direito de família

O Incidente de Desconsideração da Personalidade Jurídica consiste em mecanismo processual bastante utilizado no direito de família, predominantemente pelos próprios integrantes do núcleo familiar: sejam os cônjuges, na partilha de bens[10]; sejam os filhos, nas ações de fixação de alimentos, sejam os herdeiros, nas disputas sucessórias.

A proposta do breve estudo é demonstrar que o IDPJ pode, para além daquelas situações habituais, ser utilizado por terceiros como meio de questionar possíveis arranjos familiares: há realmente um regime de separação total de bens ou apenas aparência? Os cônjuges, de fato, se divorciaram ou permanecem vivendo em união estável? Se todo o processo de

[10] Confira-se, a título de exemplo, na jurisprudência do STJ, julgado de 2013 em que tal hipótese era verificada no direito de família: "DIREITO CIVIL. RECURSO ESPECIAL. AÇÃO DE DISSOLUÇÃO DE UNIÃO ESTÁVEL. DESCONSIDERAÇÃO INVERSA DA PERSONALIDADE JURÍDICA. POSSIBILIDADE. REEXAME DE FATOS E PROVAS. INADMISSIBILIDADE. LEGITIMIDADE ATIVA. COMPANHEIRO LESADO PELA CONDUTA DO SÓCIO. ARTIGO ANALISADO: 50 DO CC/02. (...) 2. Discute-se se a regra contida no art. 50 do CC/02 autoriza a desconsideração inversa da personalidade jurídica e se o sócio da sociedade empresária pode requerer a desconsideração da personalidade jurídica desta. 3. A desconsideração inversa da personalidade jurídica caracteriza-se pelo afastamento da autonomia patrimonial da sociedade para, contrariamente do que ocorre na desconsideração da personalidade propriamente dita, atingir o ente coletivo e seu patrimônio social, de modo a responsabilizar a pessoa jurídica por obrigações do sócio controlador. 4. É possível a desconsideração inversa da personalidade jurídica sempre que o cônjuge ou companheiro empresário valer-se de pessoa jurídica por ele controlada, ou de interposta pessoa física, a fim de subtrair do outro cônjuge ou companheiro direitos oriundos da sociedade afetiva." (REsp n. 1.236.916/RS, relatora Ministra Nancy Andrighi, Terceira Turma, julgado em 22/10/2013, DJe de 28/10/2013.)

conhecimento tramitou em face de um dos cônjuges, pode o outro cônjuge responder com seu patrimônio em caso de inadimplemento da obrigação estampada no título executivo judicial? Essas são apenas algumas das hipóteses nas quais, exemplificativamente, antevemos a utilidade e a necessidade do IDPJ.

4.1. O IDPJ como meio de incluir no cumprimento de sentença o cônjuge não participante do processo de conhecimento, mas coobrigado

Como mencionamos no item dois, se o regime de casamento é o de comunhão universal ou parcial de bens, há comunicação não só do patrimônio adquirido após o casamento, mas também das dívidas.

Consiste em situação de coobrigação, de tal sorte que mesmo um dos cônjuges não participando do negócio jurídico que deu origem a dívida, deve responder com seu patrimônio ou com a sua meação. No entanto, a coobrigação do cônjuge não contraente não está ligada exclusivamente a uma condição pessoal (ser cônjuge em regime de comunhão universal ou parcial de bens), Mais do que ser cônjuge ou convivente, cumpre demonstrar que a obrigação inadimplida foi em benefício do casal ou da entidade familiar.

A responsabilidade do cônjuge não contraente é o que chamamos de responsabilidade patrimonial em um segundo momento[11]; responsabilidade patrimonial condicionada a demonstração de que a obrigação contraída se deu em benefício da economia doméstica.

O que ocorre processualmente é que, como há presunção de que as dívidas adquiridas na constância do casamento são em benefício do casal, para incluir no polo passivo da ação o cônjuge não participante do negócio jurídico inadimplido não é preciso mecanismo processual prévio (há inversão do contraditório). A prova de que o cônjuge não contraente não deve responder com seu patrimônio deve ser feita pelo executado e poderá ser realizada em embargos à execução[12].

[11] "O descrito no art. 790, IV, CPC é responsabilidade patrimonial *em um segundo momento*, a depender de condição ligada ao direito material, mas que não significa que a responsabilidade patrimonial seja secundária." (Castro, 2019, p. 127).

[12] Em outra oportunidade asseveramos a respeito da confusão que se faz em relação a posição jurídico-processual do cônjuge a partir do mecanismo de defesa. Normalmente se ingressa com uma ação de execução inserindo no polo passivo apenas o cônjuge que consta no título executivo, e o outro cônjuge apenas sofre constrição do bem tempos depois. Com isso, alguns

Não obstante nosso entendimento, a jurisprudência oscila quanto à (in)admissibilidade de o cônjuge não integrante do título executivo figurar, de todo modo, na correlata execução ou no cumprimento de sentença.

Há, com efeito, orientação jurisprudencial que sustenta que, se a dívida estiver representada por título executivo extrajudicial, poderá o exequente incluir o cônjuge não participante do negócio jurídico desde o início da execução *ou posteriormente*[13], *inclusive no âmbito do STJ*[14]

autores defendem que se o cônjuge apresentasse embargos à execução ele seria devedor (responsável patrimonial primário), e se apresentasse embargos de terceiro seria responsável patrimonial secundário. Tal conclusão, em nosso sentir, está equivocada. O cônjuge será sempre devedor por ser coobrigado, ainda que não conste no título, e por isso não deve sofrer constrição de seus bens sem que antes seja citado para responder à execução. E justamente por esta razão que o mecanismo de defesa típico deve ser os embargos à execução, no qual o cônjuge pode atacar a cobrança, negar que tenha sido beneficiado por aquela dívida, ou ambos. (Castro, 2019).

13 AGRAVO DE INSTRUMENTO – Execução de título extrajudicial – Decisão indeferiu a inclusão no polo passivo da ação e a penhora de ativos financeiros do cônjuge da executada – Duplicatas emitidas pela genitora para pagamento de serviços educacionais prestados a sua filha menor – Pretensão da credora à inclusão do genitor da filha no polo passivo da ação monitória – Cabimento – Possibilidade pela legitimidade passiva extraordinária – De acordo com os arts. 1.643 e 1644 do CC, qualquer dos cônjuges pode assumir obrigações financeiras para fazer frente às economias domésticas, respondendo ambos solidariamente por tais obrigações – Inteligência do art. 790, IV, do CPC – Precedentes do STJ e TJSP – Legitimidade passiva extraordinária do genitor evidenciada para inclusão no polo passivo da execução, com a consequente penhora de ativos financeiros de sua titularidade – Recurso provido." (TJSP; Agravo de Instrumento 2252561-17.2022.8.26.0000; Relator (a): Francisco Giaquinto; Órgão Julgador: 13ª Câmara de Direito Privado; Data do Julgamento: 14/12/2022; Data de Registro: 14/12/2022).

14 Em favor de tal entendimento, conquanto não concordemos com a classificação do cônjuge não contraente como legitimado extraordinário, vale conferir precedente da Terceira Turma: "3. Aqueles que se obrigam, por força da lei ou do contrato, solidariamente à satisfação de determinadas obrigações, apesar de não nominados no título, possuem legitimidade passiva extraordinária para a execução. 4. Nos arts. 1.643 e 1644 do Código Civil, o legislador reconheceu que, pelas obrigações contraídas para a manutenção da economia doméstica, e, assim, notadamente, em proveito da entidade familiar, o casal responderá solidariamente, podendo-se postular a excussão dos bens do legitimado ordinário e do coobrigado, extraordinariamente legitimado. (...) 6. Na forma do art. 592 do CPC/73, o patrimônio do coobrigado se sujeitará à solvência de débito que, apesar de contraído pessoalmente por outrem, está vocacionado para a satisfação das necessidades comuns/familiares. 7. Os pais, detentores do poder familiar, tem o dever de garantir o sustento e a educação dos filhos, compreendendo, aí, a manutenção do infante em ensino regular, pelo que deverão, solidariamente, responder pelas mensalidades da escola em que matriculado o filho. 8. Possibilidade, assim, de acolhimento do pedido de

Por outro lado, há precedentes, também do STJ, admitindo a inclusão do cônjuge não contraente no processo de execução ou no processo de conhecimento, mas desde que a sua integração ao polo passivo ocorra desde no início da demanda[15], impedindo-se, no entanto, a inclusão, no cumprimento de sentença, daquele que não integrou o processo de conhecimento antecedente.[16]

O posicionamento predominante da 4ª Turma do STJ segue a literalidade do §5º do art. 513, CPC (§ 5º O cumprimento da sentença não poderá ser promovido em face do fiador, do *coobrigado* ou do corresponsável que não tiver participado da fase de conhecimento), o que, em princípio pela interpretação meramente gramatical, parece correto, afinal, como afirmamos anteriormente, o cônjuge não contraente é um coobrigado e não mero responsável patrimonial.

No entanto, há elementos inerentes a coobrigação do cônjuge não contraente que tornam imprescindível um olhar diferenciado sobre o tema, sob pena de se considerar que tem mais valor um título executivo extrajudicial do que um título executivo judicial: ambos sem o nome do cônjuge não contraente.

inclusão do genitor na relação jurídica processual, procedendo-se à prévia citação do pai para pagamento do débito, desenvolvendo-se, então, regularmente a ação executiva contra o coobrigado." (REsp n. 1.472.316/SP, relator Ministro Paulo de Tarso Sanseverino, Terceira Turma, julgado em 5/12/2017, DJe de 18/12/2017)

[15] No âmbito da Quarta Turma do STJ, o entendimento predominante é de não admitir, como responsável patrimonial ou coobrigado, a inclusão incidental do genitor que não figurou no título executivo, seja ele judicial ou extrajudicial. Confira-se: "Em que pese a solidariedade material dos genitores pelas despesas relacionadas à educação dos filhos, o redirecionamento de execução processada à revelia do genitor não participante se mostra indevida, sendo necessária sua integração desde o início do processo, seja de conhecimento, seja de execução, com a devida citação. Precedentes." (AgInt no AREsp n. 2.073.257/DF, relatora Ministra Maria Isabel Gallotti, Quarta Turma, julgado em 27/3/2023, DJe de 31/3/2023.)

[16] "AGRAVO INTERNO NO AGRAVO EM RECURSO ESPECIAL – AUTOS DE AGRAVO DE INSTRUMENTO – DECISÃO MONOCRÁTICA QUE CONHECEU DO AGRAVO PARA NEGAR PROVIMENTO AO RECURSO ESPECIAL. INSURGÊNCIA RECURSAL DA PARTE AGRAVANTE.

1. O entendimento desta Corte é no sentido da impossibilidade de inclusão de um dos cônjuges na obrigação de serviços educacionais dos filhos não assumida contratualmente, já em fase de cumprimento de sentença. Precedentes. 2. Agravo interno desprovido." AgInt no AREsp n. 2.226.771/SP, relator Ministro Marco Buzzi, Quarta Turma, julgado em 29/5/2023, DJe de 1/6/2023.

A coobrigação do cônjuge não contraente não decorre de evento pontual constante em instrumento particular como é o caso do fiador, do avalista dentre outros. Quando o credor opta por discutir determinado contrato por meio de processo cognitivo, e neste contrato há um fiador, quando não inclui esse no polo passivo da demanda, há expressa renúncia da presença desse no processo, por isso há, além dos limites subjetivos da coisa julgada, coerência lógica (expressa renúncia) em dizer que não pode o cumprimento de sentença se dar em face do fiador.

Por outro lado, a coobrigação do cônjuge não contraente decorre da lei e independe, por certo, da sua vontade. Assim, a propositura do processo cognitivo em face apenas de um dos cônjuges não deve ser interpretada como renúncia à responsabilidade patrimonial do outro cônjuge, não desnaturando ou elidindo a solidariedade daquele que não figurou no processo de conhecimento. O cônjuge que não figurou no processo de conhecimento não deixa, em absoluto, de ostentar a condição de coobrigado, podendo, de todo modo, ser incluído no cumprimento de sentença.

O §5º do art. 513, precisa ser compreendido levando-se em consideração as particularidades da coobrigação decorrente da relação familiar, sob pena de incoerência pragmática: o cônjuge não constar no título executivo extrajudicial não impede de ter seu patrimônio respondendo pela dívida; tampouco impede se não constar do título executivo judicial. O próprio STJ já excepcionou a regra do artigo 513, §5º do CPC, ao admitir a inclusão dos fiadores, apenas na fase de cumprimento de sentença, para exigir o pagamento de obrigações impostas no âmbito de ação renovatória da qual eles não participaram, desde que o locatário tenha apresentado, na inicial do processo de conhecimento, o consentimento do fiador com a renovação[17].

[17] "3. Como regra, o cumprimento da sentença não poderá ser promovido em face do fiador, do coobrigado ou do corresponsável que não tiver participado da fase de conhecimento, nos termos do art. 513, § 5º, do CPC/15. 4. Nada obstante, a especialidade da ação renovatória de locação comercial necessita ser observada. De acordo com o art. 71 da Lei nº 8.245/91, é imprescindível que o autor instrua a inicial da ação renovatória com a "indicação do fiador quando houver no contrato a renovar e, quando não for o mesmo, com indicação do nome ou denominação completa, número de sua inscrição no Ministério da Fazenda, endereço e, tratando-se de pessoa natural, a nacionalidade, o estado civil, a profissão e o número da carteira de identidade, comprovando, desde logo, mesmo que não haja alteração do fiador, a atual idoneidade financeira" (inciso V) e "prova de que o fiador do contrato ou o que o substituir na renovação aceita os encargos da fiança, autorizado por seu cônjuge, se casado for" (inciso VI), entre outros requisitos. 5. A Terceira Turma desta Corte perfilha do entendimento de

Não ignoramos a preocupação com o respeito ao contraditório e à ampla defesa, mas a possibilidade de inclusão do cônjuge não integrante do título executivo na execução não elimina tais garantias, evidentemente. Deve ser assegurado ao cônjuge incluído na execução, ao coobrigado, a oportunidade de eventualmente demonstrar a sua desvinculação à obrigação executada, além, claro, de outras matérias passíveis do processo de execução.

Não poderíamos deixar de mencionar, sobre o tema de que estamos a tratar, a decisão a que chegou a Terceira Turma do STJ no REsp nº 1.869.720/DF, de relatoria Ministra Nancy Andrighi, julgado em 27/4/2021, em cujo âmbito, por maioria, conclui-se que, mesmo nas obrigações em que a solidariedade entres os cônjuges é presumida, o cônjuge não executado não poderá ter os seus bens excutidos, especialmente ativos financeiros apenas por ele titularizados[18].

No nosso entendimento, no entanto, o voto divergente, de lavra da Ministra Nancy Andrighi, mostrou-se acertado e em absoluta sintonia

que, nos processos regidos pela Lei do Inquilinato, a anuência dos fiadores com a renovação do contrato, manifestada por meio da juntada de "prova de que o fiador do contrato ou o que o substituir na renovação aceita os encargos da fiança" (art. 71, VI, da Lei nº 8.245/91), permite que estes sejam incluídos no cumprimento de sentença, ainda que não tenham participado do processo na fase de conhecimento. 6. Como consequência, o fiador não necessita integrar o polo ativo da relação processual na renovatória, admitindo-se a sua inclusão no polo passivo do cumprimento de sentença, caso o locatário não solva integralmente as obrigações pecuniárias oriundas do contrato que foi renovado." (REsp n. 2.060.759/SP, relatora Ministra Nancy Andrighi, Terceira Turma, julgado em 16/5/2023, DJe de 19/5/2023.)

[18] 2. Não se admite a penhora de ativos financeiros da conta bancária pessoal de terceiro, não integrante da relação processual em que se formou o título executivo, pelo simples fato de ser cônjuge da parte executada com quem é casado sob o regime da comunhão parcial de bens. 3. O regime de bens adotado pelo casal não torna o cônjuge solidariamente responsável de forma automática por todas as obrigações contraídas pelo parceiro (por força das inúmeras exceções legais contidas nos arts. 1.659 a 1.666 do Código Civil) nem autoriza que seja desconsiderado o cumprimento das garantias processuais que ornamentam o devido processo legal, tais como o contraditório e a ampla defesa. 4. Revela-se medida extremamente gravosa impor a terceiro, que nem sequer participou do processo de conhecimento, o ônus de, ao ser surpreendido pela constrição de ativos financeiros bloqueados em sua conta corrente pessoal, atravessar verdadeira saga processual por meio de embargos de terceiro na busca de realizar prova negativa de que o cônjuge devedor não utiliza sua conta-corrente para realizar movimentações financeiras ou ocultar patrimônio." (REsp n. 1.869.720/DF, relatora Ministra Nancy Andrighi, relator para acórdão Ministro Ricardo Villas Bôas Cueva, Terceira Turma, julgado em 27/4/2021, DJe de 14/5/2021.)

com o que vinha decidindo o próprio STJ, sobre a penhora de imóveis, inclusive da meação pertencente ao cônjuge não executado. Conforme entendimento adotado pela divergência, com o qual estamos de pleno acordo, "tratando-se de dívida contraída por um dos cônjuges, a regra geral é de que é do meeiro o ônus da prova de que a dívida não beneficiou a família, em face da solidariedade entre o casal", não se pode impedir a penhora de ativos financeiros em nome do cônjuge apenas ao fundamento de que não teria havido a prova da ocultação que apenas a própria medida constritiva extrema poderá revelar, especialmente quando efetivamente exauridas as tentativas de localização do patrimônio em nome do próprio devedor.

Raciocinar em sentido contrário significa não só transgredir a regra de direito material que reconhece a solidariedade presumida entre os cônjuges e conviventes das dívidas contraídas durante a união estável ou matrimonial, bem como colocar em risco a efetividade da execução. Tal medida, conquanto aparentemente brusca, não elimina o contraditório, mas apenas o difere.

Da mesma forma, assentido com tal posicionamento, Alexandre Freitas Câmara e Luciano Badini, (2022, p. 9), para quem "é preciso dizer que, ao menos a princípio, o fato de a titularidade da conta bancária ser de apenas um dos cônjuges não significa que o dinheiro ali depositado seja de sua exclusiva propriedade. É que, como demonstrado, tendo sido esse dinheiro obtido na constância do casamento, integra a comunhão e, pois, também pertence ao outro cônjuge. Claro que se poderia, aqui, estar diante de uma exceção (como, por exemplo, se tratar de dinheiro que já integrava o patrimônio do titular da conta bancária antes do casamento, não integrando deste modo o patrimônio comum do casal, mas seria do titular da conta o ônus de provar que o dinheiro já lhe pertencia, e desse encargo probatório deve o cônjuge que não participou do processo de conhecimento desincumbir-se nos embargos de terceiro, via processual adequada para que o cônjuge proteja os seus bens próprios."

Diante dessa situação, nosso posicionamento é que, ainda que o cônjuge não tenha participado do processo de conhecimento que implique condenação, pode ter seu patrimônio atingido, desde que seja demonstrado que aquela dívida estampada em título judicial foi em benefício da economia doméstica ou do cônjuge terceiro ao processo de execução[19], sem a necessidade de incidente para a ampliação do polo passivo da demanda[20].

A obrigação que nasce ao final de um processo de conhecimento, portanto estampada em título judicial, não pode ter tratamento diverso da obrigação estampada em título extrajudicial. Mas, caso não seja aceita a inclusão do cônjuge no momento do cumprimento de sentença sob o argumento de que não participou do processo de conhecimento, em nosso sentir, ainda caberá ao exequente pleitear a inclusão desse cônjuge por meio de incidente de desconsideração da personalidade jurídica, ambiente em que demonstrará que o cônjuge que não se encontra no título executivo judicial é coobrigado ao pagamento da dívida constante no referido título, pois, de alguma forma, foi em benefício da família.

4.2. O IDPJ como meio de terceiros provarem fraudes na relação afetiva

Conforme observamos no item 2, a relação patrimonial entre duas pessoas que se unem em matrimônio influencia no direito de terceiro. E, se há engodo, seja no regime de bens escolhido quando da união, seja na simulação de divórcio, entre outras situações evidenciadoras de fraude, nasce o interesse de agir de terceiro questionando a relação patrimonial do casal.

Duas são as situações que trataremos neste tópico de maneira bastante sucinta: (i) divórcio simulado; (ii) responsabilidade patrimonial do cônjuge não contraente cujo regime de casamento é de separação total.

[19] A favor da legitimidade passiva do cônjuge (Badini; Câmara, 2022, p. 9) não integrante do título executivo extrajudicial negócio jurídico na respectiva execução, desde que demonstrado que ele teve benefício patrimonial com a celebração do título executivo extrajudicial: "APELAÇÃO. EMBARGOS À EXECUÇÃO. Sentença reconheceu a ilegitimidade passiva ad causam da esposa de codevedor, extinguindo a execução em relação a ela, sem resolução do mérito, nos termos do art. 485, inc. VI, do CPC. (...) Reconhecimento da legitimidade passiva da Sra. (...). Reinclusão no polo passivo da execução. Embora não tenha subscrito o contrato de investimento objeto da execução, na época do contrato era casada com o Sr. (...) em regime de comunhão parcial de bens, beneficiando-se com o aumento do patrimônio comum do casal." (TJSP; Apelação Cível 1025493-89.2019.8.26.0100; Relator (a): AZUMA NISHI; Órgão Julgador: 1ª Câmara Reservada de Direito Empresarial; Foro Central Cível – 10ª Vara Cível; Data do Julgamento: 11/12/2019; Data de Registro: 30/01/2020)

[20] No âmbito do direito português, o CPC, nos artigos 741º e 742º, previu um incidente próprio, denominado de incidente de comunicabilidade, para a afetação subsidiária dos bens particulares do cônjuge não executado.

Não é de hoje que o Poder Judiciário enfrenta questões a respeito de divórcios simulados, e, ponto sempre presente nas decisões judiciais é a imprescindibilidade de contraditório. Nos contextos dos divórcios simulados, é comum que um dos cônjuges, sobre o qual pendem obrigações, abra mão de todo patrimônio a que teria direito, em uma partilha de bens absolutamente desigual, em que apenas o outro cônjuge figura como aquele a quem o patrimônio foi atribuído na sua totalidade.

Embora existam credores que aleguem responsabilidade patrimonial do ex-cônjuge sob o argumento de que o divórcio foi simulado, e, portanto, a partilha (muitas vezes propositalmente desigual) se deu em fraude à execução[21], o entendimento que prevalece é de que, nos casos de divórcio simulado, precisaria haver debate em sede de ação pauliana[22]. Não obs-

[21] "AGRAVO DE INSTRUMENTO – EXECUÇÃO – DIVÓRCIO E EFEITOS DA PARTILHA – SIMULAÇÃO – FRAUDE À EXECUÇÃO – VIOLAÇÃO AO DEVER DE FUNDAMENTAÇÃO E INSTRUÇÃO PROBATÓRIA – INSUFICIÊNCIA DO CONJUNTO PROBATÓRIO – Pedido de nulidade da decisão, por inobservância ao dever de fundamentação e por necessidade de dilação probatória, e, também, por insuficiência do conjunto probatório – Descabimento – Hipótese em que o pedido de produção de prova adicional foi formulado apenas em segundo grau de jurisdição, de maneira tardia e genérica – Suficiência do conjunto probatório, sob a perspectiva qualitativa, para configurar a simulação do divórcio do agravante – Agravante que, em rede social, postou uma declaração pública comemorativa da celebração de quarenta e seis anos de casamento, período que remonta à data da celebração do casamento – Demonstração de que a intenção das partes era a de prosseguir na união matrimonial, a despeito da celebração formalmente válida de divórcio consensual extrajudicial, o qual não interrompeu a contagem dos anos de casamento – Agravante e sua pretensa ex-esposa que funcionaram como fonte de prova do engodo, de maneira que não há alguma outra prova que possa infirmar sua própria e expressa manifestação, no sentido da continuidade do casamento – Simulação demonstrada – Fraude à execução que enseja a ineficácia, perante o agravado, dos efeitos patrimoniais do divórcio, sobretudo a partilha – RECURSO DESPROVIDO." (TJSP; Agravo de Instrumento 2281316-22.2020.8.26.0000; Relator (a): Ana de Lourdes Coutinho Silva da Fonseca; Órgão Julgador: 13ª Câmara de Direito Privado; Foro Central Cível – 32ª Vara Cível; Data do Julgamento: 29/03/2021; Data de Registro: 29/03/2021)

[22] "Tecidas essas considerações, a análise dos autos revela a inadmissibilidade da inclusão de (...) no polo passivo, visto que a suposta *simulação* e a doação da parte ideal do executado à (..,) devem ser analisadas em ação própria. Com efeito, tais fatos foram praticados previamente à propositura da ação monitória, afastando, em tese, a possibilidade de fraude à execução. Nessa senda, *eventual fraude contra credores deve ser objeto de apreciação em ação pauliana própria*, com amplo contraditório e ampla defesa, para aferição dos requisitos desse vício social do negócio" (voto do relator Marco Fábio Morsello do TJSP: Agravo de Instrumento 2239395-15.2022.8.26.0000; Órgão Julgador: 11ª Câmara de Direito Privado; Foro Central Cível – 4ª Vara Cível; Data de Registro: 12/12/2022)

tante, não se podemos deixar de destacar a corrente segundo a qual, em tais situações dos divórcios de fachada, o cônjuge poderá ser incluído no polo passivo sem a necessidade da propositura de ação pauliana[23].

Ocorre que o resultado de uma ação pauliana é a anulação do negócio simulado, o que implicaria em desfazimento do divórcio. A alegação de fraude à execução é ainda menos adequada, pois o contraditório é diferido para os embargos de terceiro. Ademais, em ambas as situações (questionar a validade do divórcio como elemento de fraude à execução ou fraude contra credores) poderá haver, se a dissolução ocorreu judicialmente, o problema da coisa julgada.

A outra situação em que a relação patrimonial entre cônjuges afeta direito de terceiros é quando o regime de separação total do devedor é apenas aparente, não retratando a realidade patrimonial vivenciada pelo casal.

Imaginemos a seguinte situação. João casa-se com Maria em regime de separação total de bens. Maria não tinha patrimônio algum antes do casamento e não exerce atividade remunerada. João, por sua vez, é sócio de pessoa jurídica extremamente lucrativa, mas que tem grande passivo tributário. João, para evitar que seus bens pessoais venham a ser atingidos (ainda que excepcionalmente) por dívida da pessoa jurídica da qual faz parte, tudo que adquire na constância da relação afetiva coloca em nome de Maria por meio de doações inoficiosas.

Há, no caso descrito, uma aparente separação de bens, pois, na prática, Maria e João tem ampla comunicação patrimonial. No entanto, no caso de inadimplemento de João, seus credores somente poderão buscar o patrimônio dele, que, como vimos não existe.

Tanto no caso do divórcio, como no caso da aparente separação patrimonial dos cônjuges, o que se almeja não é interferir na relação pessoal dos cônjuges, mas sanar o problema da frustração de recebimento dos credores decorrente de simulação/fraude.

[23] "AGRAVO DE INSTRUMENTO – AÇÃO DE EXECUÇÃO DE TÍTULO EXTRAJUDICIAL – DIVÓRCIO SIMULADO – OCORRÊNCIA – LEGITIMIDADE DE CONSTRIÇÕES – AVERBAÇÃO CARTORÁRIA. Os elementos constantes nos autos nos autos são suficientes para fazer crer que o "divórcio" da agravante se operou de forma ficta, com a intenção para impedir que a execução movida pela agravada e até mesmo para que outros credores alcançasse o patrimônio do casal." (TJMG, 13ª Câmara Cível, AGRAVO DE INSTRUMENTO Nº 5016632-28.2022.8.13.0480, julgado em 16/6/2023, Relatora, Desembargadora DESA. MARIA LUÍZA SANTANA ASSUNÇÃO).

Por isso acreditamos que o melhor caminho para se demonstrar que houve fraude praticada pelo devedor (seja com um divórcio simulado, seja com uma aparente separação de bens – que inclusive pode advir de alteração de regime durante a relação afetiva), é o Incidente de Desconsideração da Personalidade Jurídica. E aqui reitera-se: não podemos nos prender a ideia de que "desconsideração da personalidade jurídica" está ligada exclusivamente à *disregard doctrine*.

A pessoa jurídica não deixa de existir quando há procedência do IDPJ. O que ocorre é que o sócio, de maneira pontual, episódica e relacionada com aquele credor, responderá com seu patrimônio pela dívida de terceiro (a pessoa jurídica da qual faz parte). Vale dizer que o mesmo se sucede com a fraude à execução, cujo resultado não é o desfazimento do negócio jurídico, mas apenas ineficácia em relação ao credor que fez a alegação tipificada no art. 792, CPC.

O IDPJ intentando com a finalidade de demonstrar que houve divórcio simulado, não tem a intenção de desfazer o divórcio, sendo o reconhecimento da simulação apenas questão prejudicial. O que se busca com o IDPJ no caso narrado é a autorização de constrição de bens do ex-cônjuge, que para aquele caso, de maneira pontual e episódica, será considerado como se não tivesse se divorciado, e, com isso os bens do cônjuge não contraente também devem responder pela dívida.

De igual maneira se comporta o IDPJ para questionar o regime de bens de devedor. Pegando o exemplo de parágrafos acima, a intenção do IDPJ em caso de dívida do João, não é fazer com que o regime de bens entre ele e Maria seja alterado, mas tão somente fazer com que Maria (desconsideranda) responda com seu patrimônio por dívida dos João (pessoa física que terá a personalidade jurídica sendo desconsiderada), pois, na verdade não existe separação patrimonial entre eles.

Notadamente a questão é complexa, havendo problemas teóricos, e pragmáticos inerentes a dificuldade de prova neste campo. Nossa intenção nessas breves linhas foi tão somente jogar luzes sobre problema corriqueiro de simulações nas relações afetivas que impactam no direito de terceiros.

Reiteramos, se a empresa X, que não tem qualquer relação societária com a empresa Y, pode responder por dívida dessa se for provado que há aparente separação patrimonial (art. 50, CC), acreditamos que Maria, ainda que seja casada em regime de separação total de bens, pode responder pelas dívidas do cônjuge João.

O IDPJ na modalidade expansiva não precisa ficar restrito a pessoas jurídicas. O IDPJ consiste em mecanismos processual de repressão a fraudes, sejam essas fraudes praticadas entre pessoas jurídicas, entre pessoas jurídicas e pessoas físicas, e por que não dizer, entre pessoas físicas e pessoas físicas.

Conclusões

À guisa de conclusão, o Incidente de Desconsideração da Personalidade previsto nos arts. 133 a 137, CPC, mostra-se como importante mecanismo para garantir o contraditório e a ampla defesa e não deve ficar restrito às situações do art. 50 do Código Civil.

Neste sentido encerramos com as palavras de Cassio Scarpinella Bueno:

> O que importa, para tanto, é constatar como o direito processual civil (invariavelmente pensado e aplicado desde o respectivo modelo constitucional) impõe que sejam apuradas as causas (de direito material) de débito ou de responsabilidade de alguém, legitimando o correlato título executivo. Os porquês para tanto são dados pelo direito material; ao direito processual cabe lidar com eles em respeito absoluto aos cânones do modelo constitucional, estabelecendo como o redirecionamento pode (ou não se dar). Tal proposta, de evidenciar que o chamado incidente de desconsideração da personalidade jurídica, regulado pelos arts. 133 a 137 do CPC, pode (e deve) comportar discussões as mais amplas possíveis (e necessárias) que gravitem sobre situações de corresponsabilização que digam respeito a fraude e/ou a atos abusivos a direitos, *independentemente de serem passiveis de configuração como desconsideração da personalidade jurídica propriamente dita.*[24] (grifo nosso)

A utilização do IDPJ será indispensável sempre que se pretender afetar bens do cônjuge nas situações em que a lei não previu a ele responsabilidade solidária pela obrigação executada. Nas situações em que a solidariedade for presumida, a inclusão, inicial ou superveniente do cônjuge não contraente, será permitida independentemente do IDPJ.

[24] SCARPINELLA BUENO, Cassio. O incidente de desconsideração da personalidade jurídica para além da desconsideração: uma homenagem ao professor Fabio Ulhoa Coelho.In https://www.scarpinellabueno.com/para-ler.html. Acesso em 20/06/2023

Referências

BADINI, Luciano; CÂMARA, Alexandre Freitas. Um comentário ao RESP 1869720/DF. *Regime de comunhão parcial de bens*. Indaituba: Editora Foco, 2022, p. 9.

CASTRO, Roberta Dias Tarpinian. O incidente de desconsideração da personalidade jurídica: as diferentes funções de um mesmo mecanismo processual. São Paulo: Quartier Latin, 2019

COMPARATO, Fabio Konder. O poder de controle da sociedade anônima. 2. ed. São Paulo: Revista dos Tribunais, 1977. p. 271.

COSTA, Rosalina Moitta Pinto da, *Hercule Poirot e o cabimento do IDPJ nas execuções fiscais: o que há em comum?* In https://www.conjur.com.br/2023-jun-06/rosalina-moitta-hercule-poirot-idpj-execucoes-fiscais. Acesso em 20/06/2023.

LIMA, Alvino. A fraude no direito civil. São Paulo: Saraiva, 1965

MADALENO, Rolf; MADALENO Ana Carolina Carpes; MADALENO, Rafael. Fraude no direito de família e sucessões. 3. ed., Rio de Janeiro: Forense, 2023

SCARPINELLA BUENO, Cassio. O incidente de desconsideração da personalidade jurídica para além da desconsideração: uma homenagem ao professor Fabio Ulhoa Coelho.In https://www.scarpinellabueno.com/para-ler.html. Acesso em 20/06/2023

15
A EFETIVIDADE DA TUTELA EXECUTIVA DOS ALIMENTOS ATRAVÉS DE MEDIDAS ATÍPICAS

Ana Flávia Evangelista Violante
Olavo de Oliveira Neto

Introdução

A finalidade da tutela executiva é a modificação do plano fático, a partir de um direito já reconhecido em título executivo judicial ou extrajudicial, não satisfeito espontaneamente. Guarda relação direta com a efetividade do sistema de justiça e, portanto, com o direito ao acesso à ordem jurídica justa. Para se alcançar essa finalidade, todavia, imprescindível a utilização de instrumentos processuais eficientes e pertinentes às diferentes espécies de execução.

No caso da cobrança judicial de obrigação alimentar inadimplida, o procedimento previsto em lei é peculiar, adaptado mesmo à especial natureza do direito fundamental à percepção dos alimentos (subsistência digna do credor), o qual autoriza, inclusive, a prisão civil do devedor como meio executivo típico para coerção do executado ao pagamento (CF, art. 5º, LXVII e CPC, art. 528).

Propõe-se, neste artigo, após breve análise das medidas típicas previstas para a tutela executiva dos alimentos, verificar a viabilidade de utilização de medidas atípicas, ou seja, não especificadas em lei, para efetivação das decisões judiciais, conforme autorização contida no artigo 139, IV, do CPC, que possibilita ao juiz *"determinar todas as medidas indutivas, coercitivas, mandamentais ou sub-rogatórias necessárias para assegurar o cumprimento de ordem judicial, inclusive nas ações que tenham por objeto prestação pecuniária."*.

Sob a óptica da efetividade, observando o procedimento especial previsto para a cobrança do débito alimentar, que já prevê medida coercitiva rigorosa, coloca-se em pauta, além de outras questões, a (discutível) condição da subsidiariedade no uso das medidas atípicas, além da possibilidade de sua implementação *ex officio* pelo magistrado.

Assim, através dos métodos de pesquisa bibliográfico, descritivo e exploratório, sem o intuito de esgotamento do tema, analisa-se a aplicabilidade de medidas atípicas às execuções de alimentos, como forma de promoção da efetividade da tutela executiva e melhor adequação do processo às particularidades do caso concreto.

1. Efetividade da execução e acesso à justiça

A efetividade da tutela executiva é requisito para a *satisfação de direitos*. Trata-se de elemento de concretização do acesso à ordem jurídica justa, conforme definição de Kazuo Watanabe, em tradução ao direito fundamental ao acesso à justiça, abrangendo, dentre outras garantias básicas, *"(...) direito à preordenação dos instrumentos processuais capazes de promover a efetiva tutela de direitos."* (Watanabe, 2019, pp. 3-10).

A Constituição da República Federativa do Brasil (1988) prevê, no inciso XXXV do artigo 5º, *que "a lei não excluirá da apreciação do Poder Judiciário lesão ou ameaça a direito.".*[1] O princípio da inafastabilidade da jurisdição, do livre acesso ao Judiciário, ou, como assinalou Pontes de Miranda, *princípio da ubiquidade da Justiça* (Pontes de Miranda, 1963, p. 412), foi consagrado, na legislação brasileira, de modo especial, na Constituição dos Estados Unidos do Brasil de 1946, em seu art. 141, §4º, mantida a garantia na Constituição da República Federativa do Brasil de 1967 (art. 150, §4º) e Emenda Constitucional nº 1/1969 (art. 153, §4º). O Código de Processo Civil (CPC) de 2015 incorporou, expressamente, tal princípio em seu artigo 3º, o qual prevê: *"não se excluirá da apreciação jurisdicional ameaça ou lesão a direito.".*[2]

Acesso à Justiça, segundo Mauro Cappelletti e Bryant Garth, é expressão que auxilia na determinação de duas finalidades básicas do sistema jurídico: *"Primeiro, o sistema deve ser igualmente acessível a todos; segundo, ele deve produzir resultados que sejam individual e socialmente justos."* (1998, p. 8).

[1] BRASIL. Constituição (1988). *Constituição da República Federativa do Brasil*. Brasília, DF, 1988. Disponível em: http://www.planalto.gov.br/ccivil_03/constituicao/constituicao.htm. Acesso em: 02 jul. 2023.

[2] BRASIL. Lei nº 13.105, de 16 de março de 2015. *Código de Processo Civil*. Disponível em: http://www.planalto.gov.br/ccivil_03/_ato2015-2018/2015/lei/l13105.htm. Acesso em: 29 set. 2023.

No moderno Estado Democrático de Direito, o acesso à justiça não se resume ao direito de ser ouvido em juízo e obter qualquer resposta do Judiciário: *"por acesso à Justiça hoje se compreende o direito a uma tutela efetiva e justa para todos os interesses dos particulares agasalhados pelo ordenamento jurídico."* (THEORODO JUNIOR, 2016, p. 74). Aliás, esta é a previsão do artigo 4º do CPC, em que se assegura às partes o direito de *"(...) obter em prazo razoável a solução integral do mérito, incluída a atividade satisfativa."*.[3]

Sadek afirma que o direito de acesso à justiça só é efetivo quando consideradas, ao menos, três etapas: *"o ingresso visando à obtenção de um direito, os caminhos posteriores à entrada e, finalmente, a saída."* (SADEK, 2014, p. 57). Assim, deve-se garantir possibilidades igualitárias de acesso à porta de entrada; após, esta deve permitir que se alcance a porta de saída em tempo e condições razoáveis, com resultado final útil e efetivo.

Carneiro (2000) propõe que o real significado da expressão *acesso à justiça* depende da congregação de quatro princípios: acessibilidade, operosidade, utilidade e proporcionalidade. Define o primeiro princípio, da *acessibilidade*, como a existência de pessoas – sujeitos de direitos – aptas a estar em juízo, sem obstáculos financeiros, conhecendo e utilizando adequadamente os instrumentos legais existentes, de modo a viabilizar, de fato, a busca pela efetivação de direitos. O princípio da *operosidade* significa que todas as pessoas que participam direta ou indiretamente da atividade de justiça – mesmo que em sua forma extrajudicial – devem trabalhar de maneira a possibilitar a maior efetividade possível. A *utilidade* traduz que o processo deve, fundamentalmente, *"(...) assegurar ao vencedor tudo aquilo que ele tem direito a receber, da forma mais rápida e proveitosa possível, com menor sacrifício para o vencido."* (CARNEIRO, 2000, p. 79). E, por fim, a *proporcionalidade* é autoexplicativa: a todo momento, o julgador se depara com dilemas que devem ser solucionados à luz da aplicação proporcional da norma, levando em conta as particularidades do caso concreto, dos interesses em jogo e a harmonização com os princípios e os fins que informam os diferentes ramos do direito. (O, 2000, p. 79).

Aliás, insta mencionar a relevância do *processo* para a concretização de direitos. *"É indispensável a consciência de que o processo não é mero instrumento técnico a serviço da ordem jurídica, mas, acima disso, poderoso instrumento ético*

[3] BRASIL. Lei nº 13.105, de 16 de março de 2015. *Código de Processo Civil*. cit.

destinado a servir à sociedade e ao Estado." (CINTRA, GRINOVER e DINAMARCO, 2014).

Cintra, Grinover e Dinamarco (2014) explicam as duas premissas mais substanciosas da teoria geral do processo, quais sejam, (i) o direito processual constitucional, que garante segurança, confiabilidade e o compromisso com o empenho pela justiça no caso concreto, e (ii) a instrumentalidade do sistema processual a certos objetivos norteadores. Quanto a esta segunda premissa, os autores afirmam que o escopo principal do sistema processual é a pacificação através da solução dos conflitos, sendo esse o mais relevante desígnio social da jurisdição.

A *paz social* não se alcança apenas com a garantia ao jurisdicionado do direito de ingressar com uma ação. É imperioso assegurar-lhe, sobretudo, a solução justa da lide, para que se atinja o objetivo fundamental do processo. (SHIMURA, 1973). Pode-se dizer, portanto, que os *efeitos colaterais* do bom funcionamento do sistema de justiça e da efetiva garantia de direitos pelo Judiciário tendem a refletir na sociedade como um todo, pois os cidadãos, sabedores de que a lei é de fato cumprida, estarão mais atentos no respeito às regras postas. Neste sentido, discorre Kazuo Watanabe: *"Nos países que são dotados de Justiça de acesso fácil, a expressão 'eu te processo' funciona. No Brasil de hoje, como todos nós sabemos, a expressão inversa 'vai procurar seus direitos' é a que funciona (...)"* (2019, p. 15).

Assim, para que haja *efetividade* do processo, é indispensável buscar-se a plena proteção ao direito lesionado, o que se concretiza através da tutela executiva. Afinal, repita-se:

> *"O ideal da efetividade, de gênese constitucional, não se coaduna com a existência de um sistema que não dê a quem dele se utiliza a proteção plena ao direito violado. Tal deficiência sistêmica equivale, na sua essência, à negativa de prestação de tutela jurisdicional, situação que no plano pragmático comporta apenas duas soluções: ou o lesado, frustrado na sua pretensão, se resigna com a perda de parcela do seu direito, ou o exerce mediante a autotutela, mesmo sem ter a expressa permissão legal para fazê-lo. Em ambas as hipóteses a falta de meios aptos a uma efetiva tutela do direito pleiteado em juízo, em última instância, subverte a ordem jurídica, em evidente prejuízo à paz social."* (OLIVEIRA NETO, 2019, p. RB-4.1).

Nas lições de Barbosa Moreira (1980), desde que o Estado proibiu a autotutela e invocou para si a exclusiva responsabilidade de garantir a ordem jurídica, assumiu o compromisso de concretizar as normas por ele mesmo concebidas.

Gajardoni ressalta que *"a parte não conta com ninguém mais, a não ser o Estado/Juiz, para fazer a decisão judicial valer."* E anseia *"[q]ue a doutrina e os Tribunais se conscientizem que a efetivação é tão, ou até mais importante, do que a própria declaração do direito."*.[4]

Assim, compreendendo-se a efetividade da tutela executiva como instrumento de concretização do acesso à ordem jurídica justa, não se pode deixar de considerar a necessidade de utilização dos *"(...) meios aptos a efetivar a satisfação de prestações que não foram espontaneamente adimplidas, no menor espaço de tempo e com a prática de um mínimo necessário de atividade processual."* (Oliveira Neto, 2019, p. RB-4.1).

2. Peculiaridades da cobrança judicial dos alimentos

No que concerne à cobrança judicial dos alimentos, considerada a especial natureza do direito fundamental perseguido em juízo, o legislador previu mecanismos próprios dessa espécie de execução: cumprimento de sentença com penhora de bens (CPC, art. 528, §8º); cumprimento de sentença com previsão de coerção pessoal do executado (CPC, art. 528 §§3º a 7º); execução fundada em título executivo extrajudicial com penhora de bens (CPC, art. 913); e execução fundada em título executivo extrajudicial com possibilidade de prisão (CPC, art. 911, parágrafo único).

Compete ao credor a escolha do caminho processual mais adequado às peculiaridades do caso concreto e eficiente à cobrança de seu crédito alimentar. O exequente pode se valer da execução somente mediante expropriação de bens do executado, ou pode optar por executar parte do débito sob o rito da penhora e parte através do procedimento que possibilita a prisão do devedor.

Pretendendo o exequente perseguir seu crédito sob a consequência da prisão civil do alimentante, o objeto da cobrança será restrito às três prestações anteriores ao ajuizamento da execução e as que se vencerem no

[4] Gajardoni, Fernando da Fonseca. A revolução silenciosa da execução por quantia. *Jota*. Publicado em: 24 ago. 2015. Disponível em: https://edisciplinas.usp.br/pluginfile.php/1799314/mod_resource/content/1/A%20revolu%C3%A7%C3%A3o%20silenciosa%20da%20execu%C3%A7%C3%A3o%20por%20quantia%20-%20JOTA.pdf. Acesso em: 29 set. 2023.

curso do processo (CPC, art. 528, §7º). Poderá exigir essas mesmas parcelas atuais, a seu critério, exclusivamente sob rito da expropriação de bens, incluindo, também, débitos pretéritos.

Nesta parte, o atual CPC positivou entendimento jurisprudencial sumulado sob a égide do código anterior:[5]

> *"O novo diploma, ao dispor sobre a verba que autoriza a prisão, segue a mesma linha do que já consta no Verbete 309 da Sumula do STJ, no sentido de que abrange as três prestações anteriores ao ajuizamento da execução e as que se vencerem no curso do processo. A razão é singela, uma vez que há a presunção de que os valores anteriores a estas três prestações já perderam a natureza alimentar em razão do decurso do tempo, já não mais se destinando à subsistência do credor. [...] Aliás, pode o credor, a seu critério, dispensar o rito aqui disciplinado e executar todas as verbas alimentares perante o procedimento padrão para cumprimento de sentença. Trata-se, portanto, de tema afeto à disponibilidade do credor, que poderá eleger o meio executivo que considera como mais adequado para o cumprimento da presente obrigação de natureza alimentar."* (HARTMANN, 2016, pp. 838-839).

A prisão e o protesto da decisão judicial representam meros meios de coerção, com o escopo de pressionar o devedor a adimplir com o pagamento, mas deste não o eximindo (art. 528, §§ 5º e 6º, CPC). Desta forma, mesmo que preso o executado e protestado o pronunciamento judicial que fixou os alimentos, não cumprida a obrigação, o processo prossegue com a possibilidade de decretação das medidas executivas sub-rogatórias (art. 530, CPC).

Quando a dívida alimentar estiver baseada em título executivo extrajudicial, a execução, como já mencionado, será disciplinada pelos artigos 911 a 913 do CPC, cujo regramento, contudo, *"[...] não apresenta nenhuma peculiaridade quando comparado ao dos arts. 528 a 533, a não ser a necessidade de o executado ser citado para o pagamento, não apenas intimado."* (SCARPINELLA BUENO, 2018, pp. 279-280).

O prazo da prisão é de um a três meses (art. 528, §3º, CPC), não sendo possível, *"[...] a cumulação desses prazos em face de propositura de várias execu-*

[5] Súmula n. 309: "O débito alimentar que autoriza a prisão civil do alimentante é o que compreende as três prestações anteriores ao ajuizamento da execução e as que se vencerem no curso do processo." (BRASIL. Superior Tribunal de Justiça. Súmula 309. Disponível em: https://scon.stj.jus.br/docs_internet/VerbetesSTJ.pdf. Acesso em: 27 set. 2023).

ções entre as mesmas partes." (MARINONI, ARENHART, MITIDIERO, 2018, p. 693). O STJ, todavia, já decidiu, em sede de julgamento de Habeas Corpus, ainda na vigência da lei processual de 1973, ser possível a renovação do decreto prisional:

> *"A cada três meses era ajuizada contra o paciente uma execução de alimentos pelo procedimento do art. 733 do CPC e, em cada uma, foi decretada a prisão civil pelo prazo de sessenta dias. Houve, então, pedido de unificação dessas execuções, indeferido por decisão que, implicitamente, determinou o cumprimento cumulativo dos decretos prisionais. Diante disso, a Turma entendeu que, proposta a primeira execução, em razão do disposto nos arts. 290 e 733, § 2°, do CPC, todas as prestações alimentícias vincendas no curso do processo serão abrangidas pelo provimento jurisdicional a ser exarado, bem como eventual decreto prisional também atingirá aquelas parcelas que se vencerem até o cumprimento do prazo de prisão estabelecido no decreto. Assim, não é razoável prosseguir várias execuções paralelas pelo art. 733 nem cumular o tempo de prisão dos sucessivos decretos prisionais sob pena de bis in idem. Porém ressaltou que essa impossibilidade de cumulação do prazo de prisão não impede que o juiz, ao analisar a conveniência e oportunidade, renove o decreto prisional até o limite de três meses (art. 733, § 1°, do CPC), tal como admitido pela jurisprudência do STJ, ou mesmo que se decrete nova prisão com base em novo fato gerador, tal como o inadimplemento das parcelas que se vencerem posteriormente ao cumprimento do prazo da prisão. Anotou, também, que nosso atual ordenamento jurídico não veda a renovação do decreto prisional, visto que a Lei n. 6.515/1977 alterou a redação do art. 733, § 2°, do CPC, banindo o impedimento de nova prisão. Ao final, determinou a reunião dos processos para que o juiz analise a subsistência de interesse do credor no prosseguimento dos feitos e eventual litispendência, mais uma vez ressaltando a viabilidade de expedição de novo decreto prisional. HC 39.902-MG, Rel. Min. Nancy Andrighi, julgado em 18/4/2006.".*[6]

O ordenamento jurídico brasileiro oferece tratamento especial ao procedimento de execução de crédito alimentar, promovendo instrumentos alternativos ao exequente, em relação às demais cobranças judiciais, para coerção do executado ao pagamento do débito. Isso se dá justamente pela natureza especial dos alimentos, que servem à própria subsistência do credor e à sua dignidade humana.

[6] BRASIL. Superior Tribunal de Justiça. *Informativo de Jurisprudência*, n. 281. Brasília, 10 a 19 de abril de 2006. Disponível em: https://processo.stj.jus.br/jurisprudencia/externo/informativo/?acao=pesquisarumaedicao&livre=0281.cod. Acesso em: 27 out. 2022.

O exame dos artigos 528 a 533 do CPC não deixa claro se as diferentes técnicas executivas (protesto do título, prisão, desconto em folha, penhora, constituição de capital) podem ser aplicadas indistintamente. Scarpinella Bueno entende que o correto é adotá-las de acordo com as singularidades de cada caso: não é porque o legislador definiu uma ordem para aplicação das medidas executivas que todos os processos devem seguir a mesma direção. "Cada caso concreto, vale insistir, será decisivo para justificar a escolha de uma ou outra técnica e, até mesmo, pela combinação e/ou sucessão de mais de uma delas" (Scarpinella Bueno, 2018, p. 285).

Diante de tantas peculiaridades atinentes à cobrança judicial dos alimentos, considerando-se especialmente a previsão da rigorosa medida coercitiva da prisão civil do devedor, questiona-se, sob a ótica da efetividade do direito, a viabilidade do uso de medidas executivas atípicas – ou seja, não previstas expressamente em lei –, para o fim de se buscar o cumprimento da obrigação alimentar de maneira mais efetiva e adequada ao caso concreto.

3. Medidas atípicas na execução de alimentos

3.1. O poder-dever de efetivação das decisões judiciais

O artigo 139, IV, do CPC, possibilita ao juiz *"determinar todas as medidas indutivas, coercitivas, mandamentais ou sub-rogatórias necessárias para assegurar o cumprimento de ordem judicial, inclusive nas ações que tenham por objeto prestação pecuniária."*.[7] Trata-se da regra-matriz do *Poder Geral de Coerção*, que pode ser conceituado como *"[...] o poder que a lei confere ao juiz para determinar, conforme as exigências do caso concreto e visando a efetividade da tutela executiva, medidas coercitivas diversas das que são expressamente previstas na legislação processual."*

A constitucionalidade *in abstrato* do uso de medidas executivas atípicas, sejam elas indutivas, coercitivas, mandamentais ou sub-rogatórias foi corretamente declarada pelo Supremo Tribunal Federal no julgamento da Ação Direta de Inconstitucionalidade ADI 5941.[8]

O juiz tem o poder-dever de efetivação das decisões judiciais, o que pode ser realizado, nos termos da norma autorizadora – e, claramente,

[7] BRASIL. Lei nº 13.105, de 16 de março de 2015. *Código de Processo Civil.* cit.

[8] BRASIL. Supremo Tribunal Federal. ADI 5941, Plenário, Rel. Min. Luiz Fux. Data julgamento: 09 fev. 2023. Data da Publicação: 28 abr. 2023. Disponível em: https://portal.stf.jus.br/processos/detalhe.asp?incidente=5458217. Acesso em: 28 set. 2023.

desde que respeitadas as balizas do Estado Democrático de Direito – através de variadas medidas executivas *"(...) que devem ser proporcionais e equilibradas, sendo que a adequação delas deverá ser analisada caso a caso, em concreto, no processo em que forem determinadas."* (Aurelli, 2020, pp. 99-121).

O CPC menciona, no citado inciso IV do art. 139, medidas *"necessárias para assegurar o cumprimento de ordem judicial"*, do que é possível extrair os requisitos da *necessidade* e da *pertinência* na aplicação de medidas executivas atípicas. Daí a definição do requisito da *necessidade* como a *"(...) exigência da aplicação de coerção como meio apto à obtenção da alteração do mundo empírico e, consequentemente, da satisfação da prestação não adimplida."*.[9] Ou seja, sempre que, no caso concreto, a não utilização de determinada medida torne "(...) impossível, improvável ou ao menos mais difícil a efetivação do resultado que se pretende alcançar com a atividade executiva."[10] E o requisito da *pertinência* se trata da plena adequação da medida ao caso concreto, a *justa medida* a ser determinada naquele contexto fático.

3.2. Medidas executivas mais brandas e adaptadas ao caso concreto

Ao se fazer um recorte para o contexto da execução de obrigação alimentar, em especial o rito que autoriza a coerção pessoal do devedor como meio executivo, a análise da viabilidade das medidas atípicas traz algumas singularidades.

Se o legislador permitiu o mais, que é a prisão civil do executado, parece plenamente possível o uso de medidas atípicas para efetivação da tutela executiva, de menor conteúdo restritivo. Marinoni, Arenhart e Mitidiero (2018, p. 693). sugerem a imposição de *astreintes*:

> *"[...] embora a lei silencie a respeito, é certo que cabe multa coercitiva para tutela do direito aos alimentos, pouco importando se fundados em título judicial ou extrajudicial (arts. 537 e 814, CPC). Como é possível a utilização da prisão civil, obviamente é possível a utilização de multa coercitiva. O emprego de medidas coercitivas para a tutela dos alimentos, aliás, é corroborado pela expressa previsão do protesto, realizado de ofício pelo juiz, da sentença, na forma do art. 517, CPC, e pela aplicação geral do art. 139, IV, CPC."* (2019, p. 691).

[9] Oliveira Neto, Olavo de. O Poder Geral de Coerção [livro eletrônico]. cit.

[10] Ibid.

Outras formas atípicas de se buscar a efetividade da execução podem ser pensadas, sendo possível elencar cinco espécies de medidas coercitivas,[11] com base no direito comparado, sendo elas: *limitadoras da liberdade*, em que se considera a possibilidade de prisão civil, arresto noturno, funcionando como um "regime prisional" mais brando do que o fechado; *limitadoras da livre circulação*, como apreensão de passaporte (arraigo) e proibição de frequência a determinados locais; *pecuniárias*, como multas atípicas, sequestro patrimonial e taxa adicional de juros; *que impõem restrições de direitos*, a exemplo da apreensão da carteira de motorista e da proibição de realizar determinados negócios e contratos; e as *referentes a informações*, como a restrição de acesso a redes sociais.

Considerando-se que a lei brasileira autoriza a prisão civil do devedor no caso da execução de alimentos fundada nas três últimas parcelas, poderia se pensar que, em determinadas situações, talvez seja mais favorável buscar-se alternativas aos meios previstos em lei para a satisfação do crédito.

Por exemplo, a prisão em regime fechado pode ser fator que favoreça a demissão do alimentante de seu emprego, ou, se estiver desempregado, que prejudique o seu ingresso no mercado de trabalho, hipóteses que afetam negativamente o próprio credor. Ou ainda, por conta do afeto que envolve as relações familiares, pode o exequente preferir medidas mais brandas à prisão ou, pelo menos, aos moldes definidos na legislação (art. 528, §4º, CPC), pretendendo medida atípica mais leve, como o arresto noturno ou a prisão domiciliar. Assim, nestas e em tantas outras situações, pode ser interessante trabalhar com a utilização de medidas executivas atípicas voltadas à satisfação do crédito alimentar.

Há uma primeira ressalva importante. O legislador previu meios executivos drásticos para a obtenção da prestação de natureza alimentar, como já mencionado, justamente em razão da importância do direito fundamental perseguido (subsistência digna do credor). Neste contexto, não parece razoável que o juiz, através da norma autorizadora contida no artigo 139, IV do CPC, possa determinar, *ex officio*, a aplicação de medida atípica mais branda de modo a enfraquecer as ferramentas processuais à disposição do credor dos alimentos. Assim, pode-se dizer que, no âmbito do rito especial da execução de alimentos, parece ser imprescindível o pedido expresso do exequente para a aplicação de medida alternativa à prisão – que seja ade-

[11] OLIVEIRA NETO, Olavo de. *O Poder Geral de Coerção* [livro eletrônico]. cit.

quada aos seus interesses e à situação fática – sob pena de violação, por parte do Estado-Juiz, a direito fundamental do credor alimentar.

Assim, se a norma posta promove um caminho mais rigoroso para o executado, justamente em razão da importância do crédito perseguido, *"(...) não pode o magistrado atuar de maneira a amenizar tal comando ao arrepio da efetivação do crédito devido. Seria uma desobediência ao que se encontra previsto nos arts. 4º e 6º do CPC/15."* (Minami, 2021, pp. 323-343).

Pois, o que não se admite é a *atrofia* do direito do exequente. Talamini ressalta que isso não significa dizer que o juiz está proibido de atuar de ofício. Na verdade, nada impede que o magistrado adote outras providências coercitivas, mas desde que mantida a aplicação da prisão pleiteada pelo credor. (2000, pp. 27-68).

Além disso, imperioso refletir sobre a questão da *subsidiariedade* na aplicação das medidas executivas atípicas, em especial no contexto da execução de alimentos sob o rito da prisão.

Caselli Pereira (2018, pp. 275-302) defende que não há motivos para a não aplicação *imediata* da cláusula geral de efetivação (CPC, art. 139, IV), uma vez que o método mais grave existente (prisão civil do devedor) é um dos meios típicos elencados para o caso da cobrança judicial da obrigação alimentar.

Ora, não é *pertinente* a medida destinada à coerção do executado se ela não for suficiente a incentivar o devedor ao pagamento. Também não é justa e muito menos *necessária* a medida que deixa de promover a satisfação da prestação inadimplida, no contexto em que o devedor realmente não tenha condições financeiras de suportar o pagamento do débito. Assim, pensar-se na utilização de medidas atípicas nas execuções de alimentos somente após o esgotamento das medidas típicas previstas em lei não parece lógico. Se o devedor, mesmo cumprindo a prisão, permanece sem pagar o débito, provavelmente, ele de fato não o faz por verdadeira impossibilidade. A este devedor, a princípio, não caberiam outras medidas coercitivas, sob pena de se tornarem *punição*. Neste caso, a própria lei prevê a continuidade da execução, mas baseada apenas na patrimonialidade.

A contrario sensu, portanto, é de se observar que as medidas coercitivas atípicas aplicáveis à tutela executiva dos alimentos podem ser aplicadas desde logo, incoerente cogitar-se da necessidade do esgotamento das medidas típicas para tanto.

Há quem defenda como requisito ao uso das medidas atípicas, nas execuções em geral, a subsidiariedade destas em relação às medidas típicas.[12] Em outros tipos de execução, *data venia*, entendemos deva ser afastada essa baliza, pois, respeitadas a necessidade e a pertinência, em cada caso concreto, estará a medida atípica inserida na moldura do Estado Democrático de Direito. Todavia, na execução de obrigação alimentar – ainda que se defenda a subsidiariedade nas demais -, é de se reconhecer a mitigação deste requisito. As medidas executivas atípicas, desde que necessárias e pertinentes, podem ser determinadas antes daquelas previstas em lei, sem prejuízo de outras posteriores ou até concomitantes, também, se adequadas e essenciais ao caso concreto, de modo a viabilizar o resultado útil da execução.

Considerando-se (Minami, 2018, p. 339) que (i) o CPC autoriza, expressamente (art. 775), o credor a desistir de um meio executivo aplicado, e, ainda, (ii) no caso dos alimentos, um dos meios típicos previstos é a restrição da liberdade do devedor (ou seja, potencialmente, o mais grave que há) entende-se que o exequente pode desistir do meio executivo típico mais rigoroso e pleitear o uso de medida atípica mais branda, desde logo, sem que isso implique em insegurança jurídica, ilegalidade ou arbitrariedade, pelo contrário. Não se cogita em prejuízo ao executado, pois este terá contra si uma medida menos gravosa, ou seja, a atipicidade, nestes casos, é mais benéfica do que a tipicidade. *"Afinal, proibir o devedor de alimentos de dirigir ou apreender-lhe o passaporte é menos gravoso do que a sua prisão civil – e, conforme as circunstâncias concretas, poder ser mais eficiente."* (Talamini, 2018).

Aliás, o meio executório atípico eventualmente indicado pelo credor em pedido expresso e fundamentado, muito provavelmente, trará efetividade à execução, pois, inserido no contexto fático, o exequente tem condições de identificar a forma mais adequada de coagir o devedor ao pagamento do débito, caso não seja de seu interesse a utilização da prisão ou dos demais meios típicos colocados à sua disposição.

[12] Neste sentido: Aurelli, Arlete Inês. Medidas executivas atípicas no Código de Processo Civil brasileiro. cit.; Rodovalho, Thiago. O necessário diálogo entre a doutrina e a jurisprudência na concretização da atipicidade dos meios executivos. *Jota*. Publicado em: 21/09/2016. Atualizado em: 31/10/2020. Disponível em: https://www.jota.info/opiniao-e-analise/artigos/o-necessario-dialogo-entre-doutrina-e-jurisprudencia-na-concretizacao-da-atipicidade-dos-meios-executivos-21092016. Acesso em: 29 set. 2023; e Gajardoni, Fernando da Fonseca. A revolução silenciosa da execução por quantia. cit.

Conclusões

A tutela executiva é a porta de saída do Judiciário. Quando efetiva, garante o pleno acesso à ordem jurídica justa aos cidadãos. Trata-se da modificação do plano empírico, fazendo realizar, de fato, o direito já declarado ou reconhecido, em título judicial ou extrajudicial. A utilização de ferramentas adequadas e eficientes nesta fase processual é essencial ao bom funcionamento do sistema de justiça.

A peculiaridade do direito fundamental à percepção dos alimentos, diretamente relacionado à subsistência e à dignidade do credor, justifica a garantia de meios típicos rigorosos, para se buscar o pagamento da obrigação alimentar, seja através de medidas executivas que incidam diretamente no *patrimônio* ou que atinjam a *pessoa* do executado. Estas últimas, chamadas de coercitivas, têm a finalidade de atuar na *vontade* do devedor, incentivando-o a cumprir com o pagamento.

O poder geral de coerção contido no artigo 139, IV, do CPC, que autoriza o juiz a determinar medidas executivas atípicas, ou seja, não previstas expressamente em lei, tem papel fundamental na efetividade das tutelas executivas e, portanto, do próprio sistema de justiça.

A aplicação destes meios extraordinários na execução de alimentos têm algumas particularidades em relação às demais espécies de execuções, justamente pela austeridade do procedimento típico que prevê a possibilidade de prisão civil do executado.

Assim, neste contexto, é preciso reconhecer que (i) eventual atuação *ex officio* pelo magistrado não pode jamais atrofiar o direito fundamental do exequente, sendo recomendado que o credor aponte expressamente a medida executiva que mais se adeque ao caso concreto; (ii) o requisito da subsidiariedade no uso dos meios atípicos, com a necessidade de, antes, esgotar-se as medidas típicas, ainda que questionável em outros tipos de execução, não pode ser considerado nesta espécie de obrigação, sob pena de, eventualmente, tornar-se inócua ou até punitiva a medida alternativa aplicada; (iii) os meios atípicos nas execuções de alimentos tendem a ser mais benéficos ao executado do que os típicos e (iv) podem melhor se adequar ao caso concreto, o que, assim como nas demais espécies de execução, devem ser analisados à luz dos requisitos da necessidade e da pertinência.

Referências

AURELLI, Arlete Inês. Medidas executivas atípicas no Código de Processo Civil brasileiro. *Revista de Processo*. vol. 307. ano 45. pp. 99-121. São Paulo: RT, set/2020.

BARBOSA MOREIRA, José Carlos. Tutela Sancionatória e Tutela Preventiva. In: *Temas de Direito Processual*. 2. série. São Paulo: Saraiva, 1980.

BRASIL. *Constituição da República Federativa do Brasil. Brasília*, DF, 1988. Disponível em: http://www.planalto.gov.br/ccivil_03/constituicao/constituicao.htm. Acesso em: 29 set. 2023.

__________. Lei nº 13.105, de 16 de março de 2015. *Código de Processo Civil*. Disponível em: http://www.planalto.gov.br/ccivil_03/_ato2015-2018/2015/lei/l13105.htm. Acesso em: 29 set. 2023.

__________. Superior Tribunal de Justiça. *Informativo de Jurisprudência*, n. 281. Brasília, 10 a 19 de abril de 2006. Disponível em: https://processo.stj.jus.br/jurisprudencia/externo/informativo/?acao=pesquisarumaedicao&livre=0281.cod. Acesso em: 27 out. 2022.

__________. Superior Tribunal de Justiça. *Súmula 309*. Disponível em: https://scon.stj.jus.br/docs_internet/VerbetesSTJ.pdf. Acesso em: 27 set. 2023.

__________. Supremo Tribunal Federal. *ADI 5941*, Plenário. Rel. Min. Luiz Fux. Data julgamento: 09 fev. 2023. Data da Publicação: 28 abr. 2023. Disponível em: https://portal.stf.jus.br/processos/detalhe.asp?incidente=5458217. Acesso em: 28 set. 2023.

BUENO, Cássio Scarpinella. *Comentários ao Código de Processo Civil* – volume X (arts. 509 a 538): da liquidação e do cumprimento de sentença. São Paulo: Saraiva Educação, 2018.

CAPPELLETTI, Mauro. GARTH, Bryant. *Acesso à justiça*. Tradução Ellen Gracie Northfleet. Porto Alegre: Fabris, 1988.

CARNEIRO, Paulo Cezar Pinheiro. *Acesso à justiça*: juizados especiais cíveis e ação civil pública: uma nova sistematização da teoria geral do processo. 2. ed. Rio de Janeiro: Forense, 2000.

CINTRA, Antonio Carlos de Araújo; GRINOVER, Ada Pellegrini; DINAMARCO, Cândido Rangel. *Teoria Geral do Processo*. 31. ed. São Paulo: Malheiros Editores Ltda, 2014.

GAJARDONI, Fernando da Fonseca. A revolução silenciosa da execução por quantia. *Jota*. Publicado em: 24 ago. 2015. Disponível em: https://edisciplinas.usp.br/pluginfile.php/1799314/mod_resource/content/1/A%20revolu%C3%A7%C3%A3o%20silenciosa%20da%20execu%C3%A7%C3%A3o%20por%20quantia%20-%20JOTA.pdf. Acesso em: 29 set. 2023.

HARTMANN, R. K. In: CABRAL, A. P; CRAMER, R. (coords.). *Comentários ao novo Código de Processo Civil*. ed. Rio de Janeiro: Forense, 2016.

MARINONI, Luiz Guilherme; ARENHART, Sérgio Cruz; MITIDIERO, Daniel. *Código de Processo Civil Comentado*. 4. ed. São Paulo: Revista dos Tribunais, 2018.

MINAMI, Marcos Youji. TELES, Brenda Bezerra. Medidas executivas atípicas que beneficiam o devedor: um estudo a partir da execução de alimentos. *Revista de Processo*. Ano 46, v. 317, jul. 2021. pp. 323-343.

OLIVEIRA NETO, Olavo de. *O Poder Geral de Coerção* [livro eletrônico]. 1. ed. São Paulo: Thomson Reuters Brasil, 2019.

PEREIRA, Rafael Caselli. Execução de alimentos legítimos, indenizatórios e decorrentes de verba honorária sucumbencial e contratual, sob a perspectiva da atipicidade dos meios executivos (art. 139, IV – CPC/2015) – uma proposta de sistematização. In: TALAMINI, Eduardo; MINAMI, Marcos Youji (Orgs.). *Coleção Grandes Temas do Novo CPC*: Medidas Executivas Atípicas. Salvador: Juspodivm, 2018. Cap. 12. p. 275-302. Coordenador Geral: Fredie Didier Jr.

PONTES DE MIRANDA, Francisco Cavalcanti. *Comentários à Constituição de 1946*, 4.ª ed., t. IV, Rio de Janeiro: Borsoi, 1963.

RODOVALHO, Thiago. O necessário diálogo entre a doutrina e a jurisprudência na concretização da atipicidade dos meios executivos. *Jota*. Publicado em: 21/09/2016. Atualizado em: 31/10/2020. Disponível em: https://www.jota.info/opiniao-e-analise/artigos/o-necessario-dialogo-entre-doutrina-e-jurisprudencia-na-concretizacao-da-atipicidade-dos-meios-executivos-21092016. Acesso em: 29 set. 2023.

SADEK, Maria Tereza Aina. Acesso à justiça: um direito e seus obstáculos. *Revista USP*. São Paulo, n. 101, pp. 55-66, março/abril/maio 2014.

SHIMURA, Sérgio Seiji. *Arresto cautelar*. São Paulo: Editora Revista dos Tribunais, 1973.

TALAMINI, Eduardo. Poder geral de adoção de medidas coercitivas e sub-rogatórias nas diferentes espécies de execução. In: *Medidas executivas atípicas*, coord. Eduardo Talamini, Marcos Youji Minami. (Grandes Temas do Novo CPC, coord. Fredie Didier Jr.). 2. ed. Salvador: Editora JusPodivm, 2020, pp. 27-68.

THEODORO JÚNIOR, Humberto. *Curso de Direito Processual Civil*: Teoria geral do direito processual civil, processo de conhecimento e procedimento comum. v. 1. 57. ed. Rio de Janeiro: Forense, 2016.

WATANABE, Kazuo. Acesso à justiça e sociedade moderna. In: *Acesso à ordem jurídica justa* (conceito atualizado de acesso à justiça), processos coletivos e outros estudos. Belo Horizonte: Del Rey, 2019, pp. 3-10.

__________. Juizado especial de pequenas causas (filosofia e características básicas). In: *Acesso à ordem jurídica justa* (conceito atualizado de acesso à justiça), processos coletivos e outros estudos. Belo Horizonte: Del Rey, 2019, pp. 11-17.